# Management-Reihe Corporate Social Responsibility

**Herausgegeben von**
René Schmidpeter
Dr. Jürgen Meyer Stiftungsprofessur für
Internationale Wirtschaftsethik und CSR
Cologne Business School (CBS)
Köln, Deutschland

Das Thema der gesellschaftlichen Verantwortung gewinnt in der Wirtschaft und Wissenschaft gleichermaßen an Bedeutung. Die Management-Reihe Corporate Social Responsibility geht davon aus, dass die Wettbewerbsfähigkeit eines jeden Unternehmens davon abhängen wird, wie es den gegenwärtigen ökonomischen, sozialen und ökologischen Herausforderungen in allen Geschäftsfeldern begegnet. Unternehmer und Manager sind im eigenen Interesse dazu aufgerufen, ihre Produkte und Märkte weiter zu entwickeln, die Wertschöpfung ihres Unternehmens den neuen Herausforderungen anzupassen sowie ihr Unternehmen strategisch in den neuen Themenfeldern CSR und Nachhaltigkeit zu positionieren. Dazu ist es notwendig, generelles Managementwissen zum Thema CSR mit einzelnen betriebswirtschaftlichen Spezialdisziplinen (z.B. Finanz, HR, PR, Marketing etc.) zu verknüpfen. Die CSR-Reihe möchte genau hier ansetzen und Unternehmenslenker, Manager der verschiedenen Bereiche sowie zukünftige Fach- und Führungskräfte dabei unterstützen, ihr Wissen und ihre Kompetenz im immer wichtiger werdenden Themenfeld CSR zu erweitern. Denn nur, wenn Unternehmen in ihrem gesamten Handeln und allen Bereichen gesellschaftlichen Mehrwert generieren, können sie auch in Zukunft erfolgreich Geschäfte machen. Die Verknüpfung dieser aktuellen Managementdiskussion mit dem breiten Managementwissen der Betriebswirtschaftslehre ist Ziel dieser Reihe. Die Reihe hat somit den Anspruch, die bestehenden Managementansätze durch neue Ideen und Konzepte zu ergänzen, um so durch das Paradigma eines nachhaltigen Managements einen neuen Standard in der Managementliteratur zu setzen.

Weitere Bände in der Reihe
http://www.springer.com/series/11764

Alexander Kraemer ·
Laura Marie Edinger-Schons
(Hrsg.)

# CSR und Social Enterprise

Beeinflussungsprozesse und effektives
Schnittstellenmanagement

 Springer Gabler

*Hrsg.*
Alexander Kraemer
Frankfurt, Deutschland

Laura Marie Edinger-Schons
Universität Mannheim
Mannheim, Deutschland

ISSN 2197-4322                              ISSN 2197-4330 (electronic)
Management-Reihe Corporate Social Responsibility
ISBN 978-3-662-55590-3                      ISBN 978-3-662-55591-0 (eBook)
https://doi.org/10.1007/978-3-662-55591-0

Die Deutsche Nationalbibliothek verzeichnet diese Publikation in der Deutschen Nationalbibliografie; detaillierte bibliografische Daten sind im Internet über http://dnb.d-nb.de abrufbar.

Einbandabbildung: Michael Bursik

Springer Gabler ist ein Imprint der eingetragenen Gesellschaft Springer-Verlag GmbH, DE und ist ein Teil von
Springer Nature.
Die Anschrift der Gesellschaft ist: Heidelberger Platz 3, 14197 Berlin, Germany

# Vorwort des Reihenherausgebers

**Social Enterprise – eine Neuauflage der klassischen Idee des Unternehmertums oder Vorbote eines Paradigmenwechsels im Management?**
Eigentlich sollte jedes Unternehmen einen positiven Impact für sein Umfeld, für seine Stakeholder und damit für die Gesellschaft generieren. Denn nur wer auf Dauer auch für sein Umfeld einen Nutzen generiert, bleibt als potenzieller Kooperationspartner interessant – sei es für Kunden, für Mitarbeiter oder auch für Investoren. In den letzten Jahrzehnten haben insbesondere steigende Ressourcenknappheit, Klimawandel, soziale Spannungen und demografischer Wandel dazu geführt, dass diese klassische Idee eines verantwortungsvollen Unternehmertums wieder Hochkonjunktur erlebt.

Immer mehr Menschen wird bewusst, dass die großen Herausforderungen des 21. Jahrhunderts nicht durch zentralstaatliche Vorgaben und auch nicht allein durch ehrenamtliches Engagement gelöst werden können. Vielmehr bedarf es vermehrter ökologischer und gesellschaftlicher Innovationen seitens der Wirtschaft. So ist es nicht verwunderlich, dass gerade heute Social Enterprises, also Unternehmen mit explizit gesellschaftlichen Zielen, eine zentrale Rolle einnehmen, wenn es darum geht, die Zukunft unseres Wirtschaftssystems weiter zu denken. Denn nur durch unternehmerische Kreativität und nachhaltige unternehmerische Wertschöpfung kann die dringend benötigte Transformation in eine nachhaltige Zukunft gelingen.

Intelligente Unternehmer denken daher die Gegenwart von der Zukunft aus. Und sehen, dass unternehmerische Lösungen für soziale und ökologische Probleme nicht nur dringend benötigt werden, sondern damit auch gutes Geld verdient werden kann. Es ist genau diese Synergie zwischen Profit und Nachhaltigkeit, die derzeit das innovative Unternehmertum vorantreibt. Das klassische Trade-off-Denken – zwischen bloßer Profitmaximierung auf der einen Seite und Sozialromantik auf der anderen – wird durch ein modernes Corporate-Social-Responsibility(CSR)-Verständnis und innovative Social Enterprises überwunden. So ist es auch nicht verwunderlich, dass Social Enterprises begehrte Kooperationspartner für andere sind – gleichermaßen für Großunternehmen, Nichtregierungsorganisationen sowie für die staatliche Verwaltung.

Ein Blick in die aktuelle (CSR-)Diskussion gibt deutlich zu erkennen, dass es nicht mehr darum geht, eine Entscheidung zwischen Profit oder Moral zu treffen, sondern ein Sowohl-als-Auch zu ermöglichen. Hier geht die aktuelle Betriebswirtschaftslehre (BWL) ganz neue Wege, indem sie die Kooperation in den Mittelpunkt ihrer Überlegungen stellt und die aktuellen CSR-Ansätze systematisch in ihre Einzeldisziplinen, wie Human Resources (HR), Marketing, Finance, Strategie etc., übernimmt. Die aktuelle CSR-Diskussion ist damit nicht weniger als der Wegbereiter eines absolut neuen BWL-Paradigmas, das das klassische Trade-off-Denken aus der Wirtschaftsethik und der alten BWL überwindet. Anders als bei Kapitalismuskritikern wird dabei jedoch nicht das Gemeinwohl diktatorisch über die wirtschaftliche Rationalität gestellt. Vielmehr wird der ökonomische Sachverstand konsequent dafür eingesetzt werden, die Interessen der Unternehmen (betriebswirtschaftlichen Mehrwert zu generieren) mit den berechtigten Interessen der Gesellschaft (sozialen bzw. gesellschaftlichen Mehrwert zu generieren) in Einklang zu bringen.

Eine der „enabler" dieses Denkens, der in der Praxis zu beobachten ist, heißt Social Enterprises. Die nun vorliegende Publikation klärt, ob Social Enterprises eine Neuauflage der klassischen Idee des Unternehmertums, oder Vorbote eines neuen Managementparadigmas ist. Alle LeserInnen sind herzlich eingeladen, die in der Reihe dargelegten Gedanken aufzugreifen und sich selbst ein Bild über die Zukunft unseres Wirtschaftens zu machen sowie mit den Herausgebern, Autoren und Unterstützern dieser Reihe intensiv zu diskutieren. Lassen Sie uns gemeinsam die Gegenwart aus der Zukunft denken. Ich möchte mich last but not least sehr herzlich bei den Herausgebern Alexander Kraemer und Prof. Dr. Laura Maria Edinger-Schons für ihr großes Engagement, bei Janina Tschech, Eva-Maria Kretschmer sowie bei Juliane Seyhan vom Springer Gabler Verlag für die gute Zusammenarbeit sowie bei allen Unterstützern der Reihe aufrichtig bedanken und wünsche Ihnen, werte Leserinnen und Leser, nun eine interessante Lektüre.

René Schmidpeter

# Vorwort von Prof. Dr. Angelika Zahrnt, Ehrenvorsitzende, Bund für Umwelt und Naturschutz Deutschland e. V. (BUND)

**Zwischen Feigenblatt und Inspiration**

Historisch war bei der Zielsetzung, Natur und Umwelt zu erhalten, die Auseinandersetzung mit Unternehmen schon früh Bestandteil der Arbeit von Nichtregierungsorganisationen (NGO). Schließlich gingen von Unternehmen vielfältige und oft ganz offensichtlich negative Einflüsse aus, wie die Zerstörung von Natur für Gewerbeflächen und Infrastruktur oder wie die Verunreinigung von Böden, Wasser, Luft. In der gesellschaftlichen Auseinandersetzung mit diesen negativen Effekten wurden gesetzliche Regelungen und marktwirtschaftliche Anreize geschaffen, die die schädlichen Folgen unternehmerischen Handelns begrenzen oder unterbinden sollten. Die NGO machten Missstände und Skandale publik, mobilisierten die Öffentlichkeit und den Gesetzgeber. Unternehmen versuchten, einschränkende Rahmenbedingungen abzuwehren bzw. arrangierten sich schließlich mit ihnen. Mit zunehmendem Umweltbewusstsein – und v. a. seit der UN-Konferenz zu Umwelt und Entwicklung 1992 in Rio – entwickelte sich der Ansatz, dass Unternehmen proaktiv ihre Verantwortung für Umwelt und Gesellschaft wahrnehmen sollten. Corporate Social Responsibility (CSR) wurde als eigenverantwortliche Unternehmensaufgabe etabliert. Von den NGO wurde und wird dieses Bekenntnis zur unternehmerischen Verantwortung zwar begrüßt, aber statt einer freiwilligen wird eine verbindliche unternehmerische Verantwortung gefordert, gerade auch bei Auslandsaktivitäten der Unternehmen.

In der Zwischenzeit hat sich im Bereich CSR und Nachhaltigkeitsmanagement von Unternehmen viel getan, aber im Kerngeschäft von Unternehmen ist Nachhaltigkeit zumeist noch nicht angekommen. Gerade bei großen Unternehmen dominieren Nachhaltigkeitsrhetorik, Aktionismus und isolierte Vorzeigeprojekte. Ein Negativbeispiel ist hier der VW-Konzern: Dieser hat u. a. den Global Compact unterzeichnet, veröffentlicht seit Jahren ausführliche Umwelt- und Nachhaltigkeitsberichte und pflegt eine langjährige Kooperation mit einem großen Umweltverband. Gleichzeitig manipuliert aber VW die Messung von Abgas bei Dieselfahrzeugen vorsätzlich gesetzeswidrig. Wenn sogar Gesetze nicht eingehalten, sondern gezielt umgangen werden: Welchen Wert haben dann freiwillige Vereinbarungen?

Die Wirkungen von CSR in den Unternehmen sind zumindest anzuzweifeln und das Ansehen von CSR ist zweifelhaft – zumindest bei NGO. Kann da vielleicht ein Zusammengehen von CSR und Social Enterprises hilfreich sein?

Social Enterprises sind jung, dynamisch, kreativ, kollaborativ und in ihrem Selbstverständnis darauf ausgerichtet, mit ihren Innovationen zu gesellschaftlichen Problemlösungen oder zur Befriedigung dringlicher gesellschaftliche Bedürfnisse beizutragen. Sie werden als Teil einer transformativen Bewegung angesehen, zunächst einmal positiv bewertet und sind für Öffentlichkeit und Wissenschaft interessant.

„Small is beautiful" schwingt dabei mit und auch die Sympathie für diese nicht in erster Linie profitorientierten, unkonventionellen, ideenreichen jungen Leute. Aber auch bei diesen Unternehmen stehen die Fragen nach der Transparenz an, wie ökologisch und sozial verträglich ihre Produkte, Prozesse, Beziehungen sind. Bisher werden diese Fragen kaum beantwortet. Das ist – zumal bei kleinen Start-ups – zunächst auch verständlich ist, geht aber längerfristig nicht.

Bisher erscheinen diese beiden Unternehmensformen – das klassische Unternehmen und das Social Enterprise – als weitgehend getrennte Welten. Aber es gibt Annäherungen – wie dieser Band zeigt – und möglicherweise produktive Begegnungen bis zu Kooperationen; es gibt inhaltlichen und finanziellen Austausch. Es ist wichtig, diese neuen Ansätze zu dokumentieren, zu erforschen und zu evaluieren:

Funktioniert der Transfer von Innovationspotenzial in etablierte Unternehmen? Kann die Erfahrung in einem wertebasierten Unternehmen mit solidarischer Wertekultur sich in einem klassischen Unternehmen auswirken und Veränderungen bewirken?

Oder kann die Weitergabe von Kenntnissen über Nachhaltigkeitsberichterstattung (gerade in kleinen und mittleren Unternehmen) bei der Transparenz in Social Enterprises helfen und eventuell zu einem angepassten, dynamisch sich entwickelnden neuen Berichtsstand für die ganzheitliche Verantwortung von Social Enterprises führen? Führt die stärkere Quantifizierung, Formalisierung und Monetarisierung von stofflichen Prozessen zu einer Hinwendung zur Profitorientierung? Wie können Stakeholder in Social Enterprises bei neuen Kooperationen mitwirken?

Die Kenntnis und Analyse solcher neuen Projekte sind wichtig, um Lern- und Transfermöglichkeiten aufzuzeigen. Dieses Wissen und die Transparenz sind auch wichtig, weil es durchaus nahe liegende, weniger positive Interpretationen solch gemeinsamer Projekte von CSR und Social Enterprises geben kann: CSR-Unternehmen umgehen ihre eigentliche Aufgabe, Nachhaltigkeit in ihr Kerngeschäft zu integrieren, mit netten und ablenkenden Projekten im sozialen Bereich oder im Naturschutz.

Und Social Enterprises können ihre Glaubwürdigkeit gefährden bei einer Zusammenarbeit mit CSR-Unternehmen, deren Produkte und Verhalten in Konflikt mit den Ansprüchen ihres eigenen Unternehmens stehen – zumal wenn mit der Zusammenarbeit eine finanzielle Unterstützung für das Social Enterprise verbunden ist.

Es ist wie immer bei Kooperationen: Es gibt Chancen und Gefahren. Zumal bei ungleich großen Partnern ist Vorsicht angebracht – und größtmögliche Transparenz. Damit Mitarbeiter und Mitarbeiterinnen und Finanziers, Kunden und Kundinnen und Lieferanten und Lieferantinnen, die Öffentlichkeit und die Wissenschaft und auch die NGO sich ein eigenes Bild machen können. Ich hoffe, dass diese Veröffentlichung dazu beitragen kann.

Prof. Dr. Angelika Zahrnt
Ehrenvorsitzende, Bund für Umwelt und Naturschutz Deutschland e. V. (BUND)

# Vorwort von Erich Harsch, Vorsitzender der Geschäftsführung dm-drogerie markt: Es kommt auf jeden an! Corporate Social Responsibility bei dm

Erfolgreiche Unternehmen kennzeichnet eine ausgeprägte Fähigkeit, neue Ideen hervorzubringen. Es geht darum, Produkte und Dienstleistungen zu entwickeln, um unser Zusammenleben besser zu machen. Das ist auch nötig, denn die Komplexität und auch der Umfang der Herausforderungen, denen wir jeden Tag auf der ganzen Welt begegnen, fordern unsere ganze Kreativität und Aufmerksamkeit. Aus einer umfassenden Fähigkeit zur Innovation und zur Wertschöpfung erwächst eine große Verantwortung: Nämlich die, im Rahmen der Möglichkeiten dazu beizutragen, die Welt zu einem besseren Ort zu machen. Langfristig erfolgreich kann ein Unternehmen in einer global vernetzten Welt nur sein, wenn es einen Beitrag zum Gemeinwohl leistet. Aus dem praktischen Bezug heraus möchte ich im Folgenden erläutern, was das für unsere Arbeitsgemeinschaft bei dm-drogerie markt bedeutet.

Jeden Tag kommen 1,8 Mio. Kunden in unsere mehr als 1825 dm-Märkte. 39.000 Menschen bringen sich ein, um die Bedürfnisse an drogistischen Produkten und Dienstleistungen zu veredeln. Mit althergebrachten Herangehensweisen wie „Vertrauen ist gut, Kontrolle ist besser" kommt man in einer Prozessorganisation wie der unseren nicht weit. Es ist schon ein paar Jahrzehnte her, dass uns klar wurde: Ohne Zutrauen – im Sinn von Vertrauen – geht es nicht. Wenn Menschen sich bei uns über viele Jahre einbringen, manche sogar ihr ganzes Berufsleben lang, dann erwächst daraus Verantwortung. Es braucht Freiräume, um voneinander lernen und einander als Menschen begegnen zu können, und Rahmenbedingungen, die ermöglichen, dass sich jeder weiterentwickeln und mit den gestellten Aufgaben verbinden kann. Dass wir bei dm-drogerie markt Duschgel, Shampoo, Seife und allerlei Cremes verkaufen, ist das Mittel, das können wir einfach am besten – der Zweck aber sind die Menschen. Man könnte auch sagen, dass all unsere Aktivitäten darauf abzielen, dass sich jeder seine eigenen Gedanken machen kann und muss. Es kommt also auf jeden an! Und das Ganze gilt nicht nur für die Mitarbeiter, sondern auch für unsere Kunden. In unseren Unternehmensgrundsätzen sprechen wir davon, dass wir eine bewusst einkaufende Stammkundschaft gewinnen wollen.

So wie wir mit den Menschen in unserem Unternehmen umgehen, so gehen sie auch mit den Kunden um. Das ist naheliegend, aber es hat weitreichende Folgen. Kann jeder Prozessbeteiligte Struktur und Umfang der ihm gegebenen Aufgaben erkennen? Hat er die Gewissheit, auch objektiv wahrgenommen zu werden? Menschen mit Führungsverantwortung müssen beständig Entscheidungen treffen, die Folgen haben für die Art und Weise, wie zusammen geleistet wird. Die besten Entscheidungen treffen wir, wenn wir es bewusst tun und die Folgen vorher bedacht haben. Den Blick fürs Ganze und die Komplexität der praktischen Wirklichkeit dürfen wir dabei nicht außer Acht lassen. Und wer bewusst handelt, kann für seine Entscheidungen auch die Verantwortung übernehmen. Der Blick in die Zukunft, und dabei nicht allein auf den ökonomischen Erfolg, ist ein ganz wesentlicher. Denn vieles von dem, was wir tun, hat auch eine ethische Dimension. Und es gibt immer Alternativen. Können wir unser Handeln auch gegenüber unseren Kindern und Enkeln rechtfertigen? Bewusst Entscheidungen zu treffen, bedeutet sich eben auch zu fragen, ob sie in der Zukunft noch verantwortbar sind. Auch dabei muss man wieder feststellen, es kommt auf jeden an! Jeder Mensch braucht einen Freiraum, um die Folgen seiner Handlungen erkennen und überhaupt nachhaltig handeln zu können.

Dieser Freiraum birgt einen wichtigen Aspekt in sich, den man nicht unterschätzen darf: Welche Handlungen und Verhaltensweisen wir für anerkennungswürdig bzw. verantwortungsvoll halten, unterscheidet sich von Mensch zu Mensch und häufiger als uns lieb ist.

Wenn wir für unsere Kunden und die Kollegen eine Leistung erbringen, dann sind wir Teil einer lokalen Gemeinschaft und eines normativ-ethischen Gefüges, auf das wir uns gesamtgesellschaftlich verständigt haben. Jeder Einzelne ist Träger von Rechten und Pflichten – juristischen und moralischen. In der Summe macht das dann ein Unternehmen – eine (Arbeits-)Gemeinschaft – aus. Und in unserer heutigen Zeit muss sich ein Unternehmen – mehr als jeder Einzelne – an sehr divergierenden moralischen Vorstellungen und Ansprüchen messen lassen. Um dem gerecht werden zu können, brauchen wir Werte, von denen wir uns im Unternehmen getragen fühlen, und wir müssen uns ständig fragen, ob es noch die richtigen sind. Gemeinsame Wertevorstellungen geben Orientierung. Das ist wie bei einem Kompass: Bei all dem, was wir tun, können wir schauen, ob wir auf dem richtigen Weg sind. Wenn man dies mit der Haltung verbindet, dass es auf jeden Einzelnen ankommt, dann ist man schnell bei dem, was ich Selbstorientierungskompetenz nenne. Es ist die Fähigkeit, situativ neue Einsichten zu entwickeln und zu eigenen Einsichten selbstbeurteilungsfähig zu werden. Da wir in unserer Menschheitsgeschichte eher auf Fremdautoritäten ausgerichtet waren, müssen wir in unserer heutigen Zeit der individuellen Freiheit üben, wie das gelingen kann.

Corporate Social Responsibility ist bei uns die Folge eines inneren Selbstverständnisses unserer Arbeitsgemeinschaft. Unsere Initiativen, wie z. B. HelferHerzen, bei der wir dazu aufgerufen haben, dass sich ehrenamtlich tätige Menschen und Gruppen für einen dm-Preis für Engagement bewerben können, aber auch die zahlreichen regionalen Aktivitäten, bei denen wir gemeinnützige Projekte fördern, sind ein Resultat dieses Selbstverständnisses. Sie sind ein Ausdruck der Menschen, die erkennen: Hier bin ich Mensch, hier kommt es auf mich an.

Erich Harsch
Vorsitzender der Geschäftsführung von dm

Im Sinn einer leichteren Lesbarkeit verzichtet der Autor auf die Unterscheidung in weibliche und männliche Schreibweise. So sind mit Kunden beispielsweise sowohl Kundinnen
als auch Kunden gemeint.

# Vorwort der Herausgeber

Die Weltgemeinschaft macht es mit den Sustainable Development Goals (SDG) vor: Die Lösung gesellschaftlicher Herausforderung bedarf gemeinsamer Lösungsansätze. Einerseits wurden 16 Ziele vereinbart, andererseits wurde auf Partnerschaften als zentrales Mittel zur Veränderung gesetzt. Das Thema Partnerschaften ist das Leitthema dieses Buchs – und zwar Partnerschaften zwischen etablierten Unternehmen, deren Corporate-Social-Responsibility(CSR)-Abteilungen und Social Enterprises. Die Begriffe Social Enterprise, Social Entrepreneurship, Sozialunternehmertum oder auch Creating Shared Value sind seit einigen Jahren in aller Munde. Kleine Start-up-Unternehmen, Mittelständler sowie die Führungsetagen von multinationalen Konzernen sprechen darüber, wie Unternehmen in Zukunft Wert schöpfen und mit ihren Stakeholdern in Dialog treten sollen. Hierbei kann man eine Bewegung weg von einer reinen Shareholder-Value-Maximierung hin zu einem Ansatz der ökonomischen und sozialen Wertschöpfung beobachten.

In diesem Transformationsprozess spielen sog. Social Enterprises, also Unternehmen, die primär danach streben, soziale Probleme zu adressieren und für die Profitabilität oft nur eine notwendige Bedingung zum Weiterarbeiten darstellt, eine zentrale Rolle. Einerseits schaffen sie durch ihre reine Existenz neue soziale Normen, wie Wertschöpfung in Märkten gestaltet werden kann, wodurch ein Veränderungsdruck auf etablierte Akteure in Märkten erzeugt wird. Andererseits kooperieren sie in vielen Fällen mit etablierten Unternehmen und die entstehenden Austauschprozesse an den Schnittstellen führen zu Veränderung durch Austausch und Inspiration. Wir sind überzeugt, dass die Zusammenarbeit zwischen diesen verschiedenen Akteuren entscheidende Beiträge zur Lösung konkreter sozialer und ökologischer Herausforderungen leisten kann.

Genauso wie das Thema Nachhaltigkeit ist die Zusammenarbeit kein neuer Ansatz. Wir befinden uns jedoch in einer neuen Zeitrechnung, in der Bioprodukte Mainstream sind, in der die Nachhaltigkeitsberichterstattung für viele große und mittlere Unternehmen eine Pflicht darstellt und in der in immer mehr Unternehmen Stellen für Nachhaltigkeits- bzw. CSR-Management geschaffen werden. Großkonzerne arbeiten intensiv daran, den Wert, den sie nicht nur für ihre Aktionäre, sondern für die Gesellschaft erwirtschaften, messbar zu machen.

Die CSR-Fachverantwortlichen haben hierbei etwas mit Sozialunternehmern gemeinsam: Sie agieren in kleinen Teams, verfügen über geringe Budgets und ihre Entscheidungen werden häufig kritisch hinterfragt. Sie stehen vor einer Mammutaufgabe, die sie mit stets wechselnden Partnern lösen müssen. CSR-Verantwortliche kollaborieren dabei mit Partnern innerhalb und außerhalb der Organisation, um bestehende Themen zu stärken und neue Ansätze (weiter) zu entwickeln. Dabei stellt sich nicht selten die Frage: Können wir diese Aufgabe intern erbringen oder suchen wir extern nach Spezialisten? Welche Kooperationen können uns helfen, diese Aufgabe bestmöglich zu meistern?

Mit diesem Sammelband möchten wir einen Beitrag zu der aktuellen Diskussion um diese Themen und Fragestellungen leisten. Denn Kollaborationen entlang der Wertschöpfungskette, speziell mit Social Enterprises, können einen entscheidenden Mehrwert für Unternehmen und Gesellschaft liefern.

Die Kollaboration und Zusammenarbeit mit einem Social Enterprise erlaubt den CSR-Abteilungen oft entscheidende Erfolge bei gleichbleibenden oder gar sinkenden Kosten, denn die Sozialunternehmen können zur Lösung gesellschaftlicher Herausforderungen oft viel mehr mit weniger Mitteln erreichen als klassische gemeinnützige Ansätze. Im Kern geht es darum, durch die Bereitschaft und Offenheit zu Zusammenarbeit und Veränderung – zusammengefasst, durch soziale Innovation – die Lücke zwischen Wirtschaft und Gesellschaft zu verkleinern und Wege in ein nachhaltiges Wirtschaften aufzuzeigen.

# Die Herausgeber

**Alexander Kraemer** ist aktuell angestellt als Sage Foundation Manager for Central Europe. Der gebürtige Australier wuchs in Hamburg auf und studierte an der Ruhr-Universität Bochum sowie Tongji Universität Shanghai. Nach seinem Studium der Wirtschaftswissenschaft sammelte er seine Berufserfahrungen bei namhaften Stiftungen, Beratungen, Großkonzernen und in Sozialunternehmen in Europa und Asien. Seine Expertise liegt in der Entwicklung, Einführung und Skalierung von Produkten und Dienstleistungen, die auf unternehmerische Weise gesellschaftliche Probleme angehen. Seine verantworteten Projekte wurden bereits von Bundesministerien und Nichtregierungsorganisationen als Best Practice ausgewählt. Nebenbei ist Alexander Kraemer Initiator des think17 Summits und der Peer School for Sustainable Development. Darüber hinaus ist er in Beiräten des Magazins VERANTWORTUNG (F.A.Z. Fachverlag) sowie bei Infinity Mannheim e. V. ehrenamtlich tätig. Seine Expertise durfte er zahlreich als Sprecher bei Fach- und Lehrveranstaltungen sowie als zweifacher TEDx-Sprecher einbringen.

**Prof. Dr. Laura Marie Edinger-Schons** ist Inhaberin des Lehrstuhls für Corporate Social Responsibility (CSR) an der Universität Mannheim. Ihre Forschungsschwerpunkte liegen im Bereich des CSR-Managements und der CSR-Kommunikation. In ihrer Forschung kooperiert sie mit großen Konzernen sowie mit Nichtregierungsorganisationen, kleinen Start-ups und Sozialunternehmen. Der Forschungsansatz, den Laura Marie Schons dabei verfolgt, ist quantitativ-empirisch geprägt. Zusammen mit Partnern aus der Unternehmenspraxis erhebt und analysiert sie umfangreiche Datensätze aus Fragebogenstudien und/oder Feldexperimenten, die Aufschluss zu aktuellen Fragestellungen zum CSR-Management geben. Ihre Forschungsergebnisse wurden in hochrangigen internationalen Fachzeitschriften publiziert (z. B. Journal of Business Ethics, Journal of Marketing, Journal of Consumer Psychology, Journal of the Academy of Marketing Science). Ein Forschungsprojekt in Kooperation mit IKEA Deutschland, das den Kern ihrer Habilitationsarbeit darstellte, wurde mit dem Deutschen Wissenschaftspreis 2016 ausgezeichnet. Ihre Habilitationsschrift „Essays in Corporate Social Responsibility and Marketing" wurde mit dem Wolfgang-Ritter-Preis 2017 und dem Roman Herzog Forschungspreis

2018 ausgezeichnet. Für innovative Lehrformate, in denen Studierende eigene Videodokumentationen drehen oder selbst Sozialunternehmen gründen, erhielt ihr Lehrstuhl den AACSB Innovations that Inspire Award sowie den Lehrpreis der Fachschaft für Betriebswirtschaftslehre der Universität Mannheim 2017.

# Inhaltsverzeichnis

## Ausblick

# Autorenverzeichnis

**Annika Behrendt**  Talents4Good GmbH, Berlin, Deutschland

**Farid Bidardel**  CodeDoor, c/o WeWork Goetheplatz, Frankfurt, Deutschland

**Clemens Binder**  Social Impact gGmbH, Essen, Deutschland

**Jan Boskamp**  ROCK YOUR LIFE! gGmbH, München, Deutschland

**Dominik Domnik**  Strascheg Center for Entrepreneurship, Hochschule München, München, Deutschland

**Anne Dörner**  Strascheg Center for Entrepreneurship, Hochschule München, München, Deutschland

**Nils Dreyer**  Hilfswerft, Bremen, Deutschland

**Laura-Marie Edinger-Schons**  University of Mannheim, Mannheim, Deutschland

**Gunnar Glänzel**  CSI Heidelberg, Seeheim-Jugenheim, Deutschland

**Markus Haastert**  ZERAP Germany e.V., Berlin, Deutschland

**Thomas Hanke**  Institut für Logistik- & Dienstleistungsmanagement, FOM Hochschule für Oekonomie & Management, Essen, Deutschland

**Tim Moritz Hector**  Wikimedia Deutschland – Gesellschaft zur Förderung Freien Wissens e.V., Berlin, Deutschland

**Jochen Herdrich**  BonVenture Management GmbH, München, Deutschland

**Katharina Hinze**  Ashoka Deutschland gGmbH, München, Deutschland

**Dennis Hoenig-Ohnsorg** Zalando SE, Berlin, Deutschland

**Philipp Hof** Haus des Stiftens gGmbH, München, Deutschland

**Thorsten Jahnke** iq consult GmbH, Berlin, Deutschland

**Stephan Jansen** Das 18te Kamel & Komplizen GmbH, Berlin, Deutschland

**Bienja Kaya** Premium Cola, Mannheim, Deutschland

**Klara Kletzka** DialogMuseum gGmbH, Frankfurt, Deutschland

**Hartmut Kopf** Deutsches Transferzentrum für Soziale Innovationen, Hochschule Bonn-Rhein-Sieg, Sankt Augustin, Deutschland

**Alexander Kraemer** Frankfurt, Deutschland

**Anna Krall** HORNBACH Holding AG & Co. KGaA, Bornheim, Deutschland

**Annika Kathrin Kuhlemann** BE Solutions & Blue Systems Design GmbH, Berlin, Deutschland

**Norbert Kunz** Social Impact Lab Berlin, Berlin, Deutschland

**Uwe Lübbermann** Hamburg, Deutschland

**Beate Märtin** Vattenfall GmbH, Berlin, Deutschland

**Dirk Müller-Remus** Diversicon gGmbH, Berlin, Deutschland

**Stephan Pastuszka** KAIROS Partners GmbH, Hainburg, Deutschland

**Carola von Peinen** Talents4Good GmbH, Berlin, Deutschland

**Kai Praum** FRANKFURT BUSINESS MEDIA - Der F.A.Z.-Fachverlag, Frankfurt, Deutschland

**Andrea Puschhof** Chancenwerk e.V., Castrop-Rauxel, Deutschland

**Thomas Richter** AfB gemeinnützige GmbH, Sömmerda, Deutschland

**Dirk Sander** Social Impact gGmbH, Essen, Deutschland

**Julia Scheerer** Bertelsmann Stiftung, Bielefeld, Deutschland

**Thomas Scheuerle** Philiomondo, Freiburg, Deutschland

**Björn Schmitz** Philiomondo, Heidelberg, Deutschland

**Wolfgang Spiess-Knafl** NGen Impact Gmbh, Wien, Österreich

**Jutta Stolle** Franz-Haniel & Cie. GmbH, Duisburg, Deutschland

**Lise Vanherck** Hasco Invest, Limburg, Belgien

**Hans Verboven** Faculteit Bedrijfswetenschappen en Economie, Universiteit Antwerpen, Antwerpen, Belgien

**Anja Vrany** Strascheg Center for Entrepreneurship, Hochschule München, München, Deutschland

**Alisa Wieland** ROCK YOUR LIFE! gGmbH, München, Deutschland

**Jennifer Wilke** Hilfswerft, Hamburg, Deutschland

# Grundlagen zur Schnittstelle: CSR & Social Enterprise

# Corporate Social... – Was, bitte?!

Julia Scheerer

Heute nicht auf Kosten von morgen, hier nicht auf Kosten von anderswo, lautet die einfachste Definition von Nachhaltigkeit. Nach Übertragung dieses Gedankens auf Unternehmen durch den spezifischen Schwesterbegriff Corporate Social Responsibility[1] (CSR) gilt dann: möglichst regional, langfristig orientiert und umweltverträglich. Wäre es jedoch so einfach, müsste der hier folgende Beitrag nicht mehr geschrieben werden.

Die Schwierigkeit, die gesellschaftliche Verantwortung eines Unternehmens zu definieren, ergibt sich zum einen aus den multiperspektivischen, legitimen Möglichkeiten zur Begriffsbestimmung und Einordnung und zum anderen aus der Dynamik, mit der sich CSR in den letzten Jahren als eigenständiges Thema entwickelt hat. Bei jeder Definition handelt sich folglich um eine Momentaufnahme darüber, wie eine Gesellschaft denkt.

Der Mehrzahl an Definitionsansätzen ist gemein, dass sie sich scheinbar widersprechende Interessen integrieren, z. B. den Beitrag der Wirtschaft zur Lösung gegenwärtiger gesellschaftlicher Herausforderungen und die Verbesserung der Wettbewerbsfähigkeit eines Unternehmens. Diese Gegenüberstellung unterstreicht die soziologische Perspektive der soziokulturellen Einflüsse auf die Entwicklung von Wirtschaft und Unternehmen. Insbesondere regulative Anforderungen, die in den letzten Jahren in verschiedenen Ländern wie Südafrika (2010), Indien (2013) und der Europäischen Union (2017) entwickelt und umgesetzt wurden, übernehmen diese Perspektive und übertragen so kulturelle Ausprägungen in den jeweils juristischen Kontext.

---

[1] Gesellschaftliche Verantwortung von Unternehmen und CSR werden in diesem Beitrag zur besseren Lesbarkeit synonym verwendet. Insbesondere auf damit verbundene unternehmenskulturelle Unterschiede europäischer und angloamerikanischer Prägung soll hiermit hingewiesen sein.

J. Scheerer (✉)
Bertelsmann Stiftung
Bielefeld, Deutschland
E-Mail: julia.scheerer@bertelsmann-stiftung.de

© Springer-Verlag GmbH Deutschland, ein Teil von Springer Nature 2019                3
A. Kraemer und L. M. Edinger-Schons (Hrsg.), *CSR und Social Enterprise*,
Management-Reihe Corporate Social Responsibility,
https://doi.org/10.1007/978-3-662-55591-0_1

Darüber hinaus legen alle rechtlichen Grundlagen fest, was vor dem jeweiligen Kontext mindestens Teil der unternehmerischen Verantwortung für die Gesellschaft ist. Die bloße Erfüllung rechtlicher Vorgaben wird jedoch nicht ausreichen, um die ausgeübte gesellschaftliche Verantwortung eines Unternehmens aufzuzeigen, zumal die Einhaltung gesetzlicher Vorgaben unter den Fachbegriff Compliance fällt. Compliance ist notwendig, um die Wettbewerbsfähigkeit eines Unternehmens zu erhalten. Soll diese jedoch im Sinn einer weitergehenden Verantwortungsübernahme ausgebaut werden, ist es notwendig, darüber hinaus aktiv zu werden. Diesem Umstand wird auch die Definition der Europäischen Kommission von 2011 gerecht, indem sie CSR als „impact on society" und „beyond legal requirements" beschreibt (Europäische Kommission 2011).

Soziale, ökologische und ökonomische Belange bilden das Fundament aller CSR-Aktivitäten. Als Triple-Bottom-Line ist seit den 1990er-Jahren das Konzept John Elkingtons bekannt, demzufolge der gesamtgesellschaftliche Mehrwert, den ein Unternehmen leistet, auf diesen drei Säulen ruht. Ein Unternehmen ist demnach mehr als eine rein gewinnmaximierende Organisation (Elkington 1999). Kritik an diesem Ansatz richtet sich v. a. an die Messbarkeit der einzelnen Säulen – insbesondere an der sozialen Dimension – und an die isolierte Nebeneinanderstellung dieser Betrachtung in drei Dimensionen (Sridhar und Jones 2013).

Als Ausgangspunkt zahlreicher CSR-Managementpraktiken wird der Stakeholderansatz benannt. Diesem Ansatz zufolge ist es für den Erfolg eines Unternehmens notwendig, nicht nur die Shareholderinteressen (oft gleichgesetzt mit ausschließlicher Gewinnmaximierung), sondern auch die Interessen der Stakeholder (Anspruchs- und Interessengruppen) bei Geschäftsentscheidungen zu berücksichtigen. Die Gruppe der Stakeholder ist demnach sehr heterogen und kann interne (Mitarbeiter) wie externe (Kunden, Lieferanten, Politiker, Nichtregierungsorganisationen oder Anwohner) Personen umfassen (Freeman 1984).

Neuere Ansätze wie das Shared-Value-Managementkonzept von Michael Porter und Mark Kramer betonen, dass die Übernahme gesellschaftlicher Verantwortung eine fundamentale Veränderung der Unternehmensstrategie impliziert. Ziel sollte sein, zugleich unternehmerische und gesellschaftliche Wertschöpfung in allen Unternehmensprozessen zu verfolgen. Andreas Schneider warnt in seinem Beitrag davor, dass durch die Vielfältigkeit der Begriffsverständnisse falsche Erwartungen und damit auch Enttäuschungen der unterschiedlichen Akteure aus Unternehmen, Politik, Zivilgesellschaft und Wissenschaft entstehen (Schneider 2015). Gleichzeitig fragt er, ob es überhaupt einer abschließenden Definition eines Konzepts bedarf, dessen Kern einen kontinuierlichen Verbesserungsprozess beinhaltet.

Deutlich ist, dass die gesellschaftliche Diffusion des Gedankens von gesellschaftlicher Verantwortung von Unternehmen ein Maß angenommen hat, das es kaum mehr möglich macht, sich als Unternehmen nicht mehr zu dem Thema zu verhalten. Entsprechend haben Unternehmen ihre Verhaltensweisen in Bezug auf dieses Thema weitestgehend verändert. Aber auch die Stakeholder von Unternehmen, z. B. Nichtregierungsorganisationen, ändern im Kontext von CSR ihre Handlungsweisen – beispielsweise durch Initiativen zur

Kooperation mit Unternehmen statt zum Boykott. Politische Akteure haben das Konzept aufgegriffen, weiterentwickelt und mit den ihnen zur Verfügung stehenden Mitteln (z. B. Gesetzesinitiativen, Richtlinien) in ihrem Kontext gestaltet. Nicht zuletzt hat sich die gesellschaftliche Verantwortung von Unternehmen als Thema in der Gesellschaft relativ unabhängig von technischen Entwicklungen vollzogen; entsprechend kann CSR auch als eine soziale Innovation definiert werden.

Im Jahr 2015 haben die Vereinten Nationen mit den 17 Sustainable Development Goals und ihren 169 Unterzielen einen historisch einmaligen Rahmen geschaffen, Verständnissowie Zielkonflikte global zwischen verschiedensten Akteuren abzugleichen, Transparenz herzustellen und letztlich ein gemeinsames Verständnis zu schaffen, in welche Richtung sich die Weltgemeinschaft entwickeln soll. Im Gegensatz zu den Vorgängerzielen, den Millennium Development Goals, sind diese Ziele gleichermaßen gültig für Industrie-, Schwellen- und Entwicklungsländer. Dazu appellieren sie an alle Akteure der Gesellschaft, ihren Beitrag zu leisten oder Maßnahmen zu ergreifen, die u. a. zur Beendung von Armut überall und in jeder Form, zur Bekämpfung des Klimawandels und für nachhaltige Konsum und Produktionsmuster zu führen. Jedwedes Unternehmen tut und wird gut daran tun, sich diese Ziele zunutze zu machen, denn die Sustainable Development Goals können die notwendige Orientierung bieten, um die Handlungsfelder, in denen die Ausübung gesellschaftlicher Verantwortung besonders von Nöten ist, zu identifizieren, bestehende Missverständnisse zwischen unterschiedlichen Akteuren aufzulösen und dadurch den Beitrag, den Unternehmen zur Verbesserungen der Lebensqualität weltweit leisten, sichtbarer zu machen.

## Literatur

Elkington J (1999) Cannibals with forks. Triple bottom line of 21st century business. Capstone, Oxford

Europäische Kommission (2011) Eine neue EU-Strategie (2011-14) für die soziale Verantwortung der Unternehmen (CSR). KOM(2011) 681. Europäische Kommission, Brüssel

Freeman ER (1984) Strategic management: a stakeholder approach. Pitman, Boston

Schneider A (2015) Reifegradmodell CSR – eine Begriffsklärung und -abgrenzung. In: Schneider A, Schmidpeter R (Hrsg) Corporate Social Responsibility. Verantwortungsvolle Unternehmensführung in Theorie und Praxis, 2. Aufl. Springer Gabler, Berlin, Heidelberg

Sridhar K, Jones G (2013) The three fundamental criticisms of the Triple Bottom Line approach: an empirical study to link sustainability reports in companies based in the Asia-Pacific region and TBL shortcomings. Asian J Bus Ethics 2(1):91–111

**Julia Scheerer** ist Project Manager im Programm „Unternehmen in der Gesellschaft" der Bertelsmann Stiftung. Sie ist Soziologin und Mediatorin in Wirtschafts- und Arbeitswelt. Sie verfügt über langjährige Erfahrung in Corporate Social Responsibility (CSR), Social Innovation und Stakeholdermanagement. In Kooperation mit dem Bundesministerium für Arbeit und Soziales hat sie CSR im Mittelstand in Deutschland bekannter gemacht und Politik sowie Unternehmen zum Thema beraten.

# Definitionsbandbreite von Social Enterprise

Jochen Herdrich

Was ist soziales Unternehmertum? Lassen sich gemeinwohlorientierte soziale Tätigkeiten und renditeorientiertes Unternehmertum überhaupt kombinieren? Gleich vorab möchte ich diese Frage mit einem klaren Ja eindeutig beantworten, auch wenn diese beiden Welten – klassisches Unternehmertum einerseits und soziales Handeln andererseits – lange Zeit kaum vereinbar erschienen. Gemeinwohlorientierte Themen und soziale Probleme wurden in Deutschland traditionell dem Staat und den Wohlfahrtsverbänden überlassen. Unternehmer folgten mehr oder weniger ausschließlich der finanziellen Rendite als maßgeblicher Zielsetzung und wollten diese entsprechend maximieren. Einige davon gründeten dann – nachdem sie beträchtliche Vermögenwerte angehäuft hatten – eine Stiftung zur Förderung des Gemeinwohls. Private Unternehmen, die sich hauptsächlich mit der Lösung sozialer Probleme beschäftigen und dennoch wirtschaftlich und dabei auch noch gewinnorientiert agieren, waren eher die Ausnahmen. Schließlich war es verpönt, mit sozialen Tätigkeiten auch noch Geld verdienen zu wollen. Daneben sollte jeder für das Gemeinwohl eingesetzte Euro bei den Bedürftigen bzw. der Zielgruppe ankommen. Doch warum sollten Unternehmer, die etwas Gutes tun, weniger Anrecht auf eine gerechte Entlohnung für ihr Engagement, ihren Einfallsreichtum und ihre Risikonahme erhalten, als solche, die nur ihren eigenen Vorteil sehen? Die Umsetzung sozialer Innovationen bedingt eine Professionalisierung, die gänzlich ohne monetäre Anreize für Unternehmer und Mitarbeiter nicht zu erreichen ist.

Warum also sollte die Schizophrenie, die die Auftrennung in rein finanzielle oder soziale Zielrichtung darstellt nicht – zumindest teilweise – aufgelöst werden können? Gerade mit zunehmender Saturiertheit der Gesellschaft scheint eine Sinnsuche einherzugehen. Viele, meist jüngere Unternehmensgründer scheinen mit ihrem unternehmerischen Han-

J. Herdrich (✉)
BonVenture Management GmbH
München, Deutschland
E-Mail: jochen.herdrich@bonventure.de

© Springer-Verlag GmbH Deutschland, ein Teil von Springer Nature 2019
A. Kraemer und L. M. Edinger-Schons (Hrsg.), *CSR und Social Enterprise*,
Management-Reihe Corporate Social Responsibility,
https://doi.org/10.1007/978-3-662-55591-0_2

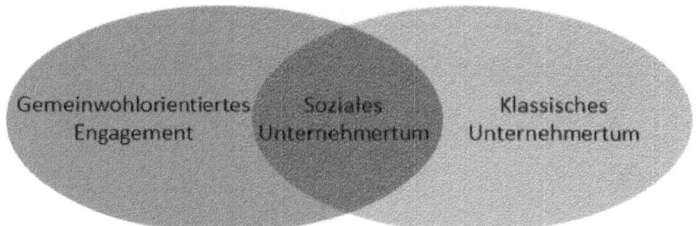

**Abb. 1** Soziales Unternehmertum als Schnittmenge von gemeinwohlorientiertem Engagement und klassischem Unternehmertum. (In Anlehnung an Davis et al. 1999)

deln auch eine Sinnhaftigkeit entfalten zu wollen. Gleichzeitig besteht aber auch der Wunsch, mit der sozialen Geschäftsidee Geld für die eigene Lebensgestaltung zu verdienen und somit Professionalität und Philanthropie zu verbinden. Hinzu kommt schließlich auch ein verstärktes Interesse von klassischen Unternehmern an sozialer Verantwortung (Corporate Social Responsibility) und einer guten Unternehmensführung (Corporate Governance).

Ashoka-Gründer Bill Drayton prägte den Begriff des Social Entrepreneurs als Unternehmer mit gesellschaftlichen Lösungsansätzen. Er erkannte insbesondere in der Person als Projekttreiber den wesentlichen Erfolgsfaktor für nachhaltigen positiven gesellschaftlichen Wandel (Achleitner et al. 2007).

Social Entrepreneurship stellt die Schnittmenge der – bei oberflächlicher Betrachtung – kaum vereinbaren Bereiche dar (Abb. 1).

Doch wo beginnt soziales Unternehmertum und wo endet es? Die beiden klassischen Bereiche gehen hierbei, wie in Abb. 1 dargestellt, fließend ineinander über und entsprechend schwierig ist die genaue Abgrenzung der Schnittmenge. Die European Venture Philanthropy Association (EVPA; Abb. 2) ordnet *Social Enterprises* und *Socially Driven Enterprises*, beide mit einer starken Wirkungsorientierung („impact first") zwischen *Charities mit reinem Wirkungsziel* („impact only") und *Traditional Bussinesses* mit vorwiegender bis ausschließlicher Renditeorientierung („finance first") ein (EVPA 2016).

Eine konkretere Abgrenzung kann daher auf einzelne Aspekte heruntergebrochen dargestellt werden (Abb. 3):

## 1. Generelle Unternehmensausrichtung

Die beiden Pole hinsichtlich der Zielsetzung bilden hierbei natürlich die klassischen Unternehmen mit Gewinnmaximierungsabsicht („finance first/only") einerseits und die gemeinnützigen Hilfsorganisationen/Nichtregierungsorganisationen („impact only") mit der Intention zur Wirkungsmaximierung andererseits. Neben den Unterschieden in der Rendite- und Wirkungsorientierung besteht v. a. ein Gegensatz in der Steuerpflicht, wonach die in der Abgabenordnung (AO) definierten gemeinnützigen, mildtätigen oder kirchlichen Zwecke steuerbegünstigt ausgeübt werden können. Dies bedeutet eine Befreiung von der

**The EVPA Spectrum**

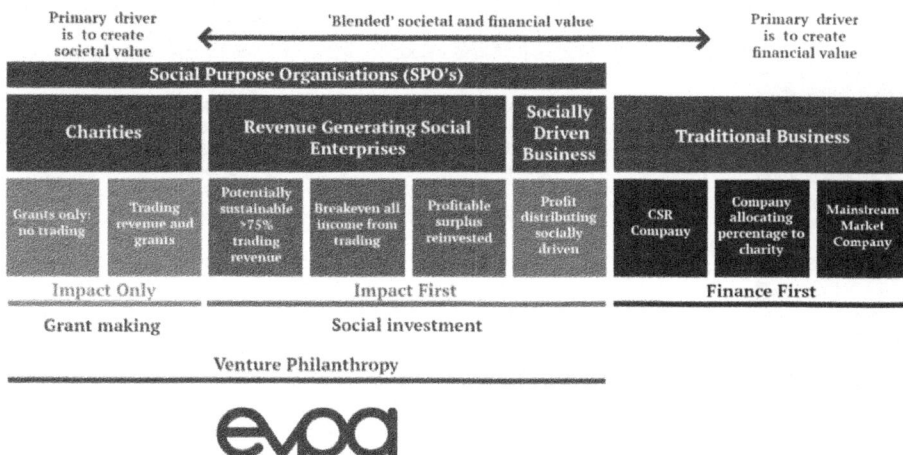

**Abb. 2** Das European-Venture-Philanthropy-Association(EVPA)-Spektrum. (EVPA 2016, S. 23)

Ertragssteuer und eine Verringerung des Umsatzsteuersatzes, derzeit von 19 % auf 7 % für die fakturierten Produkte bzw. Dienstleistungen.

Dazwischen gibt es eine Reihe abgestufter Ausprägungen an Organisationen, anhand derer der fließende Übergang der beiden Extreme dargestellt werden kann. Während dieser fließende Übergang bei der Wirkungs- und Renditeorientierung problemlos ist und der Organisation überlassen bleibt, gibt es gemäß AO in steuerlicher Hinsicht keinen Graubereich. So birgt die Kombination eines gemeinnützigen Zweckbetriebs und eines nicht gemeinnützigen gewerblichen Betriebs in einer Gesellschaft die Gefahr, dass bei Verlusten im gewerblichen Bereich diese gemäß AO nicht durch den steuerbegünstigten Zweckbetrieb ausgeglichen werden können. Dies würde zu einer Mittelfehlverwendung führen und die Gemeinnützigkeit (des Zweckbetriebs) gefährden. Im Umkehrschluss können Verluste aus dem gemeinnützigen Zweckbetrieb mit Spendenmitteln ausgeglichen werden. Wenn eine Kombination von gemeinnützigen und nicht gemeinnützigen Tätigkeiten dennoch sinnvoll ist, so kann eine hybride Unternehmensstruktur Sinn machen. Hierbei können eine gemeinnützige und eine nicht gemeinnützige Gesellschaft in einer Unternehmensgruppe verknüpft werden.

## 2. Innenfinanzierungspotenzial

Das Innenfinanzierungspotenzial der jeweiligen Organisation steht und fällt mit den Monetarisierungsmöglichkeiten ihrer Tätigkeiten, etwa über ein tragfähiges und damit finanziell nachhaltiges Geschäftsmodell. Bei reinen Spendenorganisationen ist dieses i. d. R. kaum möglich – es besteht eine entsprechend hohe Abhängigkeit von Spenden oder Fördermitteln. Daneben unterliegen gemeinnützige Unternehmen Restriktionen hinsichtlich

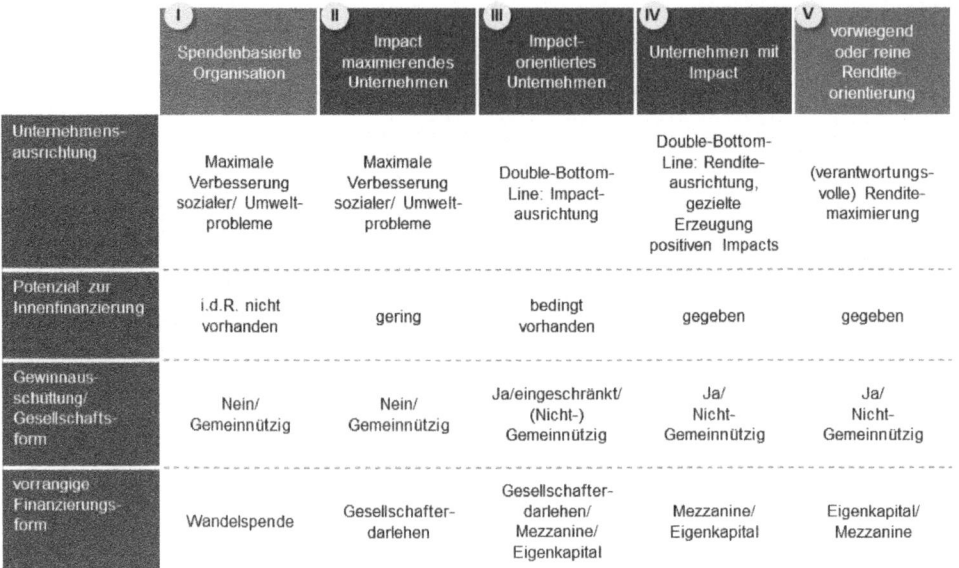

| | I Spendenbasierte Organisation | II Impact maximierendes Unternehmen | III Impact-orientiertes Unternehmen | IV Unternehmen mit Impact | V vorwiegend oder reine Rendite-orientierung |
|---|---|---|---|---|---|
| **Unternehmens-ausrichtung** | Maximale Verbesserung sozialer/ Umwelt-probleme | Maximale Verbesserung sozialer/ Umwelt-probleme | Double-Bottom-Line: Impact-ausrichtung | Double-Bottom-Line: Rendite-ausrichtung, gezielte Erzeugung positiven Impacts | (verantwortungs-volle) Rendite-maximierung |
| **Potenzial zur Innenfinanzierung** | i.d.R. nicht vorhanden | gering | bedingt vorhanden | gegeben | gegeben |
| **Gewinnaus-schüttung/ Gesellschafts-form** | Nein/ Gemeinnützig | Nein/ Gemeinnützig | Ja/eingeschränkt/ (Nicht-) Gemeinnützig | Ja/ Nicht-Gemeinnützig | Ja/ Nicht-Gemeinnützig |
| **vorrangige Finanzierungs-form** | Wandelspende | Gesellschafter-darlehen | Gesellschafter-darlehen/ Mezzanine/ Eigenkapital | Mezzanine/ Eigenkapital | Eigenkapital/ Mezzanine |

**Abb. 3** Spektrum von sozial und unternehmerisch tätigen Organisationen (BonVenture Management GmbH (www.bonventure.de), 2013. (In Anlehnung an das EVPA-Spektrum, vgl. Abb. 2, und Weber und Scheck 2012, S. 9)

der Gewinnthesaurierung, da die erwirtschafteten Mittel gemäß AO zeitnah zur Erfüllung des gemeinwohlorientierten Zwecks verwendet werden müssen. Die Bildung von Rücklagen, beispielsweise zur eigenen Wachstumsfinanzierung, ist für gemeinnützige Gesellschaften entsprechend schwierig. Bei klassischen („finance first") Unternehmen besteht hingegen ein abhängig von der Ertragskraft des Geschäftsmodells mehr oder weniger hohes Innenfinanzierungspotenzial. Letztere unterliegen den oben genannten Mittelverwendungsrestriktionen nicht und können Rücklagen bilden.

### 3. Gewinnausschüttung

Die Ausschüttung von Gewinnen, etwa an deren Gesellschafter, ist bei gemeinnützigen Organisationen gemäß AO untersagt. Anfallende Überschüsse dürfen nur für die gemeinnützigen Zwecke verwendet werden. Bei renditeorientierten Unternehmen bestehen innerhalb des rechtlichen Rahmens keine vergleichbaren Begrenzungen von Gewinnausschüttungen.

### 4. Fremdfinanzierungsmöglichkeiten

Die Fremdfinanzierungmöglichkeiten sind ausgehend von den vorangegangenen Punkten recht unterschiedlich. Renditeorientierten Gesellschaften steht, abhängig von ihrem Geschäftsmodell und der damit verbundenen Ertragskraft, die gesamte Bandbreite von am Kapitalmarkt verfügbaren Eigen-, Mezzanin- und Fremdkapitalfinanzierungen offen.

Gemeinnützige Organisationen haben hingegen grundsätzlich ein beschränktes Fremdfi-
nanzierungspotenzial. Das oben angesprochene Ausschüttungsverbot wirkt sich prohibitiv
aus; klassische gewinnabhängige Eigen- und Mezzaninekapitalfinanzierungen sind daher
rechtlich nicht möglich. Daneben sind die begrenzten Innenfinanzierungsmöglichkeiten
hinderlich für die Fremdkapitalaufnahme, da marktgerechte und am Chancen-Risiken-
Verhältnis ausgerichtete Zinssätze gegebenenfalls im Einzelfall von der zuständigen Fi-
nanzbehörde als zu hoch und daher gemeinnützigkeitsschädlich erachtet werden können.
Vielen gemeinnützigen Organisationen verbleibt daher einzig die Einwerbung von Spenden und Zuschüssen sowie niedrig verzinster Darlehen von philanthropisch handelnden
Personen oder Organisationen. Hybride Unternehmensformen, also Organisationen mit
gemeinnützigen und nicht gemeinnützigen Gesellschaften, können hierbei die Vorteile der
Finanzierungsmöglichkeiten beider steuerrechtlichen Ausprägungen verbinden.

Die Schnittmenge der beiden Spektren, einerseits der reinen Gemeinwohlorientie-
rung und andererseits dem reinen (ausschließlich gewinnorientierten) Unternehmertums,
scheint dabei zunehmend größer zu werden.

## Literatur

Achleitner A, Pöllath R, Stahl E (2007) Finanzierung von Sozialunternehmern. Schäffer-Pöschl,
    Stuttgart
Davis L, Etchart N, Falvay L (1999) Profits for nonprofits. An assessment of the challenges in NGO
    self-financing. Nonprofit Enterprise and Self-sustainability, Santiago
EVPA (2016) The EVPA survey 2015/2016. https://evpa.eu.com/knowledge-centre/publications/
    the-state-of-venture-philanthropy-and-social-investment-vp-si-in-europe-the-evpa-survey-
    2015-2016. Zugegriffen: 13. Apr. 2017
Weber M, Scheck B (2012) Impact Investing in Deutschland. http://www.impactinmotion.com/wp/
    wp-content/uploads/2013/05/Impact-Investing-in-Detschland_08052013.pdf. Zugegriffen: 13.
    Apr. 2017

**Jochen Herdrich,** Jahrgang 1976, ist Partner und Investmentmanager bei der BonVenture Management GmbH und dort seit 2013 tätig. Nach dem Studium der technischen Betriebswirtschaftslehre
arbeitete er viele Jahre in einer Beteiligungsgesellschaft für junge Technologieunternehmen, absolvierte berufsbegleitend ein Masterstudium im Bereich General Management und war im Produkt-
management eines mittelständischen Hochtechnologieunternehmens tätig.

# Erste Schritte zur Entwicklung einer Ökologie zur Förderung von sozialen Innovationen

Norbert Kunz

Im Allgemeinen wird die beschäftigungs- und wirtschaftspolitische Relevanz des sozialen Sektors unterschätzt. In Deutschland sind mehr als 2 Mio. Menschen bei mehr als 100.000 Sozialunternehmen beschäftigt – im Vergleich dazu beschäftigt die Automobilindustrie nur etwa 750.000 Menschen.

Bei Sozialunternehmen steht die Lösung von sozialen Problemen im Zentrum der unternehmerischen Tätigkeit. Viele dieser Sozialunternehmen sind Mitgliedsorganisationen der großen Wohlfahrtsverbände und finanzieren sich aus gesetzlich geregelten Entgelten. Der Begriff Social Entrepreneur wird im sozialen Sektor seit zehn Jahren verwendet und findet zunehmend auch in Corporate-Social-Responsibility(CSR)-Abteilungen, Ministerien und Forschungsinstitutionen Verwendung.

Der Social Entrepreneur charakterisiert einen neuen Typus von Sozialunternehmen: Hier wird „social" nicht in der engen deutschen Begriffsfassung als sozial, sondern im angelsächsischen Sinn als gesellschaftlich genutzt. Unter dem Begriff Social Entrepreneurship lassen sich damit auch unternehmerische Ansätze fassen, die sich mit ökologischen Fragestellungen, fairen Handelsbeziehungen oder regionalwirtschaftlichen Problemlösungsansätzen beschäftigen (Abb. 1).

Auch mit dem Begriff Entrepreneur hebt man sich von der klassischen Begriffsbildung des Unternehmers ab und bezieht sich auf die Schumpetersche Definition (Schumpeter 1926). Demnach ist ein Entrepreneur ein Innovator, der ein neues Produkt oder eine neue Dienstleistung am Markt durchsetzt. Ein Social Entrepreneur ist folglich eine Person, die ein neues Produkt oder eine neue Dienstleistung zur Lösung eines gesellschaftlichen Problems einführt, das sich nicht zwingend am Markt durchsetzen muss, aber gesellschaftlich akzeptiert und gegebenenfalls auch öffentlich finanziert wird. Das Besondere an Social

N. Kunz (✉)
Social Impact Lab Berlin
Berlin, Deutschland
E-Mail: kunz@socialimpact.eu

© Springer-Verlag GmbH Deutschland, ein Teil von Springer Nature 2019
A. Kraemer und L. M. Edinger-Schons (Hrsg.), *CSR und Social Enterprise*,
Management-Reihe Corporate Social Responsibility,
https://doi.org/10.1007/978-3-662-55591-0_3

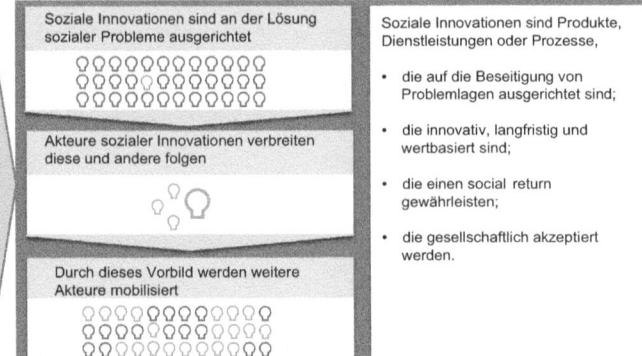

**Abb. 1** Definition von sozialen Innovationen

Entrepreneurs ist, dass sie als Protagonisten wirken und in der Lage sind, Unterstüt-
zer, Partner und Mitstreitende zu gewinnen. Kennzeichnend für die Produkte von Social
Entrepreneurs ist, dass sie das Potenzial haben, die weitere Entwicklung eines gesamten
Sektors zu beeinflussen. Frühe Vertreter des Social Entrepreneurships sind beispielsweise
Friedrich Wilhelm August Fröbel mit der Einführung des Kindergartenmodells, Florence
Nightingale und Maria Montessori.

   Social Entrepreneure lassen sich nicht in Rechtsformkategorien fassen. Sie können sich
klassisch gemeinnütziger Rechtsformen aber auch privatwirtschaftlicher Formen bedienen
(Tab. 1).

**Tab. 1** Rechtsformen von Sozialunternehmen

| Sozialunternehmen | | | Gewinnorientierte Unternehmen | |
|---|---|---|---|---|
| Gemeinnützige Organisationen (e. V., gGmbH, gAG, gGenossenschaft, gStiftung) | Hybride Organisationstypen (gemeinnützige Rechtsform und privatwirtschaftliche Rechtsform) | Social Business (privatwirtschaftliche Rechtsform) | Sozial aktive Unternehmen (Corporate Social Responsibility) | Klassische Unternehmen |
| Einnahmen aus<br>– Mitgliedsbeiträgen<br>– Spenden<br>– öffentlichen oder privaten Zuwendungen<br>– staatlich geregelten Entgelten<br>– sonstigen Beiträgen | Einnahmen wie bei gemeinnützigen Organisationen; außerdem Einnahmen aus wirtschaftlichen Geschäftsbetrieben (Beratung, Verkauf etc.) | Einnahmen aus wirtschaftlichen Geschäftsbetrieben Gewinne werden nicht ausgeschüttet | Unternehmen sind an Umsatz und Gewinn orientiert, erbringen aber soziale Leistungen ohne dazu gesetzlich verpflichtet zu sein | Unternehmen sind nur an Umsatz und Gewinn orientiert |

Lange Zeit wurde das Potenzial von Social Entrepreneurs zur Lösung gesellschaftlicher Probleme verkannt und eine explizite Gründungsförderung von Sozialunternehmen fand nicht statt.

Weder die Gründungsförderung von Sozialunternehmen – insbesondere, wenn sie eine gemeinnützige Rechtsform wählen – noch die Förderung von sozialen Innovationen ist in der deutschen Förderlogik vorgesehen. Sowohl die geförderten Coaching-Programme als auch Startfinanzierungen aus öffentlichen Fördermitteln richten sich ausschließlich an gewerbliche, gewinnorientierte Unternehmensgründer und -gründerinnen. Zugleich ist die Förderung von Innovationen ausschließlich auf die Förderung technologischer Innovationen ausgerichtet.

Mit dem von McKinsey organisierten Start-Social-Programm wurde erstmals ein – auf freiwilligem Engagement basierendes – Unterstützungsangebot für Gründer und Gründerinnen im sozialen Sektor etabliert, das sich jedoch überwiegend an zivilgesellschaftliche Initiativen richtet. Die erste professionelle Struktur zur Gründungsförderung von Social Entrepreneurs entstand 2011 im Social Impact Lab in Berlin.

# 1    Social Impact Labs

Die Social Impact Labs sind eine Plattform für Social Entrepreneurs und Social Start-ups sowie für alle Organisationen und Unternehmen, die soziale Innovationen vorantreiben wollen. Die Social Impact Labs bieten für alle an dem Themenfeld Interessierte Raum für Arbeit, Vernetzung, Shared Services und Austausch. Für Social Start-ups bieten die Social Impact Labs ein spezielles, auf ihre spezifischen Bedarfe abgestimmtes Unterstützungsprogramm. Sie erhalten für die Dauer von acht Monaten einen kostenfreien Arbeitsplatz und können zudem ein umfangreiches Qualifizierungs-, Coaching- und Mentoring-Angebot in Anspruch nehmen.

Wie Abb. 2 zeigt, ist der Unterstützungsprozess in fünf Phasen gegliedert.

Von Phase zu Phase müssen sich die Programmteilnehmer qualifizieren, um das volle Unterstützungsangebot in Anspruch nehmen zu können.

Träger der Social Impact Labs ist die gemeinnützige Social Impact GmbH. Mit dem Programmangebot will sie dazu beitragen, dass

- das Angebot sozialer Dienstleistungen und Produkte erweitert wird und damit ein wichtiger Beitrag zu den aktuellen gesellschaftlichen Herausforderungen erbracht wird;
- effektivere und/oder effizientere soziale Dienstleistungen eine Chance haben, sich am Markt durchzusetzen;
- neue Kooperationsformen zwischen den Sektoren entstehen;
- sich mehr Menschen sozial- und zivilgesellschaftlich engagieren und ihre Kompetenzen für die Gestaltung einer zukunftsfähigen Gesellschaft einbringen.

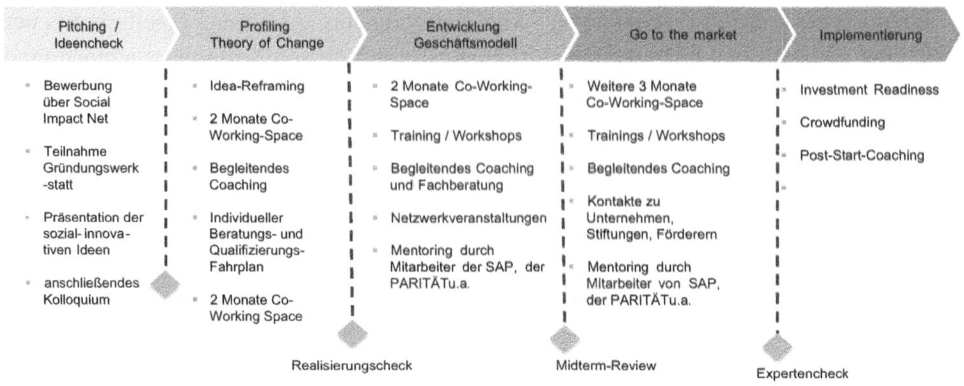

**Abb. 2** Gründungsunterstützungsprozess

Als das erste Social Impact Lab im Jahr 2011 seine Arbeit aufnahm, herrschte große Skepsis, ob ein solches Angebot auf eine hinreichende Nachfrage stoßen würde. Diese Skepsis ist inzwischen verflogen. Mehr als 2000 Gründungsinteressierte haben sich um die Aufnahme in das Social-Impact-Start-Programm beworben (Stand Oktober 2016); 350 Gründungsteams wurden bis zum Oktober 2016 in das Programm aufgenommen; mehr als 200 Teams haben inzwischen erfolgreich gegründet. Die neuen Sozialunternehmen haben weit über 1000 Arbeitsplätze geschaffen.

Zu den Social-Start-ups gehören u. a. die im Folgenden genannten Teams.

# 2  auticon

auticon beschäftigt ausschließlich Menschen im Autismusspektrum als IT-Consultants. Die besonderen Fähigkeiten von Autisten werden als Stärke verstanden und für innovative Lösungen eingesetzt. Über 100 Mitarbeiter hat das Unternehmen seit seiner Gründung im Jahr 2011 und konnte zuletzt Richard Branson als Investor gewinnen.

# 3  Kiron Open Higher Education

Kiron bietet seit 2015 Geflüchteten über eine Online-Plattform einen ortsunabhängigen und kostenlosen Zugang zu akademischer Bildung. Mit über 20 Partneruniversitäten eröffnet Kiron seinen aktuell über 1500 Studenten eine Perspektive auf einen Bachelorabschluss.

## 4 Ackerdemia

Das Ziel von Ackerdemia ist es, ein Bewusstsein für die Produktion von Lebensmitteln und gesunder Ernährung zu schaffen. Mit dem Bildungsprogramm Gemüseackerdemie werden z. B. Schüler beim Anbau und der Vermarktung von Gemüse begleitet.

## 5 Über den Tellerrand

Über den Tellerrand fördert den interkulturellen Austausch zwischen Geflüchteten und Beheimateten über das Thema Kochen. Über den Tellerrand bietet Kochkurse und andere kreative und sportliche Projekte an, bei denen sich Menschen mit unterschiedlichem Hintergrund begegnen.

## 6 Dialog macht Schule

Dialog macht Schule setzt Studierende und junge Akademiker nach einer zweijährigen Ausbildung als Dialogmoderatoren an Schulen ein, die insbesondere mit sozial benachteiligten Schülern arbeiten. Das Ziel ist, durch Partizipation und Berücksichtigung von Vielfalt die demokratische Handlungskompetenz der Jugendlichen zu stärken.

Der Erfolg des Programms ermöglichte auch die Verbreitung der Social Impact Labs. Im Jahr 2012 eröffnete das Social Impact Lab in Hamburg; 2014 kamen Labs in Frankfurt und Leipzig hinzu und das Lab in Duisburg eröffnete 2015. Anfang 2017 startete das Social Impact Lab in Stuttgart. Weitere Standorte sind in Vorbereitung.

Die Social Impact gGmbH bietet Unterstützungsleistungen aber nicht nur in den Labs, sondern auch in Form bundesweiter Kampagnen (Startery Camp, Ankommer: Perspektive Deutschland, Think Big Pro) an. Diese Programmformate eignen sich auch für Interessenten, die ihr Gründungsvorhaben nicht in einem der Labs realisieren können.

Ergänzt werden diese auf Deutschland ausgerichteten Angebote zusätzlich durch

- die Central-and-Eastern-Europe(CEE)-Challenge – einen auf die Förderung von osteuropäischen Social Entrepreneurs ausgerichteten Wettbewerb;
- eine Kooperation mit der Deutschen Gesellschaft für internationale Zusammenarbeit (GIZ) zur Förderung und Unterstützung von indischen Social Entrepreneurs.

Darüber hinaus ist Social Impact eng verwoben und einer der zentralen Akteure im europäischen Netzwerk Community of Practice on Social Entrepreneurship (CoPSE). Hier haben sich die führenden europäischen Unterstützungsorganisationen zusammengeschlossen, um die Entwicklung im Bereich Social Entrepreneurship nach vorn zu treiben. Enge Kooperationsbeziehungen bestehen zudem zu einigen Social Business Labs in Nordafrika.

Im Lauf der letzten fünf Jahre wurden aber nicht nur neue Standorte eröffnet, sondern das Programmangebot wurde systematisch erweitert. Inzwischen unterstützen mehr als 250 Fachmentoren aus der Wirtschaft – v. a. Mitarbeiter und Mitarbeiterinnen aus den Partnerorganisationen SAP, Deutsche Bank, Haniel, Lions, Barclay, Kreditanstalt für Wiederaufbau (KfW) – und aus der Wohlfahrt – Parität, Fröbel e. V., Johannesstift, Arbeiterwohlfahrt (AWO) – aber auch Privatpersonen die Entwicklung und Sicherung des Leistungsangebots der Social Impact.

Da der Zugang zur Finanzierung sich als eine der größten Herausforderungen für Social Start-ups herausstellte, wurde im Jahr 2013 das Social-Impact-Finance-Programm etabliert. Aktuell bietet Social Impact folgende Programme an:

- Ready-for-Finance-Programm: Im Rahmen dieses Angebots werden Social Start-ups bei der Entwicklung von Finanzierungsstrategien und -plänen von erfahrenen Finanzexperten unterstützt.
- Crowdfunding-Qualifizierung: In Kooperation mit StartNext und CrowdCamp wurde ein spezielles Crowdfunding-Unterstützungsangebot für die Social Start-ups etabliert. Bis zum Oktober 2016 haben die Start-ups der Social Impact gGmbH mehr als 1,3 Mio. € akquiriert.
- Ankommer Award & Wirkungsfonds: bis zu 25.000 € Startfinanzierung können Social-Start-up-Projekte, die sich das Ziel gesetzt haben, Geflüchtete zu integrieren, als Zuschuss erhalten (www.socialimpactfinance.eu).

## 7  Netzwerk

Neben der Social Impact gGmbh ist Ashoka der wichtigste Akteur zur Förderung von Social Entrepreneurship in Deutschland. Aber auch darüber hinaus bilden sich nach und nach regionale und überregionale Leistungsanbieter.

Besonders hervorzuheben sind:

**Ashoka**
Ashoka ist das weltweit erste und größte Netzwerk von Sozialunternehmern. In etwa 70 Ländern fördert Ashoka Gründerpersönlichkeiten, die sich innovativ für einen gesellschaftlichen Wandel engagieren.

**Social Entrepreneurship Akademie**
Die Social Entrepreneurship Akademie (SEA) resultiert aus einem themenbezogenen Zusammenschluss der vier Münchner Hochschulen. Sie bietet Qualifizierungsangebote und Workshops zum Thema Soziale Innovation, fördert Gründungsprojekte und etabliert ein Netzwerk für Sozialunternehmertum.

**Finanzagentur für Sozialunternehmertum**
Die Finanzagentur für Sozialunternehmertum (FASE) unterstützt und begleitet Sozial-unternehmer bei der Suche nach geeigneter Finanzierung und betreut Beteiligungs- und Finanzierungsprojekte. FASE identifiziert mögliche Investoren und empfiehlt Finanzie-rungsmodelle.

**Talents4Good**
Talents4Good ist eine Personalvermittlung, die sich auf Stellen fokussiert, die einen ge-sellschaftlichen Mehrwert erzeugen. Seit 2011 sucht und vermittelt Talents4Good qua-lifizierte Mitarbeiter und Mitarbeiterinnen u. a. für Stiftungen, Sozialunternehmen, Non-Profit-Organisationen.

**On Purpose**
On Purpose fokussiert sich auf die Führungskräfteentwicklung bei der Lösung von gesell-schaftlichen Herausforderungen. Hierfür hat On Purpose ein Programm entwickelt, bei dem hochqualifizierte Fachkräfte die Möglichkeit erhalten, binnen eines Jahres in zwei Sozialunternehmen tätig zu werden.

**Startnext**
Startnext ist die größte Crowdfunding-Plattform im deutschsprachigen Raum, über die Künstler und Social Entrepreneurs ihre Ideen und Projekte finanzieren können. Seit 2010 wurden über 35 Mio. € für mehr als 4000 Projekte akquiriert.

**Startsocial**
Startsocial ist ein bundesweiter Wettbewerb, der den Wissenstransfer zwischen Wirtschaft und sozialen Projekten fördert. Startsocial wurde von McKinsey initiiert und hat seit Be-ginn der Arbeit im Jahr 2001 über 1300 soziale Projekte in ihrer Projektarbeit unterstützt.

**Impact Hubs**
Die Impact Hubs bieten einen physischen Ort für Sozialunternehmer zum Arbeiten, Aus-tauschen und Vernetzen. Im Hub-Netzwerk sind weltweit über 15.000 Menschen invol-viert. Hubs gibt es in 81 Städten – die deutschen Standorte sind in München, Berlin und Dresden.

**enorm/forum Nachhaltig Wirtschaften/The Changer**
Es gibt mehrerer Online-Medien oder Magazine, die sich mit gesellschaftlichem Wandel und Social Entrepreneurship befassen: enorm, ein Magazin für gesellschaftlichen Wandel; The Changer, eine Online Community für sozialen Wandel; forum Nachhaltig Wirtschaf-ten als größtes CSR-Magazin für Wirtschaft, Politik, Nichtregierungsorganisationen und Gesellschaft.

**Vision Summit**

Der erste Vision Summit fand 2007 anlässlich des G8-Gipfels statt und lud die Teilnehmer ein, Zukunftsmodelle vorzustellen und sich darüber auszutauschen. Der Vision Summit bietet eine Plattform für Sozialunternehmer und zukunftsorientierte Lösungsideen für gesellschaftliche Herausforderungen.

**Hilfswerft**

Das Ziel der Hilfswerft ist es, wichtige Akteure zusammenzubringen, um das Thema Soziale Innovation voranzubringen. Hierzu zählen Unternehmer und Führungskräfte, Hochschulen, Unternehmen, Organisationen und Social Entrepreneurs. Die Hilfswerft bildet Sozialunternehmer weiter und begleitet sie in der Umsetzungsphase.

**betterplace**

betterplace ist die größte online Spendenplattform für soziale Projekte weltweit. Das Unternehmen bietet auch kleineren Projekten die Möglichkeit, direkt Spendengelder zu sammeln. Seit dem Beginn im Jahr 2007 wurden über 23 Mio. € für mehr als 14.000 Projekte gespendet.

## 8   Die Förderpartner

Das erste Unternehmen, das Fördermittel zum Aufbau einer Infrastruktur für Social Start-ups zur Verfügung gestellt hat, war die Softwarefirma SAP. Sie hat – gemeinsam mit dem Bundesministerium für Familie, Senioren, Frauen und Jugend (BMFSFJ) – das erste Social Impact Lab in Berlin finanziert und die Grundlage für die Verbreitung der Labs gelegt. Die SAP ist jedoch nicht nur Finanzierungspartner, sondern stellt auch mehr als 200 Mentoren, die aktiv bei der Entwicklung von sozialen Geschäftsmodellen Unterstützung leisten.

Dies verdeutlicht eine Besonderheit in diesem Themenfeld. Die Förderer, darunter die KfW-Stiftung, die Deutsche Bank und Deutsche Bank Stiftung, HANIEL, Barclay Bank, Vodafone-Stiftung, Telefonica, HIT-Stiftung, Hans Weißer Stiftung, JP Morgan Chase Foundation, die Parität, die Fröbel Gruppe, Drosos Stiftung und die Prof. Beisheim-Stiftung, die BMW-Stiftung, McKinsey – um nur einige zu nennen – stellen nicht nur Finanzmittel zur Verfügung, sondern engagieren sich auch persönlich in der Weiterentwicklung des Sektors. Sie konzentrieren ihre Förderung i. d. R. nicht nur auf einzelne Projekte, sondern achten darauf, dass die Leistungsangebote sinnvoll vernetzt werden und nicht wechselseitig konkurrieren. So fördert z. B. die SAP nicht nur die Social Impact gGmbH, sondern auch Ashoka und betterplace. Die KfW-Stiftung unterstützt neben der Social Impact außerdem die SEA und Cool Idea Society.

Die Ausgangsmotivation der Förderer ist sehr unterschiedlich. In einigen Fällen stand am Anfang der Förderung sicherlich der Gedanke, dass das Engagement in diesem neuen Kontext eine erhöhte öffentliche Aufmerksamkeit erzeugen und mithin das eigene Image gestärkt würde.

Mit Dauer und Intensität der Zusammenarbeit – insbesondere bei Involvierung von Mitarbeitern und Mitarbeiterinnen der Förderorganisationen – verändert sich die Einstellung der Förderpartner. Sie erkennen, wie ernsthaft, kompetent und glaubwürdig Social Start-ups und Social Entrepreneure an der Lösung sozialer Probleme arbeiten. Dadurch entstehen verlässliche und langfristig angelegte Partnerschaften.

## 9   Impact-Investoren

Social Start-ups und wachstumsorientierte Social Entrepreneure benötigen Kapital zur Finanzierung ihrer Vorhaben. Damit geht es ihnen nicht anders als anderen Gründern und Gründerinnen oder Unternehmern und Unternehmerinnen. Es ist auch grundsätzlich genügend Kapital vorhanden, um diesen Bedarf zu decken. Potenzielle Finanziers oder Investoren sind auch sehr interessiert an der Möglichkeit, ihr Kapital sozialwirksam einzusetzen. Der entscheidende Punkt ist hier jedoch der Ertrag.

Aus der Perspektive der Investoren gibt es zu wenig investierbare Sozialunternehmen. Aus der Perspektive der Social Entrepreneurs gibt es zu wenig Risiko- und mithin Investitionsbereitschaft bei Investoren. Dieses Delta zwischen den unterschiedlichen Perspektiven ergibt sich aus dem Gegensatz zwischen sozialunternehmerischen und privatwirtschaftlichen Logiken. Das primäre Interesse von Sozialunternehmern besteht in der Lösung eines sozialen Problems und nicht in der Erwirtschaftung von Gewinnen. Viele Sozialunternehmen würden überhaupt nicht existieren, wenn eine – mit anderen Unternehmen vergleichbare – Profitabilität das erstrangige Ziel wäre. Auch moralisch und definitorisch wird von einem Sozialunternehmen erwartet, dass es seine Erträge reinvestiert – selbst wenn das Unternehmen nicht gemeinnützig ist (Yunus und Weber 2007). Mithin tun sich Sozialunternehmer und -unternehmerinnen per se schwer, wenn von ihnen erwartet wird, dass sie auf eine Auszahlung von Gewinnen verzichten sollen, der Investor jedoch eine Verzinsung und/oder Ertragsbeteiligung erwartet.

Aber die Barriere besteht nicht nur in dem Selbstverständnis der beiden Parteien, die eigentlich zusammenkommen sollten, sondern an betriebswirtschaftlichen Zwängen der Venture- oder Investmentgesellschaften – dies trifft auch auf die Social Venture Funds zu. Das Kapital der Gesellschaften wird von privaten oder juristischen Personen zur Verfügung gestellt, damit es sich mehrt oder – wie es bei den meisten Social Venture Funds der Fall ist – zumindest nicht verlustig geht, sondern revolviert.

Es ist tatsächlich ein begrüßenswertes philanthropisches Engagement, wenn Privatpersonen Venture-Funds-Kapital zur Finanzierung von Sozialunternehmen zur Verfügung stellen und keine Verzinsung erwarten. Der Anspruch jedoch, dass das Kapital erhalten bleiben soll, hat Auswirkungen auf die Geschäftspraxis. Um den Kapitalerhalt zu gewährleisten, müssen aus den Erträgen der Beteiligungen die Verwaltungskosten des Fonds und etwaige Ausfälle kompensiert werden – sprich, das Risiko muss eingepreist werden.

Dies hat folgende Auswirkungen:

- Um die Verwaltungskosten zum finanziellen Engagement relativ gering zu halten, machen Beteiligungen unter 400.000 € aus Sicht der Fonds keinen Sinn.
- Um das Risiko klein zu halten, ist der „proof of concept" – oder besser noch der „proof of market" – in aller Regel die Voraussetzung.
- Im Ergebnis beläuft sich die Verzinsung auf mindestens 6 %.

Dies ist die Ursache, warum es selbst für Social Venture Fonds schwierig ist, investierbare Sozialunternehmer zu finden: Social Start-ups haben meist keine Chance, weil sie den „proof of market" noch nicht belegen können, zudem liegt ihr Finanzierungsbedarf in der Startphase meist in der Spanne zwischen 50.000 und 250.000 €. Das heißt, sie haben faktisch keine andere Finanzierungsmöglichkeit als die Aktivierung ihres eigenen Umfelds, weil auch Banken als Finanzierer nur selten infrage kommen. Alternativ oder ergänzend hierzu erschließen sich kleinere Finanzierungen aus Beteiligungen, aus Awards oder Crowdfunding-Aktivitäten.

Auch hier hat Social Impact gemeinsam mit Startnext ein Angebot für Sozialunternehmer etabliert (Social Impact Finance). In den letzten drei Jahren konnten auf diesem Weg 1,2 Mio. € für Social Start-ups finanziert werden.

Während Social Start-ups wenig Chancen haben, Finanzierungspartner aus dem institutionellen Umfeld aufzuschließen, ist dies für etablierte und erfolgreiche Sozialunternehmer weniger schwer, sofern sie bereit sind und ihre Rechtskonstruktion dies erlaubt, einen Teil ihres Ertrags an Investoren auszuschütten.

Für letztere steht allerdings in vielen Fällen auch der Weg zur Bank offen. Sofern nämlich der „proof of market" gegeben, die Ertragslage stabil und das Wachstum mit geringen Risiken verbunden ist, kommt natürlich auch eine klassische Bankenfinanzierung infrage. Die Konditionen hierfür sind oft günstiger als bei einer Beteiligungsfinanzierung.

Social Venture Funds haben jedoch einen entscheidenden Vorteil: Sie bringen sich nicht nur mit Geld ein, sondern auch mit ihrer Expertise, mit Leidenschaft für das Projekt, mit guten Kontakten zu potenziellen Kunden und Auftraggebern. Mithin kann sich eine Zusammenarbeit lohnen, trotz der Zinsbelastungen.

Im Bereich der Finanzierung von innovativen Sozialunternehmen kommt neben den Social Venture Funds auch Ashoka eine wichtige Bedeutung zu. Ashoka hat als Dienstleister für Finanzierungsberatung von Sozialunternehmen die FASE ausgegründet. Diese ist nicht nur ein Kompetenzzentrum für unterschiedliche Finanzierungsformen im Bereich des Impact-Investments; FASE entwickelt auch maßgeschneiderte finanzielle Beteiligungsmodelle und sucht geeignete Finanzierungspartner für Sozialunternehmen. Weitere bedeutende Akteure im Impact-Investment-Umfeld sind Bon Venture, Anando, Startnext, Roots of Impact und Active Philanthropy.

## 10    Die Wohlfahrt

Am Anfang herrschte aufseiten der klassischen Wohlfahrtseinrichtungen und -verbände große Skepsis gegenüber Social Entrepreneuren. Oftmals wurde ihnen die Bedeutung abgesprochen oder es wurde ihnen vorgeworfen, mit sozialen Angeboten nur Geld verdienen zu wollen und es ihnen mehr um öffentliche Aufmerksamkeit gehen würde, nicht aber um den Beitrag zur Lösung gesellschaftlicher Probleme.

Mit der vom BMFSFJ im Jahr 2012 initiierten Multistakeholderkonferenz hat ein Dialog zwischen den Akteuren begonnen. Ganz zaghaft haben sich die Akteure aus der Wohlfahrt- und der Social-Entrepreneurship-Welt aufeinander zu bewegt. Auch hier kam Ashoka und Social Impact eine wichtige Vorreiterrolle zu.

Ashoka baute eine Kooperation mit den Maltesern auf und initiierte erste gemeinsame Projekte. Die Social Impact schloss 2013 eine Kooperationsvereinbarung unter dem Titel „Innovation2" mit dem Bundesverband der Parität, dem Landesverband Parität Berlin und dem Fröbel e. V. ab. Ziel der Kooperation ist der wechselseitige Austausch und die Unterstützung bei der Förderung von Social Start-ups als auch die Entwicklung sozialer Innovationen. Es werden Qualifizierungs- und Design-Thinking-Workshops angeboten, an denen sowohl Start-ups als auch Mitarbeiter der oben genannten Partnerorganisationen teilnehmen. Social Start-ups präsentieren ihre Konzepte in Wohlfahrtseinrichtungen, Vertreter und Mitarbeiter wirken in den Expertengremien der Social Impact mit oder engagieren sich als Mentoren für die Social Start-ups. Inzwischen ist auch der Landesverband der Parität NRW dem Kooperationsvertrag beigetreten.

Weitere Wohlfahrtseinrichtungen wurden seitdem aktiv. Die Social Impact hat für die diakonische Einrichtung Johannesstift Berlin – einem der größten diakonischen Einrichtungen in Deutschland – inzwischen mehrere Multiplikatorenfortbildungen zu Methodiken der Innovationsentwicklung durchgeführt. Mit dem Verband der Diakonischen Dienstgeber wurde die Konferenz „Care Invest Connect" etabliert und inzwischen zum zweiten Mal durchgeführt. Mit dem AWO Bezirksverband Braunschweig arbeitet die Social Impact zur Entwicklung eines Innovationslabors zur Förderung des Social Intrapreneurship zusammen.

Im Ergebnis lässt sich konstatieren, dass es noch immer Vorbehalte gibt, diese aber allmählich der Einsicht weichen, dass eine Zusammenarbeit für beide Seiten von großem Nutzen ist.

## 11    Politik

Auch wenn die Bedeutung von sozialen Innovationen und Sozialunternehmertum inzwischen in einer Reihe von politischen Stellungnahmen, Strategiepapieren und selbst in der Koalitionsvereinbarung hervorgehoben wird, gibt es noch keine tatsächlichen politischen Initiativen zur Weiterentwicklung des Sektors. Einzig das BMFSFJ bringt sich durch die Förderung der Social Impact Labs und weiterer sozialunternehmerischer Initiativen bedeutungsvoll ein. Das BMWi hat im letzten Jahr eine Studie zur Bedeutung von Social Start-ups und die Erstellung eines Leitfadens für sozialunternehmerische Gründer und Gründerinnen in Auftrag gegeben und veröffentlicht (Bundesministerium für Wirtschaft und Energie 2017). Weitere Aktivitäten gibt es zum jetzigen Zeitpunkt nicht.

Die anderen Ministerien bewegen sich sehr langsam auf das Thema zu oder haben sich noch nicht damit auseinandergesetzt. Ähnlich sieht es in den Bundesländern aus.

Die Hoffnung, dass die Social Business Initiative der Europäischen Union, die der Förderung des Sozialunternehmertums eine hohe Priorität einräumt, sich in EU-Förderprogrammen niederschlägt, hat sich nicht bewahrheitet. Auch in den Parteien wird das Thema noch nicht wirklich intensiv diskutiert. Lediglich die SPD hat ein Positionspapier zu Sozialer Innovation veröffentlicht (SPD-Bundestagsfraktion 2016).

## Literatur

Bundesministerium für Wirtschaft und Energie (2017) Praxisleitfaden Soziales Unternehmertum. http://www.existenzgruender.de/SharedDocs/Downloads/DE/Broschueren-Flyer/Praxisleitfaden-Soziales-Unternehmertum.pdf?__blob=publicationFile. Zugegriffen: 13. Sept. 2018

Schumpeter JA (1926) Theorie der wirtschaftlichen Entwicklung: Eine Untersuchung über Unternehmergewinn, Kapital, Kredit, Zins und den Konjunkturzyklus. Duncker & Humblot, München, Leipzig

SPD-Bundestagsfraktion (2016) Soziale Innovationspolitik. Innovationen neu denken (4/2016). Positionen der SPD-Bundestagsfraktion. https://www.spdfraktion.de/system/files/documents/web_pos_0416_pz_sozialeinnovation_0.pdf. Zugegriffen: 13. Sept. 2018

Yunus M, Weber K (2007) Creating a world without poverty: social business and the future of capitalism. Public Affairs, New York

**Norbert Kunz** gehört zu den profiliertesten Sozialunternehmern in Deutschland. Seit über 20 Jahren berät und unterstützt er Existenzgründer und hat als Mitbegründer verschiedener Organisationen maßgeblich an der Entwicklung sozialer Innovationen mitgewirkt. Seit einigen Jahren konzentriert sich der Geschäftsführer der gemeinnützigen Social Impact GmbH auf den Aufbau einer Infrastruktur für soziale Innovationen und auf die Unterstützung von Social Start-ups; die Gründung des ersten Social Impact Labs in Berlin 2011 zusammen mit dem ersten Business-Incubation-Programm für Social Start-ups in Deutschland waren der Anfang. Inzwischen existieren bundesweit Social Impact Labs, an denen eine Vielzahl von Gründungsunterstützungsprogrammen läuft. Für sein Engagement wurde Norbert Kunz u. a. als Ashoka-Fellow, von der Schwab Foundation als Social Entrepreneur des Jahres 2010 oder mit dem Sustainable Entrepreneurship Award mehrfach ausgezeichnet. Norbert Kunz ist Träger des Bundesverdienstkreuzes. Er ist Vorstands-, Beirats- und Mitglied in zahlreichen Verbänden und Instituten wie der OECD-Working Group zu Inclusive Entrepreneurship.

# Gemeinsam mehr Wirkung: Fünf Prinzipien erfolgreicher Social-Impact-Kooperationen

Anja Vrany, Dominik Domnik und Anne Dörner

Social Enterprises verkörpern ein neues Bewusstsein für Unternehmensverantwortung: Die Vision, die Welt zu verbessern, ist in ihren Geschäftsmodellen in Form von innovativen Lösungsmöglichkeiten u. a. zur Armutsbekämpfung, für den Zugang zu Bildung und Gesundheit oder zur Integration verankert. Dass Social Enterprises in den letzten Jahren deutlich an Sichtbarkeit gewonnen haben, ist nicht nur der gestiegenen Zahl von Unternehmensgründungen in diesem Bereich zu verdanken (EU Commission 2013, S. 84), sondern auch der Tatsache, dass sie aufgrund ihres (Spezial-)Wissens in gesellschaftlich relevanten Feldern und durch ihren Zugang zu spezifischen Zielgruppen zunehmend auch zu gefragten Kooperationspartnern werden. Als Impulsgeber, Initiatoren oder Innovatoren setzen sie viel Neues in Gang. Die Bandbreite an potenziellen Kooperationsmöglichkeiten zwischen Social Enterprises und klassischen Unternehmen ist groß und reicht von finanzieller Investition über das Engagement einzelner Mitarbeiter und Mitarbeiterinnen für Neugründungen bis hin zu Partnerschaften auf Augenhöhe mit gemeinsamer Markt- und Angebotsentwicklung.

Trotz der steigenden Zahl an Kooperationen (Global Entrepreneurship Monitor 2016) zwischen Sozialunternehmen und etablierten, meist global agierenden Firmen, etwa aus der Technologie- oder Pharmabranche (u. a. Böhringer, Danone, Hewlett Packard, Vodafone), fehlt es noch an ausreichend evaluierten Beispielen, aus denen sich Wissen

A. Vrany (✉)
PurposeTeams
München, Deutschland
E-Mail: anja@purpose-teams.com

D. Domnik · A. Dörner
Social Entrepreneurship Akademie, Strascheg Center for Entrepreneurship
München, Deutschland
E-Mail: dominik.domnik@seakademie.de

A. Dörner
E-Mail: anne.doerner@seakademie.de

© Springer-Verlag GmbH Deutschland, ein Teil von Springer Nature 2019
A. Kraemer und L. M. Edinger-Schons (Hrsg.), *CSR und Social Enterprise*,
Management-Reihe Corporate Social Responsibility,
https://doi.org/10.1007/978-3-662-55591-0_4

für die systematische Umsetzung solcher Kooperationen ableiten lässt. Idealtypische (Kooperations-)Modelle (Acumen und Business Fights Poverty 2015) haben häufig wenig praktische Aussagekraft für diejenigen, die an Social-Impact-Kooperationen beteiligt sind oder diese bewusst anbahnen wollen.

Organisationen bzw. interorganisationale Teams, die sich aus den Mitarbeitern und Mitarbeiterinnen, Führungskräften und Gründern und Gründerinnen von Unternehmen bilden, die miteinander kooperieren wollen, sind daher noch weitgehend auf eigenes Erfahrungswissen und Mut zur Exploration angewiesen.

Der vorliegende Beitrag stellt einen pragmatischen Ansatz für die Gestaltung von Kooperationen zwischen klassischen Unternehmen und Social Enterprises vor. Anhand von drei ausführlichen Praxisbeispielen aus dem Umfeld der Social Entrepreneurship Akademie werden fünf Prinzipien erfolgreicher Zusammenarbeit mit dem Ziel einer messbaren[1] gesellschaftlichen Wirkung („social impact") mit gesellschaftlicher Wirkung (sogenannte „Social-Impact-Kooperationen") dargestellt, die als Anregung dienen und Mut zu (mehr) Kooperation mit Social Enterprises machen sollen.

# 1    Die Social Entrepreneurship Akademie als Intermediär

Die Entwicklung hin zu mehr Kooperation zwischen Social Enterprises und etablierten Unternehmen ist auf die zunehmende Professionalisierung von Social Entrepreneurship zurückzuführen und auf Einrichtungen, die Gründer und Gründerinnen sozial orientierter Unternehmen unterstützen.

Zu der wachsenden Zahl an Förderern von Sozialunternehmertum gehört auch die Social Entrepreneurship Akademie. Die Netzwerkorganisation ist selbst aus einer Kooperation zwischen dem Stifterverband für die Deutsche Wissenschaft sowie der Stiftung Mercator (gemeinsame Anschubfinanzierung) und den Gründerzentren der vier Münchner Hochschulen (Ludwig-Maximilian-Universität München, Hochschule München, Technische Universität München sowie Universität der Bundeswehr, München) hervorgegangen. Das Angebot der Social Entrepreneurship Akademie umfasst verschiedene Qualifizierungsprogramme und die spezifische Förderung von sozialen Gründungen. Sie verfügt über ein breites und stetig wachsendes Netzwerk, mit dem sie das Ziel verfolgt, Social Entrepreneurship nachhaltig gesellschaftlich zu verankern.

Das Förderangebot der Social Entrepreneurship Akademie beeinhaltet:

- Ausbildung erforderlicher Schlüsselqualifikationen von Studierenden und Gründern und Gründerinnen
- Aufklärung und Weitergabe von Wissen in Bezug auf Entwicklungs- und Finanzierungsmöglichkeiten von Start-ups durch Kooperationen

---

[1] Alle untersuchten Kooperationen werden bzw. wurden nach Abschluss in Bezug auf ihren „social impact" evaluiert.

- Umsetzung eigener kooperativer Programme zusammen mit Unternehmen und Netzwerkpartnern
- Unterstützung von Gründungsteams bei der Identifikation von potenziellen Partnern und bei deren Zusammenarbeit

## 2    Wanted: Neues Wissen und Herangehensweisen für die Gestaltung und Begleitung von Social-Impact-Kooperationen

Kooperationen mit externen Partnern gelten seit Langem als Erfolgsfaktor für Innovation und wirtschaftlichen Erfolg von Unternehmen (Huxham und Vangen 2005). Sie wurden entsprechend umfassend im Rahmen von strategischen Allianzen, Technologieinnovationen, Netzwerken und vereinzelt auch Kooperationen mit Start-ups aus dem technologisch-kommerziellen Bereich erforscht. Das Schlagwort lautet hierbei Open Innovation (Chesbrough 2006): Die für offene Innovationsprozesse[2] erforderlichen externen Partner werden heute mehr denn je als Erfolgsgaranten für Innovation betrachtet.

In den letzten Jahren hat die gemeinsame Wertschöpfung in intersektoralen Kooperationen, verbunden mit dem Ziel, nicht nur wirtschaftlichen, sondern auch wirkungsvollen gesellschaftlichen Wert zu schaffen, zunehmende Aufmerksamkeit erfahren. Als Vorteile und Gründe für Unternehmen, mit Organisationen des sozialen Sektors wie Verbänden oder Stiftungen zu kooperieren, werden neben Reputation und Vertrauen auch gesellschaftliche Innovation, Spezialwissen, gemeinsame Problemlösungen und Transparenz aufgeführt (Austin 2012). Die Unterscheidung nach Sektorenzugehörigkeit und Organisationsformen erschwert allerdings die Übertragbarkeit auf Kooperationen mit Social Enterprises, weil sich im Kontext von Social Entrepreneurship rein wirtschaftlich ausgerichtete von sozial wirkenden Organisationen zunehmend weniger scharf abgrenzen lassen (Crane 2010). Neue Geschäftsmodelle vereinen immer häufiger wirtschaftliche Erfolgskriterien mit dem Ziel einer messbaren gesellschaftlichen Wirkung (Domnik und Eder 2016).

Dass gesellschaftliche Verantwortung heute möglichst umfassend in Unternehmen verankert werden muss, unterstreichen auch neuere Managementkonzepte wie Shared Value (Porter und Kramer 2006, 2011; Bockstette et al. 2011) oder Collective Impact (Kramer und Kania 2011). Die Einbindung von Stakeholdern und externen Partnern – neben Non-Profit-Organisationen explizit auch Social Enterprises – wird dabei zur bedeutsamen Voraussetzung für die Zukunftsfähigkeit von Unternehmen. Dies zeigt auch die Einführung neuer Unternehmensfunktionen wie Social Innovation (u. a. Hewlett Packard und Siemens) oder Social Venture Units, die wiederum neue Anknüpfungs- und Bezugspunkte für Social Enterprises auf der Suche nach passenden Ansprechpartnern darstellen.

---

[2] Generell gilt für die Entwicklung und Umsetzung von neuen Ideen die richtige Form der Einbeziehung von Stakeholdern und Unternehmenspartnern als wesentlicher Erfolgsfaktor, wie vielfach anhand technologisch-kommerzieller Innovationskooperationen beschrieben worden ist, vgl. Chesbrough et al. 2006.

Aus den Social-Impact-Kooperationen im Umfeld der Social Entrepreneurship Akademie lassen sich fünf Erfolgsprinzipien ableiten:[3]

1. Vision und Wirkungsorientierung verinnerlichen
2. Kooperationskompetenz entwickeln und einsetzen
3. Netzwerke nutzen – in (Öko-)Systemen denken und handeln
4. Durch Ergebnisoffenheit Emergenz zulassen und mit Risiko gelassen umgehen
5. Durch Ko-Kreation gemeinsam neue Lösungen entwickeln

## 2.1   Vision und Wirkungsorientierung verinnerlichen

Social-Impact-Kooperationen leben von einer gemeinsamen Vision der Beteiligten. Hierbei spielt die Wirkungsorientierung eine elementare Rolle bzw. das gemeinsame Ziel, im Rahmen der Kooperation eine messbare gesellschaftliche Wirkung zu erzielen. Im Fokus stehen meist diejenigen gesellschaftlichen Felder, in denen die beteiligten Organisationen bereits Engagement zeigen oder zukünftig zeigen wollen, beispielsweise der Bildungs- und Gesundheitsbereich, Integration oder erneuerbare Energien. Die Vision der Kooperation gibt die gemeinsame Richtung vor und sorgt für ausreichenden Zusammenhalt, etwa wenn unterschiedliche Zielvorstellungen, z. B. bei der Güterabwägung Kosten vs. Umweltwirkung, miteinander in Einklang gebracht werden müssen.

Eine im sozialunternehmerischen Sinn nachhaltige Wirkung setzt voraus, dass die Kooperation auch wirtschaftlich wertschöpfend ist. Ein solches Geschäftsmodell baut Brücken, wirkt stabilisierend und ermöglicht sowohl eine langfristige Zusammenarbeit als auch ein Wachstum oder eine Ausweitung der Kooperation.

## 2.2   Kooperationskompetenz entwickeln und einsetzen

Das Prinzip der Selbstführung und Selbstorganisation von Organisationen und Teams gewinnt zunehmend an Aufmerksamkeit (Laloux 2015). Erfolgreiche Social-Impact-Kooperationen zeigen, inwiefern die Fähigkeit, die Zusammenarbeit wirksam zu gestalten, eine zentrale Ressource darstellt – auch und besonders über Organisationsgrenzen hinweg: Mithilfe von Kooperationskompetenz lassen sich in interorganisationalen Teams beispiels-

---

[3] Insgesamt wurden elf Kooperationen im Ökosystem der Social Entrepreneurship Akademie auf der Basis qualitativer Interviews mit Beteiligten in Bezug auf die Frage ausgewertet: Wie verlaufen erfolgreiche Social Impact-Kooperationen? Dabei wurde auf eine explorative Fallstudienauswahl zurückgegriffen, verschiedene Datenquellen wurden verglichen und unterschiedliche Theorieansätze und Methoden mit Blick auf die Fragestellung angewendet (Mayring 2002). Ziel war es, praxisorientiertes Wissen für die Umsetzung von Social-Impact-Kooperationen zu generieren.

weise Konflikte managen oder Ziele gemeinsam anpassen. Auch die jeweiligen Rollen der Beteiligten und die konkreten Kooperationspraktiken (z. B. eingesetzte Kommunikationsinstrumente) werden innerhalb der Kooperation (und nur selten vorab) zusammen entwickelt und verhandelt. Eine offene und vertrauensvolle Haltung der Beteiligten lässt zudem eine innovationsförderliche Kooperationskultur entstehen, die von aktiver Beteiligung und einem Austausch auf Augenhöhe geprägt ist.

## 2.3  Durch Ergebnisoffenheit Emergenz zulassen und mit Risiko gelassen umgehen

Erfolgreiche Kooperationen werden ergebnisoffen initiiert, damit sich eine gemeinsame Wertschöpfungslogik entwickeln kann, denn viele Möglichkeiten entstehen erst im Verlauf der Kooperation. Voraussetzungen für emergente Kooperationsverläufe sind die aktive Partizipation der Beteiligten und die bewusste Entscheidung, ein gewisses Maß an Risiko zu tolerieren. Nur dann können in einem gemeinsamen Lernprozess erfolgreich neue Ideen, Produkte oder Dienstleistungen entstehen.

Werden diese zunächst im Rahmen von Corporate Social Responsibility (CSR), Corporate Citizenship oder Corporate Volunteering klassischer Unternehmen initiiert, umfassen sie häufig langfristig auch weitere Unternehmensbereiche (etwa Human Ressources oder Innovation), in denen die in der Kooperation entstandenen Neuerungen übernommen oder weiterentwickelt werden.

## 2.4  Durch Ko-Kreation gemeinsam neue Lösungen entwickeln

Das hohe Ziel der (gesellschaftlichen) Innovation ist umso wahrscheinlicher zu erreichen, je weniger die Zusammenarbeit vorab an starre und detailliert festgelegte Ziele gebunden oder von einem der Kooperationspartner bloß als Ressourcentransfer oder Zulieferleistung interpretiert wird. Iterative Lernschleifen in Form der wiederholten Anpassung von Inhalten und Zielen, aber auch von Entscheidungs- und Kommunikationsprozessen der Kooperation ermöglichen nachhaltiges Lernen, aus dem Neues entstehen kann. Wirksam umgesetzt beinhaltet Ko-Kreation[4] damit eine reale Chance für nachhaltige CSR-Strategien, die Stakeholder nicht nur berücksichtigen, sondern aktiv einbinden.[5]

---

[4] Der Ko-Kreation-Ansatz wurde ursprünglich als Methode bekannt, um „Systeme, Produkte und Dienstleistungen in Kooperation mit Kunden, Managern, Angestellten und anderen Unternehmens-Stakeholdern" zu entwickeln (Ramaswamy und Gouillart 2010, S. 4).
[5] Vgl. hierzu auch Ramaswamy und Gouillart (2010, S. 113): „Co-Creation takes CSR a significant step forward because all stakeholders have a say in it and benefit from outcomes. [...] Further, it goes beyond CSR to transform the very business of business by bringing together various stakeholders [...].".

Damit es zu solchen partizipativen Prozessen kommen kann, brauchen Mitarbeiter und Mitarbeiterinnen entsprechende Freiheits- und Gestaltungsrechte. Dies haben inzwischen auch viele Großunternehmen erkannt und fördern unternehmerisches Handeln etwa durch Intrapreneurship-Programme oder die Schaffung von Unternehmenseinheiten außerhalb der tradierten Strukturen.

## 2.5   Netzwerke nutzen – in (Öko-)Systemen denken und handeln

Damit sich Social Enterprises und klassische Unternehmen gegenseitig als geeignete Kooperationspartner identifizieren können, braucht es ein gut funktionierendes Netzwerk für Austausch und Kommunikation zwischen den unterschiedlichen Akteuren. Intermediäre, die auf beiden Seiten vernetzt sind, übernehmen dabei eine wichtige Rolle durch Kontaktanbahnung und Vermittlung. Ihre Aktivitäten und Angebote bringen Akteure gezielt zusammen, die sich nicht oder nur durch erheblichen Mehraufwand gegenseitig als potenzielle Kooperationspartner identifizieren würden. Dabei spielt der Aspekt des systemischen Denkens und Handelns eine tragende Rolle: Erfolgreiche Social Enterprises binden die relevanten Akteure ihres Umfelds bzw. ihres Ökosystems ein, um ihre Wirkung zu erhöhen (Bloom und Dees 2008) – eine Strategie, von der nicht nur CSR-Aktivitäten klassischer Unternehmen profitieren.

## 3   Beispiele erfolgreicher Social-Impact-Kooperationen

### 3.1   Polarstern und E360°: Beteiligungsfinanzierung und Lernpartnerschaft

Die beiden Energieversorger Energie 360° mit Sitz in der Schweiz und Polarstern aus Deutschland verbindet die gemeinsame Vision, die Nutzung erneuerbarer Energien zu steigern. Sie wollen Menschen für die Energiewende begeistern und ein neues Bewusstsein für den verantwortungsvollen Umgang mit Energie schaffen.

Die Kooperation führt die komplementären Ressourcen auf beiden Seiten zusammen: Energie 360° hält eine Minderheitsbeteiligung an Polarstern. Im Gegenzug bietet Polarstern seine inhaltliche Kompetenz und Erfahrung bezüglich erneuerbarer Energien im liberalisierten deutschen Strommarkt an. Im Vergleich zu klassischen strategischen Investments sind mit dieser Finanzierungsbeteiligung jedoch keine monetären Renditeerwartungen oder das Ziel der Expansion in neue Märkte verbunden, vielmehr geht es um die gesellschaftliche bzw. ökologische Wirkung, die gemeinsam schneller erreicht werden kann. Im Kooperationsverlauf entsteht dabei eine aktive Lernpartnerschaft, in der die Polarstern-Gründer im Rahmen regelmäßiger Seminare und Workshops ihr Expertenwissen an die 360°-Mitarbeiter und -Mitarbeiterinnen unterschiedlicher Führungsebenen

**Abb. 1** Kooperationsmodell
Lernpartnerschaft

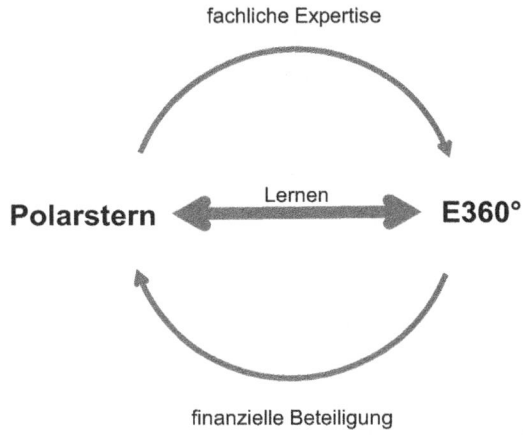

Gemeinsames Ziel: Förderung der Nutzung erneuerbarer Energien

weitergeben. Zusammen wird dann erörtert, welche Möglichkeiten sich bieten, die Nutzung erneuerbarer Energien weiter zu steigern (Abb. 1).

Erfolgsbasis: Von Beginn der Kooperation an werden die gegenseitigen Erwartungen klar und transparent kommuniziert. Die Zusammenarbeit und Kultur der Kooperation ist geprägt von Wertschätzung, Vertrauen und einem offenen Austausch auf Augenhöhe. Viele Treffen und Veranstaltungen, auch außerhalb der Weiterbildungsmaßnahmen, fördern den Austausch der Führungsebenen und setzen Impulse für die Firmenkultur. Dies entspricht der hierarchiefreien Struktur von Polarstern und kommt auch dem Schweizer Energieanbieter entgegen. Gemeinsam wird sich auf ein zielgerichtetes, strukturiertes Vorgehen geeinigt, das auf schlanken Strukturen, Machbarkeit und einer klaren Rollenverteilung basiert und in einer langfristig angelegten Kooperation mündet.

## 3.2 Social Entrepreneurship Akademie und ein Softwareunternehmen: Entwicklung eines innovativen Bildungsformats zur globalen Entrepreneurship-Ausbildung

Die Social Entrepreneurship Akademie ist ein Kompetenzzentrum für gesellschaftliche Innovation, das an die Entrepreneurship Center der Münchner Universitäten angegliedert ist und sich auf die wirkungsorientierte Ausbildung von Studierenden und Social Entrepreneurs konzentriert. Der Kooperationspartner ist ein internationaler Konzern mit Sitz in Deutschland. Dessen CSR-Strategie zielt darauf ab, eine Zukunft zu fördern, die von Nachhaltigkeit geprägt ist.

Mit der Global Entrepreneurship Summer School (GESS) hat die Social Entrepreneurship Akademie ein erfolgreiches Bildungsformat mit großer Nachfrage etabliert. Weil möglichst viele Studierende befähigt werden sollen, Lösungen für große gesellschaftliche Herausforderungen zu entwickeln, wird ein Unternehmenspartner mit entsprechender Reichweite und Ressourcen für die globale Umsetzung und Skalierung des Formats gesucht. Zunächst ist diese Skalierung offline geplant, in Form der Ausweitung auf neue Standorte an Partneruniversitäten mit finanzieller Unterstützung des Partners. Im Verlauf der Kooperation entsteht die gemeinsame Idee, ein online-basiertes Bildungsformat für die Social Entrepreneurship Ausbildung zu entwickeln. Die Social Entrepreneurship Akademie erzielt durch die Kooperation mehr Reichweite und damit auch eine potenziell größere Wirkung. Für den Unternehmenspartner ergeben sich aus der Zusammenarbeit nicht nur ein wirkungsvolles gesellschaftliches Engagement im Rahmen der CSR-Aktivitäten, sondern auch ein neues innovatives Format für die globale Fach- und Führungskräfteentwicklung.

Schon vor Anbahnung der Kooperation mit dem Unternehmen findet eine intensive Beschäftigung mit dessen Unternehmensstrategie statt. Für die Entstehung der Partnerschaft erweist es sich als elementar, eine gemeinsame Vision zu identifizieren, nämlich die Förderung von Social Entrepreneurship mithilfe innovativer Bildungsformate. In ersten Gesprächen mit der CSR-Abteilung wird die Skalierung der Global Entrepreneurship Summer School durch die Ausweitung auf neue Standorte (neben München auch in Mexico City und Shanghai) als vorläufiges Ziel festgelegt (Abb. 2). Die spätere gemeinsame Entwicklung eines Massive Open Online Courses (MOOC) ist ein Folgeprojekt, das auf der erfolgreichen Zusammenarbeit bei der offline-Skalierung der GESS fußt.

Erfolgsbasis: Nicht nur der Kooperationsinhalt, sondern auch der Kooperationsprozess und die Kooperationsstruktur werden partizipativ gestaltet. Das sich selbst managende Team aus Vertretern und Vertreterinnen des Unternehmens und der Social Entrepreneurship Akademie steuert den Kooperationsprozess gemeinsam, indem zunächst eine funktionierende Kooperationsstruktur aufgebaut wird. Als elementar erweist sich die Einführung einer neuen Rolle innerhalb des interorganisationalen Teams: Beide Seiten stellen je einen Key Account Manager, der eine Mittlerfunktion übernimmt. So können die unterschiedlichen Perspektiven und Erwartungshaltungen wirksam innerhalb der Kooperation integriert und eine effektive Arbeitsweise im Team ermöglicht werden – eine für den erfolgreichen Kooperationsverlauf elementare Übersetzungs- und Kulturarbeit. Indem die komplementären Expertisen von Akademie (Didaktik und Inhalte) und Unternehmenspartner (Plattform und Software) wirksam aufeinander abgestimmt und genutzt werden, entsteht ein ko-kreativer Prozess in Form der gemeinsamen Entwicklung eines Piloten.

Das zu Beginn der Kooperation gemeinsam festgelegte vorläufige Ziel – die Skalierung der Summer School mithilfe des Partners – gibt die Richtung für die weitere Zusammenarbeit vor, wird aber immer wieder angepasst: Im Verlauf der Kooperation entstehen Überlegungen, die Wirkung des gemeinsamen Programms durch zusätzliche Ressourcen und Kompetenzen des Partners zu erhöhen. Neben der CSR-Abteilung wird ein weiterer Unternehmensbereich in den Kooperationsprozess einbezogen und die Ko-

**Abb. 2**  Kooperationsmodell: Ko-Kreation

operation ausgeweitet, indem das Unternehmen technisches Know-how, Infrastruktur und eine umfangreiche Finanzierung bereitstellt. Diese von Beginn an bewusst zugelassene Ergebnisoffenheit ermöglicht die gemeinsame Entwicklung eines vielseitig einsetzbaren globalen Online-Bildungsformats, das bereits in unterschiedlichen Handlungsfeldern der Kooperationspartner Einsatz findet.

### 3.3 (Noch) mehr Integration durch Fußball: buntkicktgut in Kooperation mit der HypoVereinsbank und der UniCredit Foundation

buntkicktgut ist eine in München beheimatete interkulturelle Straßenfußball-Liga, die seit 1996 erfolgreich Kinder und Jugendliche verschiedener kultureller, sozialer, ethnischer und religiöser Herkunft über das Spielen zusammenbringt. Dabei wird neben der persönlichen Entwicklung auch der gesellschaftliche Zusammenhalt gefördert und so ein wichtiger Grundstein zur Integration der Jugendlichen gelegt. Das CSR-Programm „Fußball integriert" der HypoVereinsbank (HVB) fördert Integration durch Sport. Gemeinsam mit der Unternehmensstiftung Unicredit Foundation (UCF) möchte die HVB ihr Engagement ausbauen, um noch mehr Wirkung zu erzielen. buntkickgut erscheint hierfür ein idealer Partner.

In mehreren Gesprächen der HBV mit buntkicktgut und der Social Entrepreneurship Akademie entsteht 2012 die Idee, buntkicktgut beim Ausbau zu einem Social Business sowie bei der Eröffnung weiterer Standorte in Deutschland und Europa zu unterstützen.

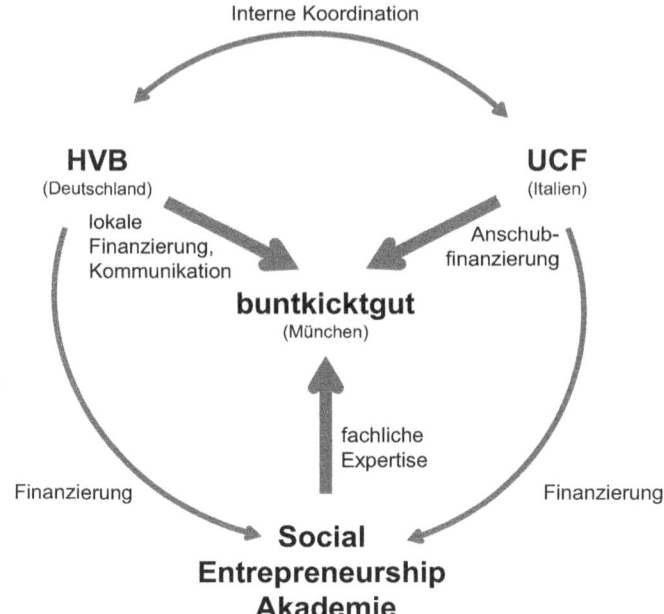

**Abb. 3** Kooperationsmodell: Kollaboration

Neben der Verbreitung von buntkicktgut geht es dabei v. a. auch um den Aufbau einer selbsttragenden Finanzierung für eine langfristige Fortführung des Liga-Betriebs über ein Social Franchise-Modell. So ist eine Kooperation mit vier Beteiligten entstanden: Im Zentrum stehen die HVB und buntkickgut; die UCF und die Social Entrepreneurship Akademie fungieren als Finanzierungs- bzw. Entwicklungspartner.

Für das gemeinsame Ziel bringen sich alle Akteure mit ihrer Kernkompetenz, ihrem Engagement und ihrem Netzwerk ein: Die UCF sichert die Anschubfinanzierung für den Aufbau der Grundstrukturen, die Social Entrepreneurship Akademie trägt mit fachlichem Know-how sowohl zur Skalierung der Wirkung als auch zur Professionalisierung der Gesamtorganisation bei. Die HVB fördert den lokalen Ausbau mithilfe ihrer Kommunikationskanäle und Sponsoringaktivitäten an den neuen Standorten (Abb. 3).

Erfolgsbasis: Die Zusammenarbeit ist zunächst von sehr pragmatischem Vorgehen geprägt. Erst nach und nach werden gemeinsam unterstützende Strukturen für die Kooperation geschaffen. Neben klassischem Projektmanagement geht es v. a. um das Aushandeln geeigneter Kommunikations- und Entscheidungsprozesse und das Anpassen der verschiedenen Erwartungshorizonte an das personell Machbare und strukturell Sinnvolle. Eine offene und vertrauensvolle Kooperationskultur ermöglicht, dass trotz der komplexen Strukturen und z. T. stark regulierten Prozesse innerhalb der HVB und UCF (z. B. Compliance) dem Wunsch von buntkicktgut nach möglichst einfachen, flexibel angepassten und angemessenen Strukturen und Prozessen für die aufzubauenden Standorte entsprochen werden kann. Dabei entwickeln die Partner für die Herausforderungen bei der Umsetzung gemeinsame Lösungsstrategien.

Die Prinzipien der Ko-Kreation und Kollaboration spiegeln sich in zwei wesentlichen Aspekten: Neben den bereits etablierten Unternehmensintern genutzten Instrumenten und -prozessen der Förderpartner kommen auch neu entwickelte rollenbasierte Tools zum Einsatz. Eine unter den Beteiligten aufgeteilte Führung des Projekts sowie das gemeinsame Agenda-Setting sichern wichtige Einflussmöglichkeiten für alle Kooperationspartner. Ein weiterer Aspekt ist die Schaffung von Social-Business-Strukturen und Mechanismen für die Standortkoordination und -steuerung, die im Wesentlichen mit der Social Entrepreneurship Akademie erarbeitet werden. Mit der sukzessiven Anbindung der neuen Standorte entstehen weitere lokale und überregionale Partnerschaften mit Umsetzungspartnern, Förderern und Finanziers, die die Vision der Kooperation teilen. Dabei kann das Erfolgsmodell der Kollaboration auf die lokalen Strukturen übertragen und die soziale Wirkung weiter skaliert werden.

## 4 Fazit

In Social-Impact-Kooperationen zwischen klassischen Unternehmen und Social Enterprises können erfolgreich innovative Lösungen entwickelt werden, die sowohl wirtschaftlichen als auch gesellschaftlichen Mehrwert schaffen.

Die dargestellten Beispiele gehen alle über einen einfachen Ressourcentransfer – etwa in Form von Sponsoring-Maßnahmen – hinaus. Sie zeigen, wie diese neuen Formen von Zusammenarbeit wirksam als Kollaboration, Co-Kreation- bzw. Lernpartnerschaft gestaltet werden können: durch eine gemeinsame Vision und Wirkungsorientierung; durch Kooperationskompetenz und gemeinsames Lernen in iterativen Lernschleifen; durch ein ausreichendes Maß an Ergebnisoffenheit bzw. Risikotoleranz; und durch systemisches Denken und Handeln, indem Intermediäre oder weitere Netzwerkpartner frühzeitig eingebunden werden.

## Literatur

Acumen und Business Fights Poverty (2015) Social enterprises and global corporations collaborating for growth with impact. https://acumen.org/wp-content/uploads/2017/09/1502_AcumenSummitReport_092115Finalv2_pgs.pdf. Zugegriffen: 11. Okt. 2018

Asongu J (2007) Innovation as an argument for corporate social responsibility. J Bus Public Policy 1(3):1–21

Austin J, Seitanidi MM (2012) Collaborative value creation: a review of partnering between nonprofits and businesses: part I. Value creation spectrum and collaboration stages. Nonprofit Volunt Sect Q 41(6):929–968

Bloom PN, Dees JG (2008) Cultivate your ecosystem. https://ssir.org/articles/entry/cultivate_your_ecosystem. Zugegriffen: 9. Jan. 2017

Bockstette V, Stamp M (2011) Creating shared value: a how-to guide for the new corporate (r)evolution. https://www.sharedvalue.org/resources/creating-shared-value-how-guide-new-corporate-revolution. Zugegriffen: 11. Okt. 2018

Chesbrough HW (2006) Open business models: how to thrive in the new innovation landscape. Harvard Business School Publishing, Cambridge

Chesbrough HW, West J, Vanhaverbeke W (2006) Open innovation: researching a new paradigm. Oxford University Press, Oxford

Crane A (2010) From governance to governance: on blurring boundaries. J Bus Ethics 94(Suppl. 1):17–19

Domnik D, Eder S (2016) Sozialunternehmen, eine bessere Welt schaffen. In: Bundesverband Deutscher Stiftungen, Eberhard von Kuenheim Stiftung der BMW AG, BMW Stiftung Herbert Quandt (Hrsg) Impact Investing. Vermögen wirkungsorientiert anlegen – ein Praxishandbuch. Bundesverband Deutscher Stiftungen, Berlin, S 115–119

EU Commission (2013) Social economy and social entrepreneurship. https://sofisam.se/download/18.3453fc5214836a9a472a0430/1472023483855/EU+kommissionen,+Social+Economy+and+Social+Entreprenreurship.pdf. Zugegriffen: 11. Okt. 2018

Global Entrepreneurship Monitor (2016) Global reports. https://www.gemconsortium.org/report. Zugegriffen: 4. Jan. 2017

Huxham C, Vangen S (2005) Managing to collaborate. The theory and practice of collaborative advantage. Routledge, London, New York

Kramer M, Kania J (2011) Stanford social innovation review collective impact. http://ssir.org/articles/entry/collective_impact. Zugegriffen: 11. Okt. 2018

Laloux F (2015) Inventing Organizations: Ein Leitfaden zur Gestaltung sinnstiftender Formen der Zusammenarbeit. Vahlen, München

Mayring P (2002) Einführung in die qualitative Sozialforschung. Beltz, Weinheim

Porter M, Kramer M (2006) Strategy and society: the link between competitive advantage and corporate social responsibility. Harv Bus Rev 84(12):78–92

Porter M, Kramer M (2011) Creating shared value. Harv Bus Rev 89(1-2):62–77

Ramaswamy V, Gouillart F (2010) The power of co-creation. Free Press, New York

**Anja Vrany (M.A.)** ist Gründerin von PurposeTeams (www.purpose-teams.com) und freie Dozentin am Strascheg Center for Entrepreneurship der Hochschule München. Sie unterstützt Menschen und Teams in Organisationen und Partnerschaften, wirksam und sinnorientiert zusammenzuarbeiten.

Im Kontext von Transformation und einer neuen Bewusstseinskultur in Organisationen bietet sie achtsamkeitsbasierte Persönlichkeits- und Teamentwicklung an. Als Sozialwissenschaftlerin gilt ihr besonderes Interesse neuen Formen von Zusammenarbeit, aus denen innovative Lösungsansätze für gesellschaftliche Fragen hervorgehen. Um diese erfolgreich gestalten zu können, erforscht und entwickelt sie mit Kooperationspartnern neue Ansätze.

**Dominik B. Domnik** studierte und promovierte Wirtschaftswissenschaften an der Universität St.Gallen und an der Stockholm School of Economics. Die erste Position nach der Universität führte ihn in eine Vermögensverwaltung eines Internetunternehmers, wo er als Referent und Investment Manager arbeitete. Zur selben Zeit wurde er zum Geschäftsführer der Stiftung MyHandicap ernannt, die sich für die Belange von Menschen mit Behinderung einsetzt. In dieser Funktion konnte er auch die Gründung und Einführung des Centers for Disability and Integration (CDI-HSG) begleiten. Anschliessend beschloss er selbst, unternehmerisch tätig zu werden und gründete die

Social Entrepreneurship Initiative & Foundation (seif), eine Capacity-Building-Organisation, gemeinsam mit einer schweizerischen Professorin. Als sich die Social Entrepreneurship Akademie formierte, übernahm er die Verantwortung für die Finanzierung und die Organisationsentwicklung der Akademie. Er ist außerdem als selbständiger Unternehmensberater, Juror und Dozent tätig.

**Anne Dörner** verantwortet seit 2011 die Bereiche Gründungsförderung und Corporate Social Responsibility (CSR) der Social Entrepreneurship Akademie. Die Wirtschaftsingenieurin war lange Zeit als Marketing Managerin für Siemens in internationalen Projekten tätig. Im Jahr 2003 lernte sie die CSR-Initiative startsocial kennen und gibt seither ihr Wissen an soziale Projekte ehrenamtlich weiter. Im Jahr 2008 machte sie sich als Beraterin für Strategisches Marketing, Innovationskommunikation und Entrepreneurship selbstständig. Neben ihrer Beratungstätigkeit setzt sie auch eigene soziale Projekte um und erprobt neue Arbeitskonzepte in sich selbstorganisierenden Netzwerken. Anne Dörner befasst sich seit Langem mit den Erfolgsfaktoren von Innovationsprozessen im Social Entrepreneurship.

# Social Intrapreneurship – (R)evolution von Corporate Social Responsibility?

Farid Bidardel

„Social Days" sind in vielen Unternehmen gang und gäbe. Spenden an gemeinnützige Organisationen, sei es für regionale, nationale oder internationale Initiativen, sind bei den meisten Unternehmen schon fester Bestandteil der Firmenpolitik. Nachhaltigkeit und soziale Verantwortung haben in den letzten Jahren in verschiedenen unternehmerischen Bereichen an Bedeutung gewonnen. Corporate Volunteering, Corporate Citizenship, Sponsoring, hausinterne Stiftungen usw. heißen heutzutage die Corporate-Social-Responsibility(CSR)-Programme der Großkonzerne und mittlerweile auch der meisten mittelständigen Firmen. Doch wie viele von diesen Initiativen sind Greenwashing? Wie *sozial* sind diese Bemühungen?

Gleichzeitig entstehen immer häufiger Sozialunternehmen, die darauf abzielen, soziale oder ökologische Probleme unternehmerisch zu lösen. Die Herausforderung, die diese immer wieder meistern müssen, ist die des erfolgreichen, unternehmerischen Handelns, um nicht als soziales Projekt zu enden. Oft stammt nur ein geringer Teil der Einnahmen direkt von der Zielgruppe. Die restlichen Einnahmen laufen über Stiftungen, Spenden oder den Staat. Als Anschubfinanzierung ist dies natürlich hilfreich, doch Nachhaltigkeit sieht anders aus. Hier stellt sich daher die Frage: Wie *unternehmerisch* sind die Bemühungen?

Kooperationen zwischen klassischen Unternehmen und Sozialunternehmen haben durchaus ihren Sinn und können sich gegenseitig beeinflussen. Dennoch werden hier oft die Kreativität und Innovationsmöglichkeiten der Mitarbeiter des Unternehmens nicht berücksichtigt und die Organisationen agieren oft nur als Geldgeber. Sozialunternehmen werden so als soziale Projekte angesehen und landen schnell in der sog. Spendenschublade. Und genau hier werden dabei häufig die eigenen Mitarbeiter und deren Potenziale vernachlässigt. Wie *transformativ* sind also solche Bemühungen?

F. Bidardel (✉)
CodeDoor, c/o WeWork Goetheplatz
Frankfurt, Deutschland

© Springer-Verlag GmbH Deutschland, ein Teil von Springer Nature 2019
A. Kraemer und L. M. Edinger-Schons (Hrsg.), *CSR und Social Enterprise*,
Management-Reihe Corporate Social Responsibility,
https://doi.org/10.1007/978-3-662-55591-0_5

Die Aspekte sozial, unternehmerisch und transformativ können ausschlaggebend für den Erfolg einer Kooperation zwischen klassischen Unternehmen und Sozialunternehmen sein. Anders als beim Top-down-Prinzip traditioneller CSR-Arbeit, bei dem die CSR-Abteilung – mit Zustimmung der Geschäftsführung – entscheidet, an wen gespendet wird und welche Projekte unterstützt werden, geht es hier um das oft nicht genutzte Potenzial der Mitarbeiter, also einem Bottom-up-Ansatz für die CSR-Arbeit: *Social Intrapreneurship*.

Welche Möglichkeiten und Chancen bringt Social Intrapreneurship mit sich? Inwieweit wird auf der einen Seite ein gesellschaftlicher Mehrwert geschaffen und auf der anderen Seite ein Mehrwert für die Organisation bzw. das Unternehmen hergestellt? Welche Vorteile ergeben sich dabei für die Mitarbeiter, Teil einer solchen Innovation zu sein und welche Potenziale können dabei freigesetzt werden? Kann Social Intrapreneurship langfristig eine Alternative zur klassischen CSR-Arbeit sein?

## 1 Exkurs: Intrapreneurship – Selbstständigkeit innerhalb eines Unternehmens?

Um die Bezeichnung des Social Intrapreneurship näher zu bestimmen, ist es notwendig, zunächst den Begriff Intrapreneurship zu definieren und dessen Potenziale zu erläutern.

> INTRAPRENEURE sind „Träumer, die handeln". Sie übernehmen die praktische Verantwortung für die Umsetzung von Innovation innerhalb einer Organisation. Der Intrapreneur kann Schöpfer oder Erfinder sein, aber er ist immer der Träumer, der Ideen so realisiert, dass sie Gewinn bringen (Pinchot 1988, S. 7).

Der Ursprung des Begriffs Intrapreneur setzt sich aus den beiden Wörtern „intracorporate" und Entrepreneur zusammen. Im Unterschied zum Entrepreneur handelt der Intrapreneur innerhalb einer existierenden Organisation. Der Entrepreneur hingegen ist ein Gründer eines gewinnorientierten Geschäfts, der die Geschäftsmöglichkeiten identifiziert und verwirklicht. Dabei setzt sich der Entrepreneur bewusst Risiken aus, um verschiedene Produktionsfaktoren zusammenzusetzen. Er gilt als innovierender Durchsetzer neuer Kombinationen. „All diese Funktionen lassen sich auch dem Intrapreneur zuordnen, denn Intrapreneure verhalten sich funktional gesehen wie UnternehmerInnen in ihrer eigenen Organisation" (Schießl 2015, S. 25). Intrapreneurship ist die Entwicklung und Umsetzung von (Produkt-)Innovationen, die aus selbstinitiierten und selbstorganisierten Prozessen hervorgehen. Sie erfolgt innerhalb einer bestehenden Unternehmung auf Basis von unternehmerischem Verhalten der Mitarbeiter aus allen Hierarchieebenen. Dabei soll das unternehmerische Denken und Handeln der Mitarbeiter unterstützt werden, wie beispielsweise die Entscheidungsfreudigkeit, Umsetzungsorientierung und die Innovativität. Mit Mitteln wie Geld, Know-how, Marketingwissen, Vertriebskanälen und vielem mehr verfügen etablierte Organisationen meist über eine Vielzahl an Ressourcen, mit deren Hilfe erfolgreich Erfindungen und Ideen umgesetzt werden können (Schießl 2015, S. 15 ff.; Malek und Ibach 2004, S. 110; Draeger-Ernst 2003, S. 45 ff.).

## 2  Social Intrapreneurship – Sozialunternehmen oder soziales Unternehmen?

Das Phänomen des Social Intrapreneurship umfasst ein breites Spektrum an Definitionen. Die Kriterien von Social Intrapreneurship können Begriffe wie z. B. soziale Innovation, sozialen Wandel sowie soziale Problemlösung und ebenso Wahrnehmen von Gelegenheiten umfassen. Die Definition bezieht sich besonders auf Veränderungsprozesse und unternehmerische Innovationsimpulse innerhalb etablierter Organisationen, die den Fokus auf Ökonomisierungsprozesse legen. Häufig wird zunächst der unternehmerische Aspekt definiert und anschließend auf den sozialen Aspekt hingewiesen, um so dem Konzept des Sozialunternehmertums näher zu rücken. Social Intrapreneurship wird unter der Kenntnisnahme von Intrapreneurship als soziales Unternehmertum innerhalb etablierter Organisationen verstanden. Dabei zeigen die Mitarbeiter aus allen Hierarchieebenen unternehmerisches Verhalten. Der Fokus des Social Intrapreneurship liegt darin, in größeren und etablierten Organisationen neue Lösungen auf soziale oder ökologische Weise aufzuspüren und diese aktiv umzusetzen (Schmitz und Scheuerle 2013, S. 187 ff.).

> Social Intrapreneurship bringt Menschen in großen Organisationen wie Unternehmen oder Verwaltung dazu, ihre Innovationskraft zu erkennen und eigene Ideen unternehmerisch innerhalb ihrer Organisation umzusetzen. Intrapreneure schaffen gesellschaftlichen und gleichzeitig wirtschaftlichen Mehrwert.[1]

Social Intrapreneurship kann also vieles bedeuten: Schaffung von nachhaltigen Produkten und Dienstleistungen für einkommensschwache Bevölkerungsgruppen, Optimierung von klima- und ressourcenabhängigen Prozessen oder Beseitigung von Ungleichheiten und Ungerechtigkeiten bestimmter Bevölkerungsgruppen.

Doch wer steckt hinter Social Intrapreneurship? Wer sind die Akteure, die einen solchen Prozess vorantreiben? Was wird benötigt, um einen solchen Prozess in Gang zu setzen?

## 3  Social Intrapreneure – Changemaker von morgen?

Social Intrapreneure fordern ihre Organisation heraus und hinterfragen den Status quo, um wirtschaftlich attraktive Nachhaltigkeitslösungen zu entwickeln und umzusetzen. Sie bedienen sich ihres Potenzials, Lösungen für soziale, gesellschaftliche oder ökologische Herausforderungen durch ihre Positionen in Organisationen zu schaffen. Im Gegensatz zu Sozialunternehmern können Social Intrapreneure vorhandene Infrastrukturen und organisatorische Fähigkeiten nutzen, um soziale Werte in großem Maßstab zu liefern. Anders als Corporate Volunteers können Social Intrapreneure soziale und ökologische Ziele verfolgen und gleichzeitig einen wirtschaftlichen Gewinn für ihre Arbeitgeber erzielen.

---

[1] BMW Stiftung: http://www.bmw-stiftung.de/was-wir-tun/social-intrapreneurship/.

Why not welcome this productive tension? Thinking with societal challenges in mind is a great catalyst for innovation (Dan Vermeer in Sustainability 2008, S. 23).

Dan Vermeer ist Mitarbeiter von Coca-Cola. Coca-Cola ist nicht unbedingt für seine sozialen Innovationen bekannt. Dennoch ist Dan Vermeer für seinen sozialen Innovationsgeist bekannt geworden – nicht etwa mit seinem eigenen Sozialunternehmen, sondern innerhalb des Unternehmens. Er hat sich damit beschäftigt, wie er durch nachhaltige Innovationen Lösungsansätze für die Problematik der globalen Wasserknappheit entwickeln könnte. Mithilfe des globalen Systems der Firma und Partnerschaften mit externen Organisationen, die sich mit derselben Herausforderung befassen, entwickelte er die Global Water Initiative, die sich für eine nachhaltige Wasserkette einsetzt.

Ähnlich wie Dan Vermeer erkannten Nick Hughes und Susie Lonie, Mitarbeiter von Vodafone, dass sie das Know-how ihres Unternehmens in den Bereichen Telekommunikation und Technologie nutzen können, um den Kunden in Kenia neue Bankinglösungen zur Verfügung zu stellen und gleichzeitig ihre Reichweite in diesem Land zu erweitern. Im Rahmen einer Partnerschaft zwischen Vodafone und lokalen Organisationen wurde die mobile Bankinglösung M-PESA Service entwickelt. Gleichzeitig schufen sie somit einen sozialen Mehrwert für das gesamte Unternehmen.

Just getting phones into people's hands and having them test out the product really brought the value of what we were doing home (Susie Lonie in Sustainability 2008, S. 23).

Auch Gib Bulloch, Mitarbeiter von Accenture, erkannte, dass die Fähigkeiten und Expertisen seines Unternehmens einen sozialen Mehrwert schaffen und gleichzeitig ein Vorteil für das Unternehmen sein können. Wenig später entstand Accenture Development Partnership, das mit internationalen Entwicklungsorganisationen auf gemeinnütziger Basis zusammenarbeitet, um innovative Lösungen zu liefern, die die Arbeitsweise und das Leben von bestimmten Menschengruppen verändern.

Doch was machen Menschen wie Dan Vermeer, Susie Lonie, Nick Hughes oder Gib Billoch so besonders? Welche Fähigkeiten benötigt man als Social Intrapreneur? Und welche Fähigkeiten und Fertigkeiten entwickeln Social Intrapreneure während des Prozesses?

Für Social Intrapreneurship werden gewisse Motive und Fähigkeiten vorausgesetzt, die Grundbedingungen für erfolgreiches Intrapreneurship sind. Hierzu zählt allen voran Offenheit für Innovation, aber auch eine große Toleranz gegenüber Risiken. Besonders das Mindset und die Grundsätze sagen viel über die individuelle Entscheidungsfindung aus. Die Grundsätze und Werte konzentrierten sich bei Social Intrapreneuren oft auf die gesellschaftliche Wertschöpfung, wie die Erhaltung der Natur oder Hilfeleistungen von Bedürftigen. Social Intrapreneure haben die traditionelle Dichotomie des Denkens entweder in gesellschaftlicher oder unternehmerischer Hinsicht überwunden. Sie kämpfen oft mit einem Unternehmensumfeld, das ihre Ideen in ein separates Geschäftsfeld platziert.

Sie sind in der Lage, unternehmerische und gesellschaftliche, soziale oder ökologische Ziele zu einem Geschäftsmodell zu integrieren. Im Gegensatz zu vielen Menschen, die im gemeinnützigen Sektor tätig sind, können Social Intrapreneure den geschäftlichen Nutzen von gesellschaftlichen Fragen verstehen und die Zweiteilung von Gewinn oder sozialem Mehrwert überwinden. Ein Social Intrapreneur entscheidet sich bewusst dafür, nicht wie seine Kollegen an einem Social Day einen Zaun im Kindergarten aufzubauen oder im Obdachlosenheim Kleidung zu sortieren. Er entscheidet sich auch nicht dafür, nur im Intranet darüber zu lesen, für welchen Zweck sein Unternehmen jährlich gespendet hat. Der Social Intrapreneur zeigt Initiative und verbindet seine Fähigkeiten und sein Wissen, das er täglich anwenden muss, um einen sozialen Mehrwert zu generieren (Schießl 2015, S. 1; Draeger-Ernst 2003, S. 45; von der Oelsnitz und Eickhölter 2014, S. 296 f.).

Während des Prozesses entwickeln die Mitarbeiter bei der Gestaltung und der Umsetzung des Konzepts besondere Fähigkeiten und Kompetenzen. Da die Arbeit als Intrapreneur viele Risiken birgt, im schlimmsten Fall beim Scheitern sogar eine Entlassung droht, sollten Intrapreneure eine gewisse Risikotoleranz aufweisen. Ein mögliches Risiko besteht in einer eventuellen Schädigung des Rufs; außerdem können gewisse finanzielle Risiken auftreten. Sich über einen längeren Zeitraum selbst motivieren zu können und Ziele ausdauernd zu verfolgen, sind ebenfalls wichtige Fähigkeiten während des Prozesses. Des Weiteren muss sich der Social Intrapreneur idealerweise ein internes Netzwerk aufbauen. Hierbei geht es darum, Unterstützer innerhalb der Organisation zu gewinnen, die einerseits bei der Ideenumsetzung behilflich sein können, andererseits auch Unterstützung zeigen, wenn etwas schiefgehen sollte. Dieses Netzwerk sollte am besten schon vor Beginn des Projekts aufgebaut werden und idealerweise auch Personen aus anderen Bereichen innerhalb der Organisation enthalten (von der Oelsnitz und Eickhölter 2014, S. 296 ff.; Schießl 2015, S. 56 ff.).

Die Fähigkeit zur Selbstständigkeit ist für Intrapreneure ein wichtiger Punkt. Der Social Intrapreneur sollte dazu imstande sein, vorausschauend zu planen. Eine solche eigenständige Handlung könnte beispielsweise das Beschaffen einer notwendigen Ressource sein und im Vorfeld das rechtzeitige Erkennen der Notwendigkeit dieser Ressource. Ein Intrapreneur sollte ebenfalls die Macht haben, die Mitarbeiter durch eine besondere kommunikative Fähigkeit für das Projekt zu begeistern und mithilfe von mitreißenden Schilderungen der eigenen Visionen das Projekt anzuführen. Ebenso sollten offene Diskussionen über das Projekt geführt werden. Hierbei spielt auch Authentizität eine Rolle. Mithilfe dieser Fähigkeit ist es möglich, den Antrieb und die Bereitschaft der Mitarbeiter zu steigern. Diese Eigenschaft kann u. a. dabei behilflich sein, finanzielle Unterstützung einzuholen. Gleichzeitig hat auch politisches Geschick einen starken Nutzen beim Voranbringen des Projekts. Es gilt hierbei, eigene Interessen vertreten zu können und sich zugleich keine Feinde innerhalb der Organisation zu machen. Fingerspitzengefühl und Kompromissbereitschaft in Verhandlungen oder Besprechungen sind Grundvoraussetzungen hierfür.

## 4    Social Intrapreneurship – eine neue Unternehmenskultur?

Die Förderung von Social Intrapreneuren ist v. a. für die Entwicklung der Mitarbeiter und deren Potenziale wichtig. Nicht nur auf der individuellen Ebene profitieren die Teilhaber einer solchen Initiative. Auch die Organisation kann wirtschaftlich von neuen Innovationen – wie z. B. im Fall von Vodafone – profitieren. Selbst die Unternehmenskultur kann sich durch erfolgreiche Unternehmungen verändern, wie es Gib Bulloch beschreibt:

> Don't confuse us with charity [...] people are going back to mainstream Accenture from ADP and inspiring the rest of the company (Gib Bulloch in Sustainability 2008, S. 61)

Doch was müssen Unternehmen tun, um eine solche Art von Transformation zu fördern? Unternehmen können ein aktives Umfeld für Social Intrapreneurship oder im Gegenteil ein schädliches Umfeld schaffen. Die Talente, das Know-how und das Engagement aller Mitarbeiter zu nutzen, um Nachhaltigkeitsziele zu erreichen, sollte Teil der Denkweisen, Verhaltensweisen und Fähigkeiten von Führungskräften in Organisationen sein. Sie müssen die Schaffung eines förderlichen Umfelds für Social Intrapreneurship als einen wichtigen Meilenstein auf dem Weg zur Einbettung der Nachhaltigkeit betrachten und alle Mitarbeiter dazu ermutigen, Nachhaltigkeit als Teil ihres Tagesgeschäfts zu sehen.

Ein wesentliches Merkmal eines förderlichen Umfelds für Social Intrapreneurship ist eine Unternehmensführung, die den Mitarbeitern die Erlaubnis gibt und sie dazu befähigt, Initiative zu ergreifen, regelmäßig die Bedeutung der Nachhaltigkeit für das tagtägliche Geschäft betont und positive Beispiele für Social Intrapreneure sowohl innerhalb als auch außerhalb des Unternehmens hervorhebt, um andere Mitarbeiter zu motivieren. Proaktiver könnte ein Unternehmen sich ein Beispiel an Organisationen wie Google nehmen, die den Mitarbeitern verständlich machen, dass sie einen bestimmten Prozentsatz ihrer Arbeitszeit für ihre eigenen Ideen für Projekte verbringen müssen. Diese Projekte sollen zwar dem Unternehmen zugutekommen, gleichzeitig wird aber explizit darauf hingewiesen, dass diese auch ökologische und soziale Lösungen sein können. Ergänzend zum internen förderlichen Umfeld von Unternehmen könnten externe Gruppen wie Nichtregierungsorganisationen, Sozialunternehmer, soziale Initiativen und Träger soziale Intrapreneure dabei unterstützen, mit ihren Ideen erfolgreich zu sein und gemeinsame Ziele zu erreichen.

Eine der größten Herausforderungen der großen Unternehmen und Konzerne ist es, innovativ zu bleiben. Aufgrund der immer größeren Komplexität, die ein Unternehmen mit zunehmendem Wachstum erhält, werden Innovationen innerhalb einer Organisation immer schwieriger durchzusetzen. Und genau hier kann Social Intrapreneurship ansetzen bzw. helfen, den innovativen Geist eines Unternehmens zu beleben – und das auch noch mithilfe nachhaltiger, sozialer Prozesse, Produkte oder Dienstleistungen. Social Intrapreneure haben das Potenzial, zum einen die Unternehmenskultur innovativer und zum anderen aber auch nachhaltiger zu gestalten. Ein Mitarbeiter eines IT-Unternehmens, der als Tutor einen Coding-Kurs für alleinerziehende Mütter unterstützt, wird seine tagtägliche Arbeit mit anderen Augen sehen als jemand, der einen fachfremden Beitrag für die Gesellschaft leistet – und genau hier liegt ein unglaubliches Potenzial.

## 5  Social Intrapreneure – Eine Hoffnung für Social Entrepreneure?

Geht man von der Annahme aus, dass unsere oben genannten Social Intrapreneure keine *Intra*preneure gewesen wären, sondern *Entre*preneure, würde man schnell zum Schluss kommen können, dass vieles anders wäre. Das Beschaffen von finanziellen Mitteln, die Expertise weiterer Mitstreiter, der Aufbau von Netzwerken und allen voran die Unterstützung eines großen Unternehmens sind die großen Vorteile eines Social Intrapreneur. Anderseits hat der Social Entrepreneur den großen Vorteil, oft den direkten Bezug zur Zielgruppe zu haben, also direkt im Feld zu sein. Und genau hier liegt ein Potenzial der Kooperation zwischen zwei sozialen Innovatoren – der eine mit direktem Feldbezug, frei von Zwängen und Auflagen eines Unternehmens und oft mit Kontakten zu weiteren Sozialunternehmern, Nichtregierungsorganisationen und sozialen Initiativen und der andere mit der Unterstützung eines Unternehmens, den finanziellen Mitteln sowie Netzwerken zu wichtigen Stakeholdern (Abb. 1).

Sozialunternehmer suchen oft nach Unterstützern, Mitstreitern, Förderern und Stakeholdern aus dem unternehmerischen Umfeld, um ihren Einfluss zu vergrößern, ihr Projekt

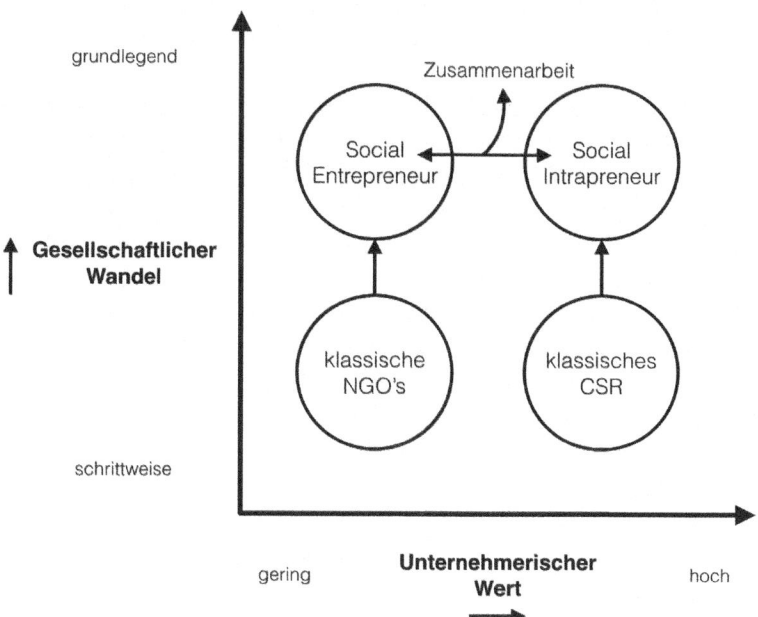

**Abb. 1** Zusammenhang von gesellschaftlichem Wandel und unternehmerischem Wert. (Nach Sustainability 2008, S. 12)

unternehmerischer zu gestalten und besonders nicht als ein soziales Projekt einer CSR-Abteilung dargestellt zu werden. Genau dies ist das große Potenzial eines Unternehmens, das Social Intrapreneurship fördert. Sozialunternehmen, die in derselben Branche arbeiten oder dieselben Kunden haben, können sich gegenseitig unterstützen und Synergien entwickeln, von denen beide profitieren können. Ähnlich wie sich Social Entrepreneure für soziale Ungerechtigkeiten einsetzen und einen grundlegenden gesellschaftlichen Wandel fordern, haben Social Intrapreneure das Potenzial die klassische CSR-Arbeit auf demselben Wege abzulösen und gleichzeitig einen vielleicht sogar noch höheren unternehmerischen Wert zu erzielen. Die Zusammenarbeit dieser beiden Akteure kann die soziale Innovation auf eine noch höhere Ebene heben.

Doch wie können diese noch fremden Social Entrepreneure an Bord geholt werden – und v. a.: Welches Sozialunternehmen ist das Richtige? Was können Unternehmen konkret tun, um eine förderliche Kultur innerhalb der Organisation zu schaffen? Und wie findet man die richtige Balance zwischen der innovativen Arbeit der Mitarbeiter und der Erledigung des Tagesgeschäfts?

1. Je nach Organisation müssen zunächst die CSR-Ziele mit denen des Unternehmens übereinstimmen. Eine CSR-Strategie mit dem Schwerpunkt Umwelt macht bei einem Chemieunternehmen genauso viel Sinn wie der Schwerpunkt der digitalen Bildung in einem IT-Unternehmen. Auch wenn dies logisch klingen mag, heutzutage haben immer noch viele Unternehmen und damit auch die Mitarbeiter keinen Bezug zur CSR-Arbeit und können sich daher auch nicht mit ihrer Expertise einbringen. Eine Angleichung der geplanten CSR-Tätigkeit und des Tagesgeschäfts kann den Innovationsgeist der Mitarbeiter ankurbeln.
2. Anschließend sollte das Unternehmen eine Kultur der offenen Innovationen schaffen. Dies kann von einfachen Ideenmanagement-Tools bis hin zu Ideen-Wettbewerben und Hackathons reichen. Mitarbeiter sollten von Beginn an das Vertrauen bekommen, mitentscheiden zu können und ihre eigenen Ideen vorantragen zu dürfen.
3. Schon frühzeitig sollten dann Sozialunternehmen involviert werden, wobei schon bei der Auswahl des Sozialunternehmens auf Kompatibilität geachtet werden sollte. Hier können auch externe Coaches mit hinzugezogen werden, um den Prozess zu unterstützen. Wichtig ist es aber immer, den Sozialunternehmen und Start-ups auf Augenhöhe zu begegnen. Denn sie bringen Innovation, Unternehmergeist und Agilität mit.
4. Im Anschluss ist es dann wichtig, dem Social Entrepreneur eine geeignete Plattform zu bieten. Auch hier wäre die Einbeziehung der Mitarbeiter wichtig, um gemeinsam an innovativen Lösungen zu arbeiten. Durch die richtige Auswahl, offene Gespräche (mit kreativen Design-Workshops) und gemeinsamer Projektplanung kann das Unternehmen den Mitarbeitern – und heranreifenden Social Intrapreneuren – eine Plattform bieten sich zu entwickeln und einzubringen, während der Social Entrepreneur einen Einblick ins Unternehmen erhält und von den Erfahrungen profitieren kann.

**Tab. 1** Überblick über Schritte

|   | Was? | Corporate-Social-Responsibility-Abteilung mit wem? |
|---|------|--------------------------------------------------|
| 1 | Festlegung der Corporate-Social-Responsibility-Aktivitäten/-Strategie | Mit der Geschäftsführung, gegebenenfalls mit externen Organisationen (beratend) |
| 2 | Ideengenerierung | Mit den Mitarbeitern |
| 3 | Auswahl des Sozialunternehmens | Mit externen Organisationen/Beratern (beratend) |
| 4 | Offene Gespräche/Design-Workshops; Projektplanung | Mit Sozialunternehmen und Mitarbeitern, gegebenenfalls mit externen Mediatoren |
| 5 | Projektumsetzung | Mit Sozialunternehmen und Mitarbeitern |

5. Bei der gemeinsamen Projektplanung und -umsetzung kann das Unternehmen darauf achten, dass die Mitarbeiter weiterhin ihrem Tagesgeschäft und gleichzeitig aber auch ihrem innovativen Drang nachkommen können (siehe Tab. 1).

## 6 Social Intrapreneurship – Ein Fuß im Unternehmen, einer in der Gesellschaft

Sehen wir hier also eine Evolution oder gar Revolution des klassischen CSR? Sollte sich nicht jedes Unternehmen mit einem Intrapreneurship-Programm für seine Mitarbeiter engagieren? Könnte man nicht so die Probleme, der oft als *nicht* sozial, unternehmerisch oder transformativ eingestuften CSR-Arbeit überwinden? Social Intrapreneure sind momentan noch selten – ob das am (nicht) förderlichen Umfeld oder an der zu großen zeitlichen Belastung der Mitarbeiter liegt, muss noch untersucht werden. Eines ist jedoch klar: Ohne das aktive Engagement der Mitarbeiter mit ihren erworbenen Fähigkeiten wird es die klassische CSR-Arbeit schwer haben, nicht als Greenwashing abgestempelt zu werden. Erst wenn ein Umfeld geschaffen wird, in dem sich die Mitarbeiter einbringen und mit ihrer Expertise einen sozialen Mehrwert schaffen können, kann auch eine neue Unternehmenskultur geschaffen werden. Aus der sozialen Verantwortung kann und darf sich ein Unternehmen nicht ziehen, und statt diese den Sozialunternehmen oder Nichtregierungsorganisationen zu geben, wäre es sinnvoller, jene an Bord zu holen und sich gegenseitig zu unterstützen. Die einen suchen Förderung, Partner und Know-how, die anderen ihren Platz in der sich wandelnden Gesellschaft.

I wanted to keep one foot in the company – and one foot in society (Santiago Gowland in Sustainability 2008, S. 24).

## Literatur

Draeger-Ernst A (2003) Vitalisierendes Intrapreneurship. Gestaltungskonzept und Fallstudie. Rainer Hampp, München, Mering

Malek M, Ibach P (2004) Entrepreneurship. Prinzipien, Ideen und Geschäftsmodelle zur Unternehmensgründung im Informationszeitalter. dpunkt.verlag, Heidelberg

von der Oelsnitz D, Eickhölter J (2014) Intrapreneurship-Mitarbeiter als Erfolgsfaktor der Innovation. In: Burr W (Hrsg) Innovation. Theorien, Konzepte und Methoden der Innovationsforschung. Kohlhammer, Stuttgart, S 288–319

Pinchot G (1988) Intrapreneuring. Mitarbeiter als Unternehmer. Betriebswirtschaftlicher Verlag Dr. Th., Wiesbaden

Schießl N (2015) Intrapreneurship-Potenziale bei Mitarbeitern. Entwicklung, Optimierung und Validierung eines Diagnoseinstruments. Springer, Wiesbaden

Schmitz B, Scheuerle T (2013) Social Intrapreneurship – Innovative und unternehmerische Aspekte in drei deutschen christlichen Wohlfahrtsträgern. In: Beckmann M, Heinze RG, Jansen SA (Hrsg) Sozialunternehmen in Deutschland. Analysen, Trends und Handlungsempfehlungen. Springer, Wiesbaden, S 187–215

Sustainability (2008) The social Intrapreneur: a field guide for corporate changemakers. http://sustainability.com/our-work/reports/the-social-intrapreneur/. Zugegriffen: 15. Febr. 2018

**Farid Bidardel** ist Unternehmensberater, Dozent und derzeit Geschäftsführer und Mit-Gründer von CodeDoor, einem Bildungsnetzwerk für Programmier und Programmiererinnen sowie Unternehmen. Vor seiner Zeit bei CodeDoor leitete er u. a. diverse Projekte für die Social Impact gGmbH. Dabei entwickelt er gemeinsam mit Großunternehmen und Stiftungen – wie z. B. J.P. Morgan, KfW-Stiftung oder Generali – Stipendienprogramme sowohl für junge Unternehmer als auch für Social Start-ups. Schon während seiner Studienzeit hat Farid sich als Unternehmensberater mit dem Schwerpunkt Aus- und Weiterbildung selbstständig gemacht. Als Organisationspsychologe und Erziehungswissenschaftler mit dem Fokus auf Jugend- und Erwachsenenbildung ist Farid Dozent für Social Innovation u.a. an der Philipps-Universität Marburg und der Goethe Universität in Frankfurt. Zudem unterstützt Farid aktiv als Vorstand das Sozialunternehmen Creative Change, welches theaterpädagogische Projekttage an Schulen für die demokratische Bildung von Jugendlichen durchführt.

# Intersektorale Kooperationen und Akquisitionen

## Erste Belege für eine neue Beziehungsfähigkeit zwischen Markt, Staat und Zivilgesellschaft

Stephan A. Jansen und Wolfgang Spiess-Knafl

## 1 Das Gesellschaftsspiel des Guten

### 1.1 Beobachtbare Veränderungen der letzten Jahre

Im sogenannten – vom Economist 2010 ausgerufenen – Philanthrokapitalismus (Bishop und Green 2010) kommt neue Bewegung. In dem von uns nicht nur wirtschaftlich und philanthropisch so bezeichneten „Gesellschaftsspiel des Guten" (Jansen 2012) sind nach den Non-Profit-Forschungen der zweiten Hälfte des vergangenen Jahrhunderts (vgl. im Überblick z. B. Anheier 2006) seit einigen Jahren deutliche Veränderungen auf nahezu allen Ebenen erkennbar: die neuen Mitspieler, insbesondere die Sozialunternehmen, die höheren Spieleinsätze insbesondere auch der Privatvermögen und Stiftungen, die neuen Investitionsstrategien, insbesondere die wirksamkeitsorientierten Vehikel, die neuen Spieltaktiken, insbesondere Kooperationen, und – mit geringerer Veränderungsintensität auch die neuen Spielregeln vorrangig im Bereich der steuerrechtlichen Regulierungen (Abb. 1).

Die vermutlich medial spürbarste Änderung, die man in den letzten Jahren beobachten konnte, war der Bedeutungsgewinn des sog. *Social Entrepreneurship* (vgl. als frühen Überblick Mair und Marti 2006). Es äußerte sich aber nicht nur in der erhöhten media-

Der vorliegende Beitrag wurde im Jahr 2016 im Rahmen des Call for Papers eingereicht und ist hier unverändert abgedruckt.

S. A. Jansen (✉)
Das 18te Kamel & Komplizen GmbH
Berlin, Deutschland
E-Mail: sjansen@karlshochschule.de

W. Spiess-Knafl
NGen Impact Gmbh
Wien, Österreich
E-Mail: wolfgang.spiess-knafl@next-generation-impact.com

© Springer-Verlag GmbH Deutschland, ein Teil von Springer Nature 2019
A. Kraemer und L. M. Edinger-Schons (Hrsg.), *CSR und Social Enterprise*,
Management-Reihe Corporate Social Responsibility,
https://doi.org/10.1007/978-3-662-55591-0_6

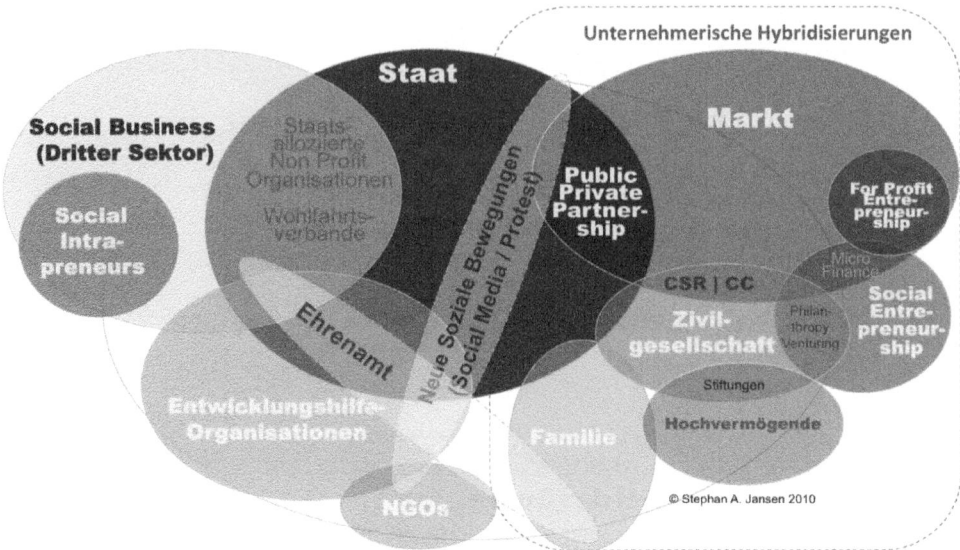

**Abb. 1** Sektoren, Akteure, Hybridisierungen. *CC* Corporate Citizenship; *CSR* Corporate Social Responsibility; *NGO* Nichtregierungsorganisation. (Jansen et al. 2013)

len Aufmerksamkeit, der Verankerung in universitären Lehrplänen, sondern auch in der Formulierung neuer Förderrichtlinien und der Entwicklung eines sozialen Kapitalmarkts (s. Cohen 2011; Jansen et al. 2013; Spiess-Knafl und Jansen 2013).

Parallel dazu gab es weitere Verschiebungen. Seitens der Konsumenten gibt es eine hohe Zahlungsbereitschaft für Produkte mit einem sozialen Mehrwert (Engelke et al. 2014). Ausschreibungen können nun soziale Zwecke berücksichtigen (vgl. z. B. arbeit plus – Soziale Unternehmen Österreich 2016; Unterberg et al. 2015). Mitarbeiter aller Generationen schätzen Arbeitgeber mit einem sinnstiftenden Unternehmenszweck. Kapitalgeber interessieren sich für „social finance" und tätigen an der Börse „socially responsible investments" (Spiess-Knafl 2012).

Das führte u. a. dazu, dass sich auch traditionelle Unternehmen neu positionieren. Unter den aus der Managementphilosophie stammenden Begriffen „shared value" und auch „collective impact" sollen sowohl Non-Profit-Organisationen als auch For-Profit-Unternehmen neue Strategien der unternehmerischen Generierung sozialen wie wirtschaftlichen Mehrwerts leisten.

## 1.2    Unsere Ausgangsthese: Komplexere Beziehungsfähigkeiten

Unsere These geht zwei Schritte weiter und greift dabei zweifach die Beziehungsfähigkeit als wesentliche organisationale Kompetenz auf: In den nächsten Jahren wird eine Zunahme sog. intersektoraler Kooperationen und Akquisitionen (IKA) erfolgen. Damit wird

einerseits eine Öffnung des seit über einem Jahrhundert sich immer weiter entwickelnden Markts für Unternehmenszusammenschlüsse (Mergers and Acquisitions, M&A), der
sich auch im öffentlichen Sektor stärker entwickelt (Huber et al. 2004), auch für Sozialunternehmen eine strategische Option der Wirkungsskalierung (z. B. für Wohlfahrtsorga-
nisationen, Züfle 2004) – und dies horizontal bzw. vertikal innerhalb der Wertschöpfung
einer Branche wie auch zwischen Branchen. Und andererseits entsteht jenseits der Beziehungsfähigkeit in und zwischen Branchen eine neue und komplexere intersektorale
Beziehungsfähigkeit zwischen Staat, Markt und Drittem Sektor respektive Zivilgesellschaft (Abb. 2).

Darunter verstehen wir die Transformation des klassischen Markts für Unternehmens-
käufe und -kooperationen, bei denen ein Käufer bzw. Kooperationspartner aus dem For-
Profit-Bereich aus strategischen wie operativen Gründen eine stärkere Verankerung im
sozialen wie ökologischen Bereich zu erreichen versucht.

## 1.3 Zwei Trendverstärkungen: Moralisierung des Managements und Geschäftsmodellinnovationen

Diese Entwicklung der neuen kooperativen wie akquisitorischen Beziehungsfähigkeit ist
einerseits eine Konsequenz aus der Moralisierung des Managements. Vor dem Hintergrund des steten Konsumentendrucks mit Blick auch auf die Produktionsbedingungen
für Kaffee, Tee, Palmöl, Baumwolle und Textilien, Elektronik, Spielzeug, Möbel und die
sozialen Auswirkungen von Tourismus oder Finanzdienstleistungen ergeben sich andere
Logiken als ein Weiter-so – nur jetzt mit Corporate Social Responsibility (CSR).

Andererseits zeigt sich die historische Erkenntnis, dass interessante Geschäftsmodellinnovationen aus sozialen Bewegungen bzw. anders motivierten Non-Profit-Unternehmen
entstanden sind. Nur vier Beispiele:

1. Die aus einer von Ursula Sladek, fünffacher Mutter und Stromrebellin aus dem
   Schwarzwald, initiierten Bürgerbewegung im Frühjahr nach Tschernobyl entstandenen *Elektrizitätswerke Schönau* als Vorbote für die Energiewende und die Veränderung
   der Geschäftsmodelle
2. Der aus dem kostenlosen Online-Nachhilfeangebot der *Kahn Academy* für bildungs-
   ferne Kinder entstandene Markt für digitale Bildung
3. *Airbnb* ist eine in der sog. Sharing Economy tatsächlich ökonomisierte Form des zuvor
   im Internet beliebten „couch surfings".
4. Das Muster der Ökonomisierung der Hilfestellungen sind auch in anderen Märkten
   erkennbar, wie bei den Mitfahrzentralen von *Blabla-Car* oder dem klugen Vorreiter des
   Fernbus-Markts *DeinBus.de*, der zur Umgehung der damals bestandenen Regulierung
   als Omnibus-Mitfahrzentrale startete.

In unserer Ausgangsthese steckt die Annahme, dass solche Kooperationen zu Geschäftsmodellinnovationen besonderer Art führen können, die weniger durch Technologisierung bzw. Digitalisierung getrieben sind, sondern soziale Innovationen darstellen.

Abweichend von den Begebenheiten, die man aus dem traditionellen M&A-Bereich kennt, gibt es eine ganze Reihe von Faktoren, die man beachten muss. Die Autoren werden die bisherigen Fälle, die v. a. bisher eher bei Unternehmen mit ökologischer Ausrichtung aufgetreten sind, analysieren und die jeweiligen Dimensionen beleuchten.

Daraus werden dann Rückschlüsse für zukünftig stattfindende Transaktionen bei Sozialunternehmen gezogen. Insbesondere die Einbindung in bestehende Unternehmensstrukturen und die Bewahrung der ursprünglichen Ausrichtung sind Themen, die Unternehmensverantwortliche im Blick behalten müssen.

## 2 Intersektorale Kooperationen

### 2.1 Einführung: Das Intensitätsmodell der Beziehungsfähigkeit

Im traditionellen Bereich gibt es verschiedene Varianten der Zusammenarbeit zwischen Unternehmen. Jansen unterscheidet dabei Neu- und Umgründungen, Kooperationen – und hier Joint Ventures und Strategische Allianzen als jene Formen der Unternehmenskooperation, die über reine Vertragsabschlüsse hinausgehen und auch eigenkapitalbasierte Formen umfassen – und Übernahmen und Fusionen. Besonderheiten in dem hier interessierenden Fall können auch Restrukturierungen und Unternehmenssicherungen sein (Abb. 3).

### 2.2 Das Intensitätsmodell der intersektoralen Zusammenarbeit

Im Folgenden wird eine nicht vollständige Gradierung der Kooperationsintensität vorgestellt, die sich noch im Wesentlichen auf den Marktlichen und Dritten Sektor fokussiert und mit staatlichen Kooperationen (z. B. im Rahmen von Matching-Fund-Initiativen von Ministerien bzw. staatlichen Förderinstitutionen) ergänzt werden könnte. Die hier gezeigten Beispiele werden im weiteren Verlauf im Detail erläutert.

### 2.3 Ideengeschichtliche Analyse der intersektoralen Kooperationsformen

Bei der Zusammenarbeit zwischen Unternehmen und Organisationen aus dem Non-Profit-Bereich bzw. konkret der vorrangig ökologisch und sozial ausgerichteten Unternehmen gibt es naturgemäß unterschiedliche Zugänge.

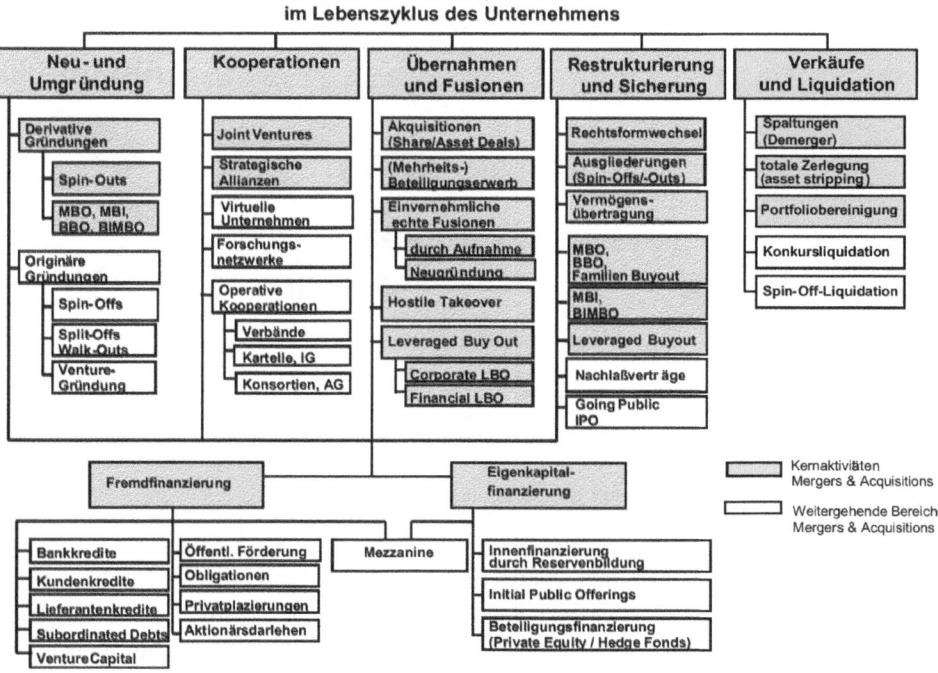

**Abb. 2** Formen der Kooperations- und Akquisitionen. (Jansen 2016b, S. 130)

### 2.3.1 Spenden, Sponsoring, Förderungen von Unternehmensstiftungen

Waren es zu Beginn v. a. Unternehmensspenden und Sponsoringleistungen bzw. in erweiterter Form Förderungen von Unternehmensstiftungen, haben sich Finanz- und Sachbeiträge in Beziehungen in den letzten Jahren deutlich verändert. Hierbei wird einerseits ein deutlich verändertes Wirkungsinteresse der fördernden For-Profit-Unternehmen erkennbar wie auch der Stiftungen, die in Sozialunternehmen als Eigen- oder Fremdkapitalgeber deutlichere Akzente in Fortentwicklung der gut 2600 Jahre bestehenden Idee der Philanthropie setzen, die in allen Weltreligionen zu finden ist (vgl. zu allen folgenden Zahlen Jansen 2016a).

### 2.3.2 Stiftungsphilanthropie

Mit Platos Stiftungsakademie 347 vor Christus gestartet, ging es ab dem 15. Jahrhundert über die Medici bis zu den im 17. Jahrhundert einsetzenden Großspenden von Harvard über Rockefeller und Stanford bis Nobel. Im 18. und 19. Jahrhundert begann dann die Pädagogik- und Philosophiediskussion der Philanthropie. Heute erleben wir eine bislang unbekannte Dimension einer Vermögenskultur. Vergleicht man die Stiftungsszene in USA, Europa und Deutschland zeigt sich zusammenfassend folgendes Bild: Die USA haben mit gut 104.000 Stiftungen 25.000 weniger als Europa, sind allerdings mit einem Stiftungskapital von 823 Mrd. € knapp doppelt so hoch kapitalisiert. Die Zahl der deutschen

**Abb. 3** Intensität der intersektoralen Kooperationen und Akquisitionen

Stiftungen hat sich seit dem Jahr 2000 auf über 20.000 verdoppelt – allerdings setzt
ihnen die Niedrigzinspolitik ebenso zu wie die lauter werdende Kritik aus der Stiftungs-
forschung, es mangele an Effizienz und Effektivität. Bei den privaten Spenden bildet
der Vergleich Deutschland und USA die angenommene Sozialstaatlichkeit ab: Trotz des
Anstiegs auf 5,5 Mrd. € wurden in Deutschland 2015 lediglich 132 € pro Einwohner gespendet, in den USA waren es 710 €.

### 2.3.3 Corporate Social Responsibility
Das Konzept der CSR ist auch seit dem Mittelalter erkennbar – z. B. in der Hanse. Es
gab implizite und explizite Richtlinien für die gesellschaftliche Verantwortung der Wirtschaft, die in der zweiten Hälfte des 20. Jahrhunderts deutlich erweitert und formalisiert
wurden. Umgesetzt wird in Form von Sponsoring, das in Deutschland zwei Drittel aller
Unternehmen betreiben. Im Jahr 2015 wurden insgesamt 11 Mrd. € gesponsert, bevorzugt
in den Sport. Daran ersichtlich ist das unausgeschöpfte Potenzial bei sozialen Aufgaben
und verantwortlichen Geschäftsmodellen – auch For Profit.

### 2.3.4 Purpose Organization
Allen gemein ist, dass For-Profit-Unternehmen, die sich im Wesentlichen – insbesondere
auch als öffentlich gelistete Unternehmen – dem Shareholder-Value-Ansatz verpflichtet
sehen, mit sog. Purpose Organizations zusammenschließen, die sich einem sozialen bzw.
ökologischen Zweck verschreiben (vgl. z. B. Love und Cugnon 2009).

Es gilt damit der alte Kalenderspruch, den auch der Niederländer Arie de Geus, 38 Jahre Leiter der Strategischen Planung bei Royal Dutch Shell, gern zitierte: „Profits – like
oxygen – are necessary for life, but you don't live to breathe!"

### 2.3.5 Zeitgenössische Konzepte: Inclusive Business, Shared Value, Collective Impact

In diesem Sinn des atmenden Lebenssinns auch von marktlichen Organisationen werden neue Kooperationsformen im Markt- wie im Dritten Sektor erkennbar. Dies kann auch unter dem Schirm der weiteren und etwas unscharfen Idee des „inclusive capitalism" bzw. „business" verstanden werden, das noch stärker auf das Thema Armut abzielt (vgl. z. B. Austin und Seitanidi 2012 oder Halme et al. 2012).

In diesem Zusammenhang werden die Konzepte des Shared Value und des Collective Impact stärker betont. Shared Value will Unternehmen dazu bringen, ökonomische und soziale Wertschöpfung gleichberechtigt zu sehen (Porter und Kramer 2011). Ein Treiber hinter diesem Gedanken ist, dass das Fortbestehen eines Unternehmens durchaus an Umweltbedingungen hängen kann. Gerade die Sicherstellung einer stabilen Versorgung von Rohstoffen wie Kakao oder Kaffee, die Reduktion der Logistikkosten oder Maßnahmen zur Gesundheitsverbesserung der Mitarbeiter machen das Umfeld besser, aber zeigen sich auch in der Bilanz des Unternehmens.

Collective Impact ist der zweite Ansatz, den die im Stiftungsbereich mit einer Beratungsagentur in San Francisco engagierte Autorenpaar Kania und Mark R. Kramer zur Diskussion gestellt haben. Der treibende Gedanke hinter diesem Ansatz ist, dass es für die Lösung großer gesellschaftlicher Probleme intersektorale Koalitionen benötigt, die eine gemeinsame Agenda verfolgen (Kania und Kramer 2011). Man muss nur an die großen gesellschaftlichen Themen wie Gesundheit, Integration, Inklusion oder Müllvermeidung denken, um zu sehen, dass es für Lösungsansätze politische Unterstützung, neue Ansätze bei Unternehmen, aber auch gesellschaftliche Akzeptanz benötigt. Kania und Kramer (2011) sehen auch unterschiedliche Formen der Zusammenarbeit. Collective Impact ist für die Autoren die Kooperationsstufe mit der größten Wirkung. Die anderen vier Kooperationsstufen sind Fördererzusammenarbeit, Public-Private-Partnerships, Multi-Stakeholder-Initiativen und Netzwerkstrukturen.

## 3 Intersektorale Mergers-and-Acquisitions-Transaktionen

### 3.1 Einführung: Fähigkeitentransfer zwischen Branchen und Sektoren

M&A-Transaktionen werden meistens im Zusammenhang mit umsatzsteigernden Käufen insbesondere mit Blick auf neue Marktzugänge gesehen. Jedoch spielen auch solche Transaktionen eine wesentliche Rolle, bei denen etwa bestimmte Fähigkeiten akquiriert werden und bei börsennotierten Unternehmen sogar eine überdurchschnittliche Entwicklung erzielen (Neely et al. 2015).

Bei einer Analyse von 20.000 digitalen Deals zwischen 2011 und 2015 wurde etwa erarbeitet, dass ein Drittel der Käufer aus dem Nicht-Tech-Bereich kam, die zur Absicherung ihres Geschäftsbereiches solche Unternehmen kauften (Krings et al. 2016). Dabei unterscheiden die Autoren drei Kategorien:

In der ersten Kategorie geht es um die Akquisition von digitalen Produkten und Dienst-leistungen, die eine gute Ergänzung der bisherigen Palette darstellt. In der zweiten Kate-gorie geht es um neue digitale Geschäftsmodelle und in der dritten Kategorie um die Digitalisierung der eigenen Wertschöpfungskette.

Gerade die Mikrofinanzierungsindustrie ist ein interessantes Beispiel für diese Mög-lichkeiten. Viele Akteure der Industrie, die heute profitorientiert arbeiten, haben einen Hintergrund als Nichtregierungsorganisation (NGO) wie z. B. BancoSol, Sidian Bank, Banco ProCredit oder MiBanco. In Indien ging SKS Microfinance und in Mexiko Com-partamos an die Börsen und haben damit eine zusätzliche Finanzierungsoption geöffnet.

Dazu kommt, dass profitorientierte Unternehmen Non-Profit-Organisationen gekauft haben. Ein Beispiel ist My Bucks, die sechs Länderorganisationen der NGO Opportunity International gekauft haben (Microcapital 2016).

M&A-Transaktionen beinhalten i. d. R. die Übernahme des Eigenkapitals in Form von Gesellschaftsanteilen oder Aktien. Diese Möglichkeit gibt es auch bei Sozialunternehmen, die eine gewinnorientierte Gesellschaftsform nutzen. Wenn sie allerdings gemeinwohlori-entiert sind, dann kann die Kontrolle über die Gesellschaft nicht monetär übernommen werden. Selbst wenn die Vermögenswerte verkauft werden, müssen die Erlöse weiterhin für die Erreichung des Ziels verwendet werden.

## 3.2   Erste Spurenelemente der Thesenbelege: Organic Food

Es gab eine Reihe von Käufen von ethischen Marken durch große internationale Konzerne, die i. d. Regel das Produktfeld attraktiv, aber keinen eigenen Zugang fanden.

Ben & Jerry's ist ein frühes Beispiel dafür. Das Unternehmen wurde 1978 in Vermont gegründet und hat sich einen Namen verschafft durch überdurchschnittliche Arbeitsein-kommen, die Gründung der Ben & Jerry's Foundation, den Fokus auf lokale Milchpro-duktion von Kühen ohne Wachstumshormone und ihren Kampf gegen den Ausstoß von Treibhausgasen (Andres 2003). Im April 2000 wurde Ben & Jerry's von Unilever für 326 Mio. US-$ übernommen. Unilever hat sich auch dafür entschieden, die Stiftung zu belassen und gleichzeitig jeweils 5 Mio. US-$ an die Stiftung und die Mitarbeiter zu be-zahlen (Hays 2000). Die zwei Gründer gehen davon aus, dass sie Unilever von innen verändert haben (Kaiser 2012).

Ob es ursächlich mit der Transaktion zusammenhängt, bleibt natürlich interpretativ, aber Unilevers kommunizierte Bemühungen, das gesamte Unternehmen in Richtung Nachhaltigkeit auszurichten, ist für Medien erkennbar. Der Economist (2014) hat bei-spielsweise durchaus anerkennend über den Sustainable Living Plan, der die gesamte Unternehmensgruppe betrifft, berichtet.

Auch andere Marken wurden so weitergeführt und etwa Profittauschüttungen zuguns-ten eines sozialen Zweckes beibehalten. Andere Marken wurden nicht so weitergeführt, sondern waren schlicht ein guter Einstieg, um weitere Kundenschichten zu akquirieren.

**Tab. 1** Akquisitionen von ethischen Marken im Bereich „organic food" (eigene Recherche). *n. a.* nicht angegeben

| Gekauftes Unternehmen | Industrie | Käufer | Kaufpreis, Jahr |
|---|---|---|---|
| Seeds of Change | Organic Food | Mars | n. a., 1997 |
| Cascadian Farm | Organic Food | General Mills | n. a., 1999 |
| Ben & Jerry's | Social Consciousness | Unilever | 326 Mio. US-$, 2000 |
| Kashi | Organic Food | Kellogg's | 33 Mio. US-$, 2000 |
| Lightlife Foods | Vegetarian Food | ConAgra | n. a., 2000 |
| Odwalla | Organic Food | Coca Cola | 181 Mio. US-$, 2001 |
| Stonyfield Farm | Organic Products | Danone | n. a., 2004 |
| Green & Black | Organic Food | Cadburry | 20 Mio. GBP, 2005 |
| Tom's of Maine | Organic Products | Colgate-Palmolive | 100 Mio. US-$, 2006 |
| Body Shop | Organic Products | L'Oréal | 652 Mio. GBP, 2006 |
| Burt's Bees | Organic Products | Clorox | 925 Millionen USD, 2007 |
| Innocent | Organic Products | Coca Cola | Gesamtsumme unbekannt, 76 Mio. GBP für 38 %, 2009, 2010, 2013 |
| Bionade | Organic Food | Radeberger (Oetker Gruppe) | n. a., 2009, 2012 |

Gerade im Bereich des „organic foods" kann man davon ausgehen, dass die Margen in diesem Segment attraktiv sind (Tab. 1).

## 3.3 Erste Spurenelemente der Thesenbelege: Sozialunternehmen

Wenn man jetzt den Blick auf die sog. Sozialunternehmen richtet, dann zeigt sich hier nach wie vor noch eine vergleichsweise Vorsicht und geringe Akquisitionsintensität (s. zu den empirischen Belegen in Deutschland Jansen et al. 2013) – im Vergleich zu den ethischen Marken oder den Mikrofinanzierungsinstituten. Man kann vermuten, dass es aus einigen Gründen zukünftig eine stärkere Transaktionstendenz geben wird, auch wenn die Befragten selbst zurückhaltend bleiben wollen.

Die Venture-Philanthropy-Industrie investiert jedes Jahr beträchtliche Summen in Sozialunternehmen und braucht naturgemäß Exit-Optionen für ihre Anteile, deren Wert in den meisten Fällen nur von externen Käufern bezahlt werden kann.

Dazu kommt, dass Sozialunternehmen loyale Kundenstämme aufbauen, die für viele andere Unternehmen nicht nur aufgrund einer höheren Zahlungsbereitschaft interessant sind. Zudem wird so eine Expertise in Bereichen wie Social Tech oder dem Gesundheitsbereich aufgebaut, die interessante Ergänzungen darstellen können. Die heutige Generation von Sozialunternehmern hat ihr Unternehmen in den letzten 15 Jahren aufgebaut und wird bald altersmäßig in eine Situation kommen, in der die Nachfolgerregelung relevant wird. Hier wird vermutet, dass es eine ähnliche Herausforderung wird, wie das bei regulären Familienunternehmen erkennbar ist.

Transaktionen sind in vielen Bereichen denkbar. Im Bankwesen sind etwa die sozial-ethischen Banken eine interessante Gruppe. Im Tourismus werden vermehrt Reisen angeboten, die mit den Schlagworten sanft, nachhaltig, sozial oder ethisch verbunden werden. In der Textilbranche stehen die großen Marken nach regelmäßigen Enthüllungen unter Druck, ihre Lieferkette sowie deren Umweltstandards und Arbeitsbedingungen besser und gerechter zu gestalten. Die Anzahl an bisherigen Transaktionen ist nach unseren ersten Recherchen noch übersichtlich. In Tab. 2 werden nur einige ausgewählte Beispiele angeführt, die als Belege für den angenommenen Trend dienen können.

## 4    Motivationen und Implikationen für komplexere Beziehungen

Aus den hier gezeigten Beispielen aus verschiedenen Branchen zeigen sich unterschiedliche Motivationen – jenseits des vielfach von Kritikern angeführten „social and green washing" – und Implikationen für die weitere Vorgehensweise. Einige ausgewählte sind im Folgenden angeführt und bedürfen der weiteren Forschung.

### 4.1    Umsatzpotenzial: Zukauf einer überlegeneren Kundengruppe

Die oben angeführten Unternehmensbeispiele verfügten zum Zeitpunkt der Übernahme über loyale Kundenstämme mit einer hohen Zahlungsbereitschaft. Zwar gab es vereinzelt Kundenproteste, aber in den meisten Fällen verlief es unter der Wahrnehmungsschwelle der Kunden und unter geringen Schäden für die Marke. Wichtig ist hier eine konsistente Markenführung, die das Narrativ, die Gründerfiguren und auch die Performanz der Andersartigkeit beibehält.

Das übernehmende Unternehmen konnte die Marke auch gut in bestehende Vertriebsplattformen einführen. Bei Ben & Jerry's war schnell offenkundig, welche Synergien sich im Vertrieb ergeben können.

Ebenso übernimmt man Expertise im Bereich der Kommunikation als auch dem Umgang mit neuen, zunächst noch kleinen Zielgruppen, die aber so etwas wie Trendscouts für zukünftigen Breitengeschmack werden. Insbesondere im Handel zeichnen sich stabile Trends des „slow retailing" ab und statt Statussymbolen ein edukativer Handel, der bildungsnahen Kunden die Überlegenheit des Produkts aus moralischer und nachhaltigkeitsbezogener Perspektive vermittelt. Die biologische Landwirtschaft sowie der stärker werdende Trend der Industrieländer zu vegetarischen bzw. vegangen Lebensweise zeigen das Potenzial auf.

**Tab. 2** Akquisitionen von Sozialunternehmen im weitesten Sinn durch For-Profit-Unternehmen. (Eigene Recherche)

| Gekauftes Unternehmen | Industrie | Käufer | Narrative | Wert | Quelle |
|---|---|---|---|---|---|
| Start Now (Singapur) | Software für Sozialunternehmern | Goodtizens Technologies | Gründung im Enterprise Social Venture Lab der National University of Singapur: Softwarelösung für Sozialsektororganisationen, die etwa Plattformen für Volunteering, Pro-Bono-Services oder Events benötigen | 381.000 US-$ | Tech in Asia 2015; Contributors 2015 |
| Roadio (UK) | Software | a2om | Bietet Apps für das bessere Lernen von Autofahren an. Zum Zeitpunkt des Kaufs haben 2500 britische Fahrlehrer zum Zeitpunkt des Kaufs die Dienstleistungen genutzt. Käufer a2om behält Roadio als eigenständige Einheit im Unternehmen | – | UnLtd 2015 |
| Slivers of Time (UK) | Personalvermittlung | Brookfield Rose | Slivers of Time rekrutiert, vermittelt und bewertet Freiwillige und wird von Sozialsektororganisationen, Verwaltungseinheiten und Arbeitgebern genutzt. Brookfield Rose kann diese Fähigkeiten gut nutzen, da sich das Unternehmen auf das Management temporärer Arbeitsverhältnisse spezialisiert hat | – | Health + care 2014 |
| Charles Printing (Canada) | Druckdienstleistungen | Groupe Convex | Die Druckdienstleistungen bieten acht Personen mit geistiger Behinderung eine Beschäftigung. Diese Tätigkeiten werden unter dem Dach der Groupe Convex durchgeführt. Der Käufer hat sich verpflichtet, die soziale Ausrichtung zumindest für ein Jahr zu bewahren | – | Social Economy Centre 2016 |
| Tom's | Schuhe | Bain Capital | Im Jahr 2014 kaufte die Private Equity Firma Bain Capital 50% der Anteile an Tom's bei einer Unternehmensbewertung von 625 Mio. US-$ übernommen. Tom's war durchaus Vorbild für zahlreiche Sozialunternehmen, die versucht haben, mit dem One-for-one-Charity-Modell (Kauf ein Paar Schuhe und spende ein Paar Schuhe) zu wachsen | 625 Mio. US-$ | Stock 2014 |
| HessNatur | Fair-Trade Handel | Neckermann; Capvis | HessNatur, 1978 gegründet, ist ein deutscher Pionier im Fair-Trade-Handel. Im Jahr 2001 übernahm Neckermann die Mehrheit und verkaufte das Unternehmen 2012 an den Schweizer Finanzinvestor Capvis. HessNatur hatte zum Zeitpunkt der Übernahme einen Kundenstamm von einer Million Kunden und jährliche Umsätze von 73 Mio. € | – | Capvis 2012 |

## 4.2 Mitarbeiterbindung: Sinnstiftung und „purpose" als Arbeitgebermarke

Die neuen Generationen von Mitarbeitern, die oft als Millenials, Generation Y oder Z be-zeichnet werden, ziehen bei der Wahl des Arbeitgebers die gesellschaftliche Ausrichtung des Unternehmens durchaus in die Bewerbungsentscheidungen mit ein. Hier zeigt sich insbesondere bei der bildungsnahen Bohème dieser Generationen eine sehr hohe Verbun-denheit mit (nicht digitalen) Gütern und deren Herkunft und Handwerk. Ebenfalls sind Sozialunternehmen eine deutlich attraktivere Arbeitgebermarke geworden – im Vergleich zu den klassischen Non-Profit-Organisationen.

## 4.3 Erwerb sozialinnovatorischer Fähigkeiten im Geschäftsmodell

Wie eingangs an den Beispielen gezeigt, stehen Geschäftsmodelle derzeit nicht nur auf-grund der digitalen Transformation unter Veränderungs- und Innovationsdruck, sondern auch durch soziale Transformationen im Kontext von Makrotrends wie Urbanisierung, De-mografie, Migration. Wenn Automobilkonzerne nun Kommunalpolitik und urbane inter-modale Mobilitätssysteme lernen müssen, wenn Nahrungsmittel- bzw. Landwirtschafts-konzerne die doppelte Moralisierung der Supermarktkunden und der Medien ernst neh-men, dann zeigt sich, dass es in der Unternehmenskommunikation und auch der Unter-nehmenskognition, also wie wer was in der Organisation, den Märkten, der Politik und der Gesellschaft beobachtet, erhebliche Erweiterungsbedarfe der Fähigkeitssets gibt.

## 4.4 Absicherung des Geschäftsmodells durch Multistakeholderansätze

Zur Absicherung des Geschäftsmodells sind auch branchenfremde, politische und zivilge-sellschaftliche Beziehungen notwendig. Ebenso zeigt der Druck der Konsumenten, dass man auch die Lieferkette in einer zirkulären Ökonomie besser strukturieren muss – von der Wiege über das Re- und Upcycling zur nächsten Wiege. Auch die formalen Govern-ance- und Compliance-Systeme wirken da mit Blick auf Gender und Diversity noch etwas vorläufig. Non-Profit-Organisationen, Sozialunternehmen und auch die Zusammenarbeit mit NGO und Stiftungen zeigen das Potenzial, die Möglichkeiten der regulatorischen wie moralischen Entwertungen bestehender Geschäftsmodelle proaktiv zu prüfen – und gege-benenfalls in Kooperation zu transformieren.

# 5 Zusammenfassung: Trend mit hoher Praxis – Forschungsrelevanz

Der Beitrag versucht, auf Basis einer ideengeschichtlichen Analyse mithilfe einer noch sehr unsystematischen Datenbasis anhand von ausgewählten Branchen und einigen Fallbeispielen die Forschung für intersektoralen Kooperationsmodelle unterschiedlicher Intensität zu entfalten. Im Rahmen der Recherche haben die Autoren zahlreiche Transaktionen identifiziert, die unter dem Radar der gesellschaftlichen und breiteren medialen Wahrnehmung durchgeführt wurden. Es zeigt sich auch, dass klare Klassifikationen schwer fallen, was eine Aufgabe zukünftiger Forschung sein müsste und ebenso von einschlägigen Datenbankanbietern aufgegriffen werden könnte.

Unsere Ausgangsthese ist, dass es aus sehr unterschiedlichen gesellschaftlichen, marktlichen wie unternehmerischen Gründen anzunehmen ist, dass wir erst am Anfang dieses neuen Markts für Kooperationen und Akquisitionen quer zu den Sektoren stehen – und dies angesichts der gesellschaftlichen Transformationsaufgaben wie Energie/Klima, Landwirtschaft/Wasser, Gesundheit/Demografie, Migration/Mobilität eine deutliche Entwicklung erfahren wird.

Die strukturellen Gründe liegen sowohl in den Notwendigkeiten des Finanzierungsmodells der Venture-Philanthropy-Industrie als auch in den Stärken der sozialunternehmerischen Geschäftsmodelle begründet.

Die Beispiele haben Indizien gegeben, dass insbesondere die ethischen Marken mit Blick auf das Umsatzpotenzial gekauft wurden. Interessanterweise ist der Kundenprotest, sofern es ihn überhaupt gegeben hat, schnell abgeflaut. Bei Sozialunternehmen kommen noch die besonderen Fähigkeiten im Zusammenhang mit Stakeholdermanagement und neuen innovativen Zugängen zur Kundenbindung und -akquisition dazu.

Daraus gehen auch politische und auch marktliche Impulse aus. Größere Transaktionen werden einen Signaleffekt auslösen, der zu Strategieprozessen bei anderen Unternehmen branchenweit führen wird. M&A- aber insbesondere CSR-Beratungen werden sich auf diese neue intersektoralen Kooperationsmodelle einstellen müssen. Der Sozialsektor könnte unternehmerischer werden, klassische CSR-Abteilungen und Unternehmensstiftungen unter Legitimitätsdrücken gleich aus beiden Winkeln: des Kapitalmarkts und der moralisierten Kundenmärkte.

Es besteht weiterhin die Gefahr, dass auch diese Transaktionen mit Kritiken verbunden sein werden, die im Zusammenhang mit Käuflichkeit der sozialinnovatorischen Gründer, der eigenen Innovationsschwäche oder dem Green- und Social Washing.

Für die weitere Forschung werden konkretere Fallstudien und Langfristmessungen mehrwertiger Erfolgsdimensionen notwendig. Die Autoren freuen sich über Zuschriften von weiteren Beispielen und Begleitforschungen.

## Literatur

Andres M-S (2003) Ben & Jerry's ... und der große Fisch. https://www.brandeins.de/archiv/2003/
    das-neue/ben-jerry-und-der-grosse-fisch/. Zugegriffen: 16. Nov. 2016
Anheier HK (2006) Nonprofit organizations: an introduction. Routledge, London
arbeit plus – Soziale Unternehmen Österreich (2016) Öffentliche Vergabe & Soziale Dienstleistun-
    gen (https://arbeitplus.at/themenpapiere/oeffentliche-vergabe-soziale-dienstleistungen/)
Austin JE, Seitanidi MM (2012) Collaborative value creation: a review of partnering between
    nonprofits and businesses: part I. Value creation spectrum and collaboration stages. Nonpro-
    fit Volunt Sect Q 41(5):726–758
Bishop M, Green M (2010) Philanthrocapitalism: how giving can save the world. Bloomsbury, Lon-
    don
Capvis (2012) Capvis führt hessnatur in die Zukunft. http://www.capvis.ch/de/news/single-news-
    display/browse/2/article/capvis-fuehrt-hessnatur-in-die-zukunft/16.html. Zugegriffen: 16. Nov.
    2016
Cohen R (2011) Harnessing social entrepreneurship and investment to bridge the social divide.
    In EU conference on the social economy. Bd. 18 (http://ec.europa.eu/internal_market/social_
    business/docs/conference/cohen_en.pdf)
Contributors (2015) First ever acquisition of social enterprise in Singapore. The Asian Entrepreneur.
    http://www.asianentrepreneur.org/first-ever-acquisition-of-social-enterprise-in-singapore/ (Er-
    stellt: 8. Nov. 2015). Zugegriffen: 16. Nov. 2016
Engelke H, Mauksch S, Darkow I-L, von der Gracht H (2014) Heading toward a more social future?
    Scenarios for social enterprises in Germany. Bus Soc 55(1):56–89
Halme M, Lindeman S, Linna P (2012) Innovation for inclusive business: intrapreneurial bricolage
    in multinational corporations. J Manag Stud 49(4):743–784
Hays CL (2000) Ben & Jerry's to Unilever, with attitude. The New York Times. http://www.nytimes.
    com/2000/04/13/business/ben-jerry-s-to-unilever-with-attitude.html?_r=0 (Erstellt: 13. Apr.
    2000). Zugegriffen: 16. Nov. 2016
Health + care (2014) Brookfield Rose acquires social enterprise Sliver of Time. health+care. https://
    healthcare.depoel.co.uk/blog/industry-news/brookfield-rose-acquires-social-enterprise-sliver-
    of-time/ (Erstellt: 4. Juli 2014). Zugegriffen: 16. Nov. 2016
Huber A, Jansen SA, Plamper H (Hrsg) (2004) Public Merger – Strategien für Fusionen im öffent-
    lichen Sektor. Gabler, Wiesbaden
Jansen SA (2016a) Die Weltverbesserer. Brand Eins 2016(3):114–119
Jansen SA (2016b) Mergers & Acquisitions. Unternehmensakquisitionen und -kooperationen. Ei-
    ne strategische, organisatorische und kapitalmarkttheoretische Einführung, 6. Aufl. Springer
    Gabler, Wiesbaden
Jansen SA (2012) Wer macht was? Gesellschaftsspiele des Guten. Vermessungsversuche der Spiele
    und Spieler einer Zivilgesellschaft des 21. Jahrhunderts. In: Jansen SA, Schröter E, Stehr N
    (Hrsg) Bürger.Macht.Staat? Neue Formen gesellschaftlicher Teilhabe, Teilnahme und Arbeits-
    teilung. Springer VS, Wiesbaden, S 15–35
Jansen SA, Heinze RG, Beckmann M (Hrsg) (2013) Sozialunternehmen in Deutschland: Analysen,
    Trends und Handlungsempfehlungen. Springer VS, Wiesbaden
Kaiser T (2012) Ben & Jerry's macht Politik mit neuen Eissorten. Welt. https://www.welt.
    de/dieweltbewegen/article107299106/Ben-Jerry-s-macht-Politik-mit-neuen-Eissorten.html
    (Erstellt: 29. Juni 2012). Zugegriffen: 16. Nov. 2016
Kania J, Kramer MR (2011) Collective impact. Stanf Soc Innov Rev 9(1):36–41
Krings J, Neely J, Acker O (2016) Will you be mine in the digital world? strategy+business. http://
    www.strategy-business.com/article/Will-You-Be-Mine?gko=f6de3. Zugegriffen: 16. Nov. 2016

Mair J, Marti I (2006) Social entrepreneurship research: a source of explanation, prediction, and delight. J World Bus 41(1):36–44

Mircocapital (2016) Controversy brews as for-profit Fintech provider Mybucks buys 6 African microfinance organizations from nonprofit opportunity international. Microcapital: on microfinance, mobile money, SMes and other forms of impact investing. http://www.microcapital. org/microcapital-brief-controversy-erupts-as-for-profit-fintech-provider-mybucks-buys-6-african-microfinance-organizations-from-nonprofit-opportunity-international/ (Erstellt: 25. Juli 2016). Zugegriffen: 16. Nov. 2016

Neely J, Jullens J, Krings J (2015) Deals that win. http://www.strategy-business.com/article/00346? gko=47f36. Zugegriffen: 16. Nov. 2016

Love, A. & Cugnon, M. (2009). The purpose linked organization: how passionate leaders inspire winning teams and great results. New York: McGraw-Hill

Porter ME, Kramer MR (2011) Creating shared value. Harv Bus Rev 89(1/2):62–77

Social Economy Centre (2016) Successful printing social enterprise bought out by a private enterprise. Social Economy Centre. http://socialeconomycentre.ca/successful-printing-social-enterprise-bought-out-private-enterprise. Zugegriffen: 16. Nov. 2016

Spiess-Knafl W (2012) Finanzierung von Sozialunternehmen: eine theoretische und empirische Analyse. Technische Universität München, München (Diss., 2012. http://d-nb.info/ 102496406X/34)

Spiess-Knafl W, Jansen SA (2013) Imperfections in the social investment market and options on how to address them. Ex-ante evaluation for the European Commission. Zeppelin University, Germany (https://www.zu.de/info-wAssets/forschung/dokumente/cisoc/Final-Report-Imperfections-in-the-Social-Investment-Market-ZU-vfinal.pdf)

Stock K (2014) Bain capital buys Toms, Will still give away shoes. Bloomberg.com. http:// www.bloomberg.com/news/articles/2014-08-21/bain-capital-buys-toms-the-625-million-do-gooder-shoe-company (Erstellt: 22. Aug. 2014). Zugegriffen: 16. Nov. 2016

Tech in Asia (2015) Do-gooding team from Singapore gets acquired to form online volunteer network. Tech in Asia. https://www.techinasia.com/start-now-acquisition-goodtizens (Erstellt: 28. Okt. 2015). Zugegriffen: 16. Nov. 2016

The Economist (2014) In search of the good business. August. http://www.economist.com/ news/business/21611103-second-time-its-120-year-history-unilever-trying-redefine-what-it-means-be. Zugegriffen: 16. Nov. 2016

UnLtd (2015) Roadio becomes first social venture from Wayra UnLtd to exit. UnLtd. https://unltd. org.uk/2015/03/27/roadio-becomes-first-social-venture-wayra-unltd-exit/ (Erstellt: 27. März 2015). Zugegriffen: 16. Nov. 2016

Unterberg M, Richter D, Jahnke T, Spiess-Knafl W, Sänger R, Förster N (2015) Herausforderungen bei der Gründung und Skalierung von Sozialunternehmen. Welche Rahmenbedingungen benötigen Social Entrepreneurs (https://ism-mainz.de/fileadmin/Dateien/Studien/Sozialunternehmen_ Endbericht_2016.pdf)

Züfle H-P (2004) Fusion im Sozialbereich. In: Huber A, Jansen SA, Plamper H (Hrsg) Public Merger: Strategien für Fusionen im öffentlichen Sektor. Gabler, Wiesbaden, S 421

**Stephan A. Jansen** ist Professor für Management, Innovation and Finance an der Karlshochschule Karlsruhe sowie Leiter des dortigen Center for Philanthropy & Civil Society (PhiCS). Zudem ist er Co-Gründer der Sozietät für Digitale und Soziale Transformation Das 18te Kamel & Komplizen GmbH sowie der Gesellschaft für urbane Mobilität BICICLI Holding GmbH in Berlin u. a. für Dienstrad- und betriebliche Radflotten. Von 2003 bis 2014 war er Gründungspräsident der Zeppelin Universität und bis 2016 dort Leiter des Civil Society Center (CiSoC) mit einem Team von zwölf Wissenschaftlerinnen und Wissenschaftlern. Stephan A. Jansen tätigte u. a. Forschungsarbeiten zu Social Entrepreneurship in Deutschland (Studie mit Mercator Stiftung), Social Economic Empowerment in Äthiopien, Kenia, Südafrika sowie Kolumbien und Mexiko (Studien mit Siemens Stiftung) oder Innovationssysteme im Wohlfahrtssektor (mit Caritas). Seit 1999 ist er regelmäßig Visiting Scholar an der Stanford University. Er hält zahlreiche Mandate als wissenschaftlicher Berater von Bundesministerien und Bundeskanzleramt sowie Beirat von Stiftungen, Unternehmen und Bildungseinrichtungen. Jansen ist Autor von über 200 Beiträgen, über 20 Büchern und Herausgeberwerken sowie Kolumnist des Wirtschaftsmagazins *brand eins* und *enorm*. Und: Er ist leidenschaftlicher Rennradler und Minimal-Elektro-Jazz-DJ.

**Dr. Wolfgang Spiess-Knafl,** Jahrgang 1982, arbeitete nach dem Studium des Wirtschaftsingenieurwesen-Maschinenbaus an der TU Wien als M&A-Analyst in der Investment Banking Division von Morgan Stanley. Anschließend promovierte er zum Thema „Finanzierung von Sozialunternehmen" bei Prof. Dr. Dr. Ann-Kristin Achleitner am Lehrstuhl für Entrepreneurial Finance der Technischen Universität München. Danach arbeitete er als Post Doctoral Research Fellow am Civil Society Center der Zeppelin Universität und hat in dieser Zeit Studien und Projekte u. a. für die Europäische Kommission, das deutsche Bundesministerium für Wirtschaft und Energie und die belgische König-Baudouin-Stiftung durchgeführt. Im Jahr 2016 gründete er Next Generation Impact in Wien und widmet sich insbesondere der Konzeption von Social-Impact-Strategien.

# Effektives Schnittstellenmanagement

# Direkte und indirekte Beeinflussungen von hybriden Organisationen auf traditionelle Wirtschaft und Gesetzgebung

Björn Schmitz

## 1 Einleitung

Der Beitrag befasst sich mit der Kernfrage, wie es hybriden Organisationen gelingt, traditionelle Wirtschaft und Gesetzgebung hinsichtlich sozialer und ökologischer Belange zu beeinflussen. Beeinflussung wird dabei verstanden als das Maß an kognitiver Irritation und Veränderung auf Praxisebene. Nun könnte man direkt Organisationsbeispiele von Sozialunternehmen oder von Social Enterprises zu Rate ziehen und untersuchen, doch dabei würde man sich rasch verzetteln, handelt es sich doch um eine so unfassbar heterogene Gruppe von Aktivitäten und Organisationen, dass es schwer fällt, generalisierte Beeinflussungsstrategien aller Social Enterprises auszuweisen. Daher ist eine Klärung der Begrifflichkeit dieser hybriden Organisationstypen unerlässlich.

Ich werde daher zunächst auf Attribute hybrider Organisationen eingehen und den Zusammenhang zu Social Entrepreneurship, Social Business und Social Enterprises aufzeigen. Letztlich verhilft ein Blick auf Rollenmodelle von gemeinnützigen Organisationen, das Verständnis von hybriden Organisationen und möglichen Beeinflussungswegen zu differenzieren. Diese analytische Beschäftigung führt dahin, dass soziale Innovationen als zentrale Treiber des Wandels und der Beeinflussungen anzusehen sind. Dies unterstützen auch die Arbeiten von Zald (2004), Zald et al. (2005), die die Beeinflussung von sozialen Bewegungen auf Organisationen untersuchen.

Anhand von drei Fallbeispielen (HessNatur, GEPA, Greepeace Energy) wird die Rolle von Sozio-Ökonomischen Leuchttürmen entwickelt. Diese zeichnen sich durch eine enge Verzahnung mit sozialen Bewegungen, der Nutzung von brachliegenden gesellschaftlichen Legitimationsströmen, dem Prinzip „Wirkung vor Profit", ihre direkte Konkurrenz

B. Schmitz (✉)
Philiomondo
Heidelberg, Deutschland
E-Mail: bjoern.schmitz@philiomondo.de

© Springer-Verlag GmbH Deutschland, ein Teil von Springer Nature 2019
A. Kraemer und L. M. Edinger-Schons (Hrsg.), *CSR und Social Enterprise*,
Management-Reihe Corporate Social Responsibility,
https://doi.org/10.1007/978-3-662-55591-0_7

zu konventionellen Wirtschaftsakteuren, Transformationspotenzial von Märkten und einer infiniten Mission aus. Aufgrund dieser Charakteristika ist die Rolle von Sozio-Ökonomischen Leuchttürmen auf die Veränderung von bestehenden Marktstrukturen und Wirtschaftspraktiken gerichtet. Der Beitrag beleuchtet eingehend die direkten und indirekten Beeinflussungsstrategien auf Wirtschaft und auch vermittelt zum Staat.

Es werden verschiedene Beeinflussungspfade deutlich und gegenübergestellt. Vor allem zeigt sich anhand des Zusammenspiels von Konsumbewegungen (Stehr 2008) mit Sozio-Ökonomischen Leuchttürmen das stetige, aber weiterhin bedeutsame Transformationspotenzial von bestimmten Typen hybrider Organisationen für konventionelle Wertschöpfung und Wirtschaftspraktiken. Zudem dient der Beitrag dazu, die Heterogenität des Felds anhand von Rollen zu strukturieren und somit praxisbezogen zu erschließen.

## 2 Social Enterprises als hybride Organisationen

In den letzten Jahren haben die Begriffe Social Entrepreneurship, Social Business und Social Enterprise einen starken Zuwachs an Aufmerksamkeit erhalten (Drayton 2002, 2005; Bornstein 2004; Bishop 2006; Nicholls 2006; Mair et al. 2006; Mair und Martí 2006) und dieser Aufmerksamkeitsanstieg ist offenbar noch nicht an seinem Höhepunkt angekommen. Dennoch, oder gerade deshalb, werden die Begriffe insgesamt bislang kaum einheitlich angewendet (z. B. Mair und Martí 2006; Hill et al. 2010). Nicht nur die Lösung sozial-ökologischer Problemstellungen mithilfe nachhaltiger Geschäftsmodelle ist Bestandteil vieler Definitionen, sondern ebenso werfen v. a. Europäer einen Blick auf demokratische und partizipative Strukturen (Defourny und Nyssens 2010). Zunehmend wird dies auch prominent im Rahmen von Veranstaltungen konventioneller Wirtschaftsakteure diskutiert (beispielsweise Sattelberger). Die Sektorgrenzen verschwimmen zusehends (Anheier und Then 2004; Emerson 2004; Evers 2005) und einige Autoren sprechen daher von hybriden Organisationen (Billis 2010; Schmitz 2013, 2015b; Schmitz und Glänzel 2016). Betrachten wir zunächst, was damit gemeint ist.

Viele Autoren haben sich in den letzten Jahren dem Begriff der Hybriden Organisationen zugewandt (Evers 2008; Billis 2010; Boyd et al. 2009; Bromberger 2011; Skelcher 2012; Glänzel und Schmitz 2012; Schmitz 2013; Jäger und Schröer 2013; Jay 2013) und damit sicherlich zur Hybridisierungsbewegung beigetragen (Battilana et al. 2012). Im weitesten Sinn werden unter hybriden Organisationen alle organisationsstrukturellen Phänomene gefasst, die von Veränderungen in Richtung sozialer und ökologischer Nachhaltigkeit (oder „creating shared value" [CSV]; Porter und Kramer 2011) bei privatwirtschaftlichen Unternehmen, über Social Intrapreneurship in Unternehmen der Sozialwirtschaft bis hin zu hybriden Start-ups reichen. Grundsätzlich geht es dabei um die Kombination von sozialen und ökonomischen Elementen in Organisationen. Smith (2010) schreibt hierzu: „Hybridization in nonprofit organisations also is indicative of the widespread interest in social entrepreneurship and social enterprise that has led to countless organisations with nonprofit and for-profit features" (Smith 2010, S. 219). Damit deutet

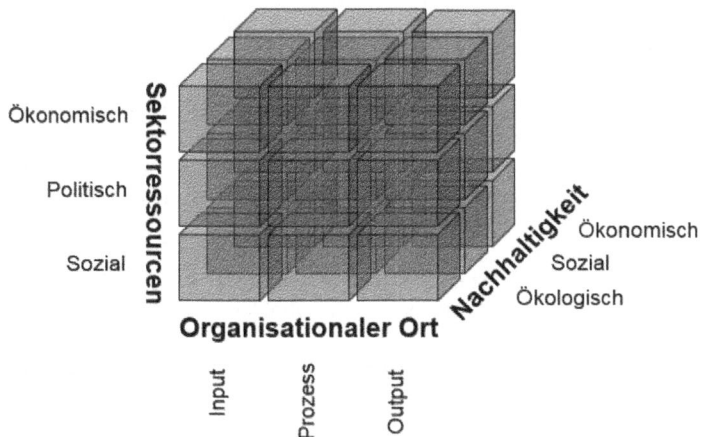

**Abb. 1** Das Würfelmodell organisationaler Hybridität. (Schmitz 2013)

er an, dass allein das Aufkommen von hybriden Start-ups bereits eine Beeinflussung aller Sektoren bewirkt hat. Behalten wir dies für den Moment im Hinterkopf, da dies schon eine Teilantwort auf die Ausgangsfragestellung darstellt.

Betrachten wir Hybridität zunächst nochmal etwas genauer als analytischen Begriff. Nach Schmitz und Glänzel (2016) können drei Hauptdifferenzierungen vorgenommen werden, wenn man den Begriff der Sektorlogiken, die ja im Konzept der Hybridität verschmelzen, seziert. So kann Hybridität (1) einen Mix von Ressourcen (hybride organisationale Mittel) meinen (Was wird wie genutzt?), deren sich Organisationen bedienen. Dann kann man (2) hybride Zielsetzungen unterscheiden, also etwa den Zielmix, gesellschaftlichen und ökonomischen Wert gleichermaßen erzielen zu wollen. Und letztlich kann Hybridität (3) in einem Mix von Entscheidungsfindungskulturen, Strukturen und Steuerungsmodellen betrachtet werden. Dieser dritte Typus ist meist eine Folge der ersten beiden Hybriditätsdimensionen, da nun verschiedene Interessen und Argumente gleichermaßen in Entscheidungsprozessen in Balance zu bringen sind.

Die damit aufgezeigte Idee von Hybridität wird durch das Würfelmodell (Abb. 1) dargestellt. Die Ressourcen kennzeichnen die hybriden Mittel, die Nachhaltigkeitsdimensionen die hybriden Ziele und der organisationale Ort meint die Durchgängigkeit von Hybridität in einer Organisation, also die Integrität, und verweist auf die dritte analytische Dimension von Hybridität, nämlich Entscheidungskulturen und -strukturen. Eine genauere Darstellung und Vertiefung findet sich bei Schmitz (2013) und Schmitz und Glänzel (2016).

Anhand dieses Modells können verschiedene Modi und Stärken von Hybridität abgetragen werden. Letztlich zeigt sich daran, dass auf empirischer Ebene praktisch jede Organisation hybrid ist. Allerdings lassen sich enorme Unterschiede in der Stärke der Hybridität erkennen. Dies ist relevant für die Beeinflussungsstrategien, denn eine Beeinflussung erfordert, so die Annahme, die Verarbeitungskapazitäten für die Rekombinationen

**Tab. 1** Indikatorentableau zur Messung von Hybridität. (Schmitz und Glänzel 2016, S. 30)

| Input | Prozess | Output |
|---|---|---|
| – Qualifikations- und Hintergrundmix von Mitarbeitern und Verantwortlichen<br>– Investoren und Geldgebermix<br>– Mix verschiedener Finanzierungsmittel<br>– Kontaktstrategien<br>– Verbindungen zu sozialen Bewegungen und Unterstützergruppen | – Vorherrschen demokratischer Strukturen und Praxis<br>– Einbezug von Stakeholdern in Entscheidungsprozesse<br>– Handlungen und Maßnahmen, die verschiedene Stakeholder berücksichtigen<br>– Anstoßen von Stakeholderdialogen<br>– Rechtsformwahl | – Erzeugung von Blended Value<br>– Verständnis für die Abhängigkeiten von verschiedenen erzeugten Werten<br>– Berichterstattung über unterschiedliche Werterzeugung<br>– Suche nach neuen, besseren Indikatoren zur Messung<br>– Ergebnisse werden für Stakeholder aufbereitet |

verschiedener Elemente (Hybridität), um diese in Form von sozialen Innovationen beeinflussungswirksam für organisationale Umwelten werden zu lassen. „Social Enterprises deliberately adopt an uncomfortable position: They are in the market and yet against it at the same time" (Leadbeater 2007, S. 2). Um dies besser zu verstehen, hilft ein Blick auf Tab. 1, die die verschiedenen Indikatoren für Input, Prozess (organisationaler Ort) und Output darstellt.

## 3    Inhaltskategorien von Organisationen mit sozialer Mission

Ausgehend von diesem Würfelmodell lassen sich nach Schmitz (2015b) auf der Betrachtungsebene von Organisationen mit sozialer Mission – die also nach dem Würfelmodell soziale und ökologische Outputs höher gewichten als ökonomischen Gewinn – wiederum die Bezüge zu den Konzepten Social Entrepreneurship, Social Enterprises und Social Business ausmachen. Hinzu tritt die Form des demokratischen Unternehmens. Die Abb. 2 zeigt diese vier Typen im Überblick. Social Entrepreneurship wird dabei das Hauptattribut soziale Innovation zugeschrieben, Social Enterprise meint die Kommerzialisierung von gemeinnützigen Organisationen, Social Business den Handel für soziale Zwecke und demokratische Unternehmen richten das Augenmerk auf partizipative Strukturen.

Schmitz (2015b) betont, dass die jeweiligen Konzepte unter Praktikern und Wissenschaftlern nicht einheitlich verwendet werden und die Kernattribute sich oft stark überlappen. Der entscheidende Punkt des Modells sind vielmehr die herausgearbeiteten Kernattribute, weil diese als praktikable Forschungsperspektiven dienen können und weil sie gleichermaßen auf Praxisebene relevante Differenzierungsgrößen darstellen: den Innovationsgrad, den Kommerzialisierungsgrad, den Partizipationsgrad (von Stakeholdern) und den Anteil an Handel für den guten Zweck. Dabei ist zu betonen, dass eine Organisation mehrere Kernattribute gleichermaßen erfüllen kann. Für den vorliegenden Beitrag ist diese Perspektive deshalb relevant, weil sie uns Inhaltskategorien für die Transformation

**Abb. 2** Typologie von Kernattributen von Organisationen
mit sozialer Mission

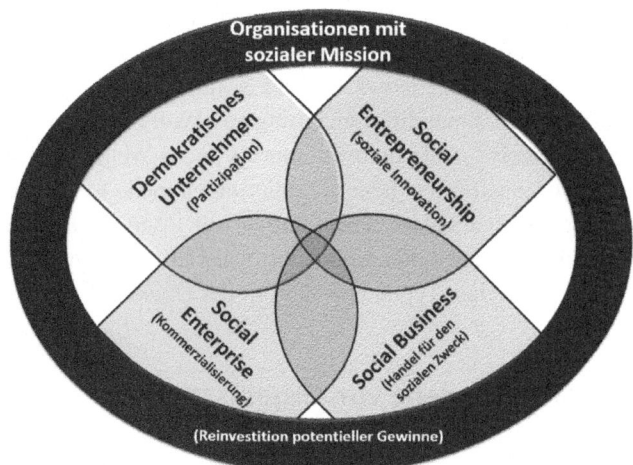

an die Hand gibt. So kann eine Beeinflussung von Wirtschaft und Staat in Bezug auf eine
soziale Innovation, eine Form von Partizipation oder in Form von marktlichem Agieren
unterschieden werden. Letztlich verknüpfen sich mit diesen unterschiedlichen Inhaltskategorien womöglich sehr unterschiedliche Beeinflussungsstrategien.

Festzuhalten ist bisher also, dass Beeinflussung ein hohes Maß an Hybridität erfordert
(Annahme der Verarbeitungskapazitäten) und dass Partizipationsgrad, Kommerzialisie-

**Tab. 2** Typen sozialer Innovationen. (Nach Zapf 1989, S. 175)

| Typen sozialer Innovation | Beispiele |
| --- | --- |
| Organisationsveränderungen im Unternehmen | Neue Lohnformen, neue Beteiligungsformen, neue Ausbil-dungsformen |
| Neue Dienstleistungen | Planung, Design, Ausbildung, Therapie, Organisation, Prüfung, Beratung |
| Sozialtechnologien | Kombination von Ausrüstung und Dienstleistung zur Lösung sozialer Probleme |
| Selbsterzeugte soziale Erfin-dungen | Beteiligung der Betroffenen bei Innovationsvorhaben |
| Politische Innovationen | Große Anstrengungen (große Reformen) außerhalb der Routine, die nachhaltige gesellschaftliche Auswirkungen haben |
| Neue Muster der Bedürfnisbe-friedigung | Signifikant neue Verteilung des Anteils von Marktgütern, markt-mäßigen Dienstleistungen und Eigenproduktion, z. B. Fernseher in jedem Haushalt, Privatauto |
| Neue Lebensstile | Lebensstile sind die Art und Weise, wie Personen die Ausgabe ihrer Ressourcen (ihre Konsum-, Zeit-, Aktivitätsbudgets) so organisieren, dass gleichzeitig ihre Bedürfnisse befriedigt und ihre Werte und Statusansprüche ausgedrückt werden |

rungsgrad, Anteil des Handels für den guten Zweck und Innovationsgrad als inhaltliche Kategorien für die Unterscheidung von Beeinflussungskategorien dienen.

Wie bereits angedeutet, braucht es für die Beeinflussung von Umwelten soziale Innovationen. Die Typendifferenzierung von Wolfgang Zapf (1989) sind hierfür sehr hilfreich. Zapf definiert soziale Innovationen als „neue Wege, Ziele zu erreichen, insbesondere neue Organisationsformen, neue Regulierungen, neue Lebensstile, die die Richtung des sozialen Wandels verändern, Probleme besser lösen als frühere Praktiken und die es deshalb wert sind, nachgeahmt und institutionalisiert zu werden" (Zapf 1989). Die Tab. 2 zeigt die unterschiedlichen Typen von Zapf in der Übersicht.

## 4 Rollenmodelle von Organisationen

Mit sozialen Innovationen als dem Beeinflussungsobjekt für Umwelten und dem Initiierungsgegenstand von sozialem Wandel, wird eine Rolle von bestimmten Organisationen anzeigt. Für Non-Profit-Organisationen gibt es eine Reihe von unterschiedlichen Rollenmodellen. Die klassische Aufteilung stammt von Kramer (1981). Er unterscheidet zwischen

- *Dienstleistern*, die soziale Dienstleistungen erbringen;
- *Wertehütern*, die für die Aufrechterhaltung bestimmter gesellschaftlicher Werte eintreten;
- *Anwälten*, die für die Belange von Minderheiten und Unterrepräsentierten gegenüber Regierungen und anderen gesellschaftlichen Entscheidungträgern eintreten und
- Vorreitern, die gesellschaftliche Innovationen hervorbringen.

Salamon et al. (2000) fügen diesen vier Rollen noch die Gemeinschaftsbildner und deren Demokratisierungsrolle hinzu. Solche Organisationen sorgen aktiv für Integration und für die Entstehung von sozialem Kapital. Dabei gehen erst Neumayer et al. (2007) davon aus, dass Organisationen auch mehrere Rollen gleichzeitig einnehmen können und die Leistungsfähigkeit von sozialen Organisationen erst in der Kombination, wie insbesondere hybriden Organisationsformen, sichtbar wird. Dieses Verständnis von Rollen hilft dabei, die besondere Rolle von denjenigen hybriden Organisationen zu definieren, die einen hohen Grad an Beeinflussung aufweisen.

## 5 Beeinflussungswege und Beeinflussungspotenziale

Schauen wir uns nun noch kurz genauer an, welche Beeinflussungswege und -potenziale von Organisationen unterschieden werden können. Zald et al. (2005) haben interessante Forschungsarbeiten zu der Frage vorgelegt, wie soziale Bewegungen Organisationen beeinflussen. Der Annahme folgend, dass sich in Formen von Organisationen mit sozialer

Mission soziale Bewegungen spiegeln und dass diese die sozialen Bewegungen selbst verstärken (Schmitz 2016; Leadbeater 2007), betrachte ich diese Forschungsarbeiten für die hier bearbeitete Fragestellung.

Nach Zald et al. (2005) nehmen Organisationen entweder sehr rasch Impulse von sozialen Bewegungen auf oder aber sie sind sehr resistent. Ausgehend von der Fragestellung, warum dies so ist, entwickeln die Autoren eine anschauliche analytische Systematik. Vermittelt über Diskurs, Kultur, Symbole und Rahmen werden von Organisationen Impulse von außen aufgenommen. Drei Mechanismen werden von sozialen Bewegungen angewandt, um Organisationen zu beeinflussen:

- öffentliche Aufmerksamkeit für gesellschaftliche Probleme schaffen,
- Beeinflussung von organisationalen Autoritäten,
- Beeinflussung gesetzlicher Rahmenbedingungen und Gesetze (Zald et al. 2005).

Letztlich hängt es von drei Stellfaktoren ab, warum Organisationen sich in Hinblick auf die Forderungen von sozialen Bewegungen wandeln. Die erste Stellgröße ist die Stärke des Drucks, der ausgeübt wird. Dieser hängt maßgeblich von der Transparenz und Überwachbarkeit von Praktiken und Entscheidungen ab (Stellgröße des Sollens). Die zweite Stellgröße betrifft das ideologische Commitment, also inwieweit sich Organisationsautoritäten und organisationale Schlüsselakteure mit den Zielen einer sozialen Bewegung identifizieren oder meinen, diese für legitim zu halten (Stellgröße des Wollens). Und die dritte Stellgröße ist die organisationale Kapazität, d. h. die finanzielle und humane Ressourcenausstattung, die es möglich macht, dass die Ziele einer sozialen Bewegung überhaupt aufgenommen, verarbeitet und umgesetzt werden können (Stellgröße des Könnens).

Wenn wir nun hybride Organisationen in Hinblick auf ihre Beeinflussungsstrategien betrachten, dann tun wir dies im Verständnis von Zald et al. (2005) folgendermaßen: Hybride Organisationen sind einerseits Adressaten der Anforderungen von sozialen Bewegungen, die ihre Verarbeitungskapazität bezüglich der Impulse von sozialen Bewegungen anhand der drei genannten Stellgrößen optimieren und gleichzeitig daraus die Energie und das inhaltliche Potential für soziale Innovationen schöpfen, um traditionelle Wirtschaft und Politik zu beeinflussen. Sie sind damit zumindest in gewisser Weise Teil von sozialen Bewegungen, aber ebenso auch enthoben von diesen. Kurz: Wir müssen die Eingebettetheit (Granovetter 1973; Hockerts 2006) von hybriden Organisationen in gesellschaftliche Kontexte für die Betrachtung von Einflussstrategien mit berücksichtigen.

## 6 Drei Fallbeispiele

Im Folgenden betrachte ich die bisherigen, mehr begrifflichen und theoretischen Ausführungen in einem empirischen Kontext anhand von drei hybriden Organisationen, die sich als stark hybride Organisationen verstehen lassen und die Spannbreite an Kernattributen von Organisationen mit sozialer Mission aufweisen, da sie allesamt Markteinkommen generieren, allerdings nicht profitorientiert agieren und die des Weiteren ihre Innovationskraft partizipativ aus sozialen Bewegungen schöpfen. Hierdurch dient der bereits diskutierte hybride Charakter der Organisationen mitunter zur Fallauswahl.

## 6.1   Gesellschaft zur Förderung der Partnerschaft mit der Dritten Welt

Die Gesellschaft zur Förderung der Partnerschaft mit der Dritten Welt (GEPA) wurde 1975 in Wuppertal gegründet und ist heute die größte Fairtrade-Organisation in Europa mit 68,7 Mio. € Umsatz (Stand 2015). Die GEPA kann als eine typische Fairtrade-Organisation angesehen werden, mit Wurzeln in der christlichen Bewegung kritischen Konsums, die sich in den 1960er-Jahren bildete.

Die GEPA firmiert als eine GmbH und zielt darauf ab, benachteiligte Produzenten in der südlichen Hemisphäre in ihrer Entwicklung zu befähigen sowie Konsumentenverhalten in der nördlichen Hemisphäre kritisch zu hinterfragen und zu beeinflussen. Stakeholder wählen die Geschäftsführung. Eine Gewinnabsicht gibt es nicht.

Im Jahr 1989 entschied die GEPA, aus dem Nischenmarkt und dem Vertriebskanal eigener Geschäfte und Dritte-Welt-Läden herauszutreten und ihre Produkte auch in Supermärkten, Bioläden, Kantinen und schließlich über den Otto-Katalog zu verkaufen. Dies löste kontroverse Diskussionen bei Stakeholdern aus, die meinten, dass sich dadurch die Haltung der GEPA verwässere bzw. die Distributionskanäle eine ungerechtfertige Aufwertung (Whitewashing, Greenwashing) erhielten. Doch letztlich setzte sich die Geschäftsführung durch, die fest daran glaubte, dass man ins Zentrum des Geschehens gehen müsse, um echte Veränderung zu bewirken. Man muss anderen zeigen, wie es anders geht.

## 6.2   Hessnatur

Hessnatur wurde 1976 von Heinz Hess gegründet, der Kleidung aus natürlichen Fasern für sein neugeborenes Kind am Markt vermisste. Schnell wuchs die Nachfrage nach Kleidung aus natürlichen Fasern und Hessnatur wurde zu einem Pionier in Kleidung aus Biobaumwolle und Fairtrade. Damit erwuchs die Organisation aus der grünen und der Biobewegung, die heute noch die Basis für die Arbeit von Hessnatur bildet. Dies wurde zuletzt besonders deutlich, als Hessnatur im Jahr 2010 an den Investor Carlyle verkauft werden sollte. Stakeholder, Belegschaft sowie Kunden demonstrierten damals gegen den Kauf, da Carlyle in Waffengeschäfte investierte, was nicht zu den Werten von Hessnatur passte.

Besondere Aufmerksamkeit ist bei Hessnatur auch auf die konsequente Transparenz der eigenen Zulieferkette gerichtet. So war Hessnatur der erste Anbieter auf dem Bekleidungsmarkt, der nahezu lückenlos aufdecken konnte, wo die einzelnen Rohprodukte und Fertigungsschritte erfolgten und dies auch im Katalog selbst auswies. Der Weg dorthin war die Beteiligung an einem konstanten Ausbau von Biobaumwollfarmen (SEKEM-Projekt) und der Zusammenarbeit mit Nichtregierungsorganisationen (Fairwear Foundation etc.).

## 6.3 Greenpeace Energy

Greenpeace Energy (GPE) wurde als Genossenschaft im Jahr 1999 gegründet. Dabei handelte es sich um die erste Ausgründung aus der Nichtregierungsorganisation Greenpeace e. V. in Deutschland, die marktlich aktiv wurde, was lange Zeit für Diskussionen im Verein sorgte. Ziel war es, die Entwicklung des Markts für erneuerbare Energie in Deutschland zu beschleunigen, da es zum damaligen Zeitpunkt nur wenige Angebote für erneuerbare Energie am Strommarkt gab. Die Kernressource von GPE wurde Vertrauen. Dies wurde durch radikale Transparenz erzielt. GPE war der erste Stromanbieter, der den ins Stromnetz eingespeisten Energiemix offenlegte. Diese Offenlegung ist inzwischen gesetzlich vorgeschrieben (seit 2004).

GPE hat sehr aktive Kunden, die vielfach auch Genossenschaftsanteile besitzen. Diese investieren bewusst in den Ausbau erneuerbarer Energien. Kunden fragen auch kritisch nach. So wurde etwa berichtet, dass Kunden einmal danach fragten, welche Glühbirnen in den Büros verbaut seien. Glühbirnen von Osram etwa, damals im Besitz von Siemens, waren nicht mit den Werten von GPE vereinbar, da Siemens im Atomkraftwerksbau aktiv war. Auch bei GPE wird deutlich, wie aktiv die mit der grünen Bewegung verbundene Kundenbasis in die Geschicke der Organisation eingreift. Um das konstante Vertrauen zu halten, braucht es die kontinuierliche Selbstreflexion, Transparenz und den Dialog mit den Kunden.

## 7 Konstruktion der Rolle Sozio-Ökonomischer Leuchttürme

Die vorgestellten Organisationen zeigen interessante Aspekte für die Betrachtung von Beeinflussungsstrategien auf, die sich v. a. in der Verbindung von Spannungen und Transparenz zeigen (Schmitz 2016). Außerdem zeigt sich bei allen Organisationen eine starke Verbindung zu sozialen Bewegungen, obwohl alle drei Organisationen am Markt tätig sind. Die Tab. 3 zeigt die wichtigsten Charakteristika der Organisationen im Überblick.

Die drei Organisationen zeigen bemerkenswerte Parallelen bezüglich ihrer Wurzeln in sozialen Bewegungen und den daraus erwachsenden Druckmomenten bezüglich Innovation und Transparenz. Durch Innovation und Transparenzinitiativen irritieren und beeinflussen sie Konsumenten, traditionelle Wirtschaft und Staat in unterschiedlicher Art und Weise. Bei der Auswahl der hier dargestellten Organisationen handelt es sich also um hybride Organisationen, die sowohl eine soziale Logik (Wurzeln in Bewegungen) mit einer Marktlogik (Markttätigkeit) kombinieren. Gleichwohl bedienen sie sich auch politischer Sektorenelemente. Sie produzieren ökologische, soziale und ökonomische Werte

**Tab. 3** Überblick über relevante Transformationsaspekte der Organisationen Gesellschaft zur Förderung der Partnerschaft mit der Dritten Welt (GEPA), Hessnatur und Greenpeace Energy

|  | GEPA | Hessnatur | Greenpeace Energy |
|---|---|---|---|
| Eingebettetheit | Fairtrade-Bewegung, christliche Bewegung, Bio-Bewegung | Gesundheitsbewegung, Grüne Bewegung, Fairtrade-Bewegung | Grüne Bewegung, Werte von Greenpeace |
| Haupt-entwicklungen | Entwicklung von Farmen nach ökologischen Standards Entwicklung von Fairtrade-Zertifizierung | Transparenz in der Lieferkette des Bekleidungsmarkts; Entwicklung von Biofarmen für Baumwolle in verschiedenen Ländern; Beitrag zur Entwicklung eines Biostandards für Baumwolle | Transparenz im Energiemarkt |
| Besitz, Organisationsform | GmbH, Anteile werden vor allem von sechs christlich geprägten Verbänden gehalten; Spezielle Investments für Kunden und Interessierte | Zunächst Privatbesitz, dann Verkauf an Investoren und Weiterverkauf | Genossenschaft, unabhängig von Greenpeace e. V. |
| Spannungen | Bei Eintritt in Massenmarkt Angst vor potenziellem Greenwashing und dem Verlust von Authentizität | Angst vor dem Verlust von Unabhängigkeit und davor, von Organisationen gekauft zu werden, die keine übereinstimmenden Werte vertreten; Angst vor Aufweichung sozialer und ökologischer Standards | Finden von Partnern und Lieferanten, die zu den eigenen Werten passen |
| Transformationsprozesse und Beeinflussungen | Entwicklung des Zertifikats hat andere Organisationen unter Druck gesetzt; Kunden wurde der Unterschied von Fairtrade Produkten zu herkömmlichen Produkten bewusst, als diese im Supermarkt zu kaufen waren | Hohe soziale und ökologische Standards und Transparenzstandards, die Konkurrenten dazu anhielten, nachzuziehen; Hohe Sensibilität bei Kunden geschaffen | Transparenzinitiativen wurden Gesetz und damit obligatorisch für alle Stromkonzerne; Druck von Stakeholdern zu kontinuierlicher Innovation bezüglich Transparenz |

und diese Logiken scheinen durch die kompletten Prozessketten der Organisationen hindurch.

Deutlich wurde, dass gerade aufgrund des stark hybriden Charakters ein hoher Innovationsdruck und damit ein hoher Innovationsgrad ausgemacht werden kann. Gleichzeitig

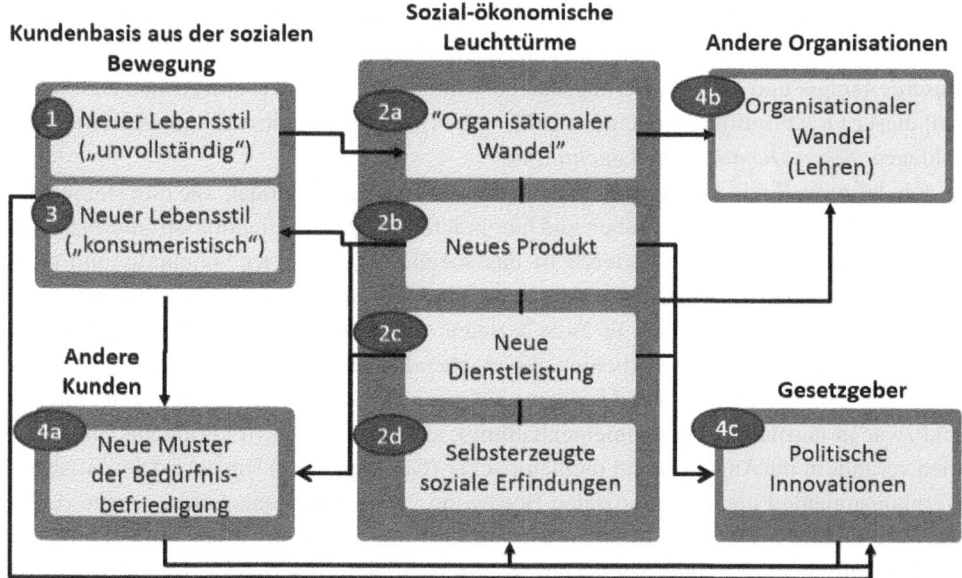

**Abb. 3** Beeinflussungsstrategiemodell im Zusammenhang der Innovationstypen. (Nach Zapf 1989)

handelt es sich um starke Formen von sozialen Innovationen, die sozial sind in Hinblick auf Inputs, Prozesse, Outputs und Outcomes (Schmitz 2015a). Letztlich – und dies ist für die Darstellung der Beeinflussungsstrategie besonders bemerkenswert – kombinieren sie auch verschiedene Typen von sozialen Innovationen nach Zapf, wie dies die Abb. 3 skizziert. Hieraus ergibt sich ein Modell der Beeinflussungsstrategie, wie wir sie aus den drei vorgestellten Organisationen ableiten können.

Zunächst wird von Menschen, die einer sozialen Bewegung zugehörig sind, ein persönlich als unvollständig empfundener Lebensstil festgestellt. Dieser führt zur Organisationsveränderung oder zur Gründung einer neuen Organisation, die ein neues Produkt oder eine neue Dienstleistung anbietet und dies meist über selbsterzeugte soziale Erfindungen realisiert. Daraus ergibt sich, dass weitere Kunden aus der sozialen Bewegung den Konsum dieser Produkte und Dienstleistungen bevorzugen. Auch andere Kunden verändern nun ihre Muster der Bedürfnisbefriedigung und langsam wächst die Anzahl über die kritische Masse von Konsumenten hinaus, sodass sowohl traditionelle Unternehmen sich wandeln und Lehren aus dem neuen Konsummuster ziehen (etwa das eigene Angebot hinsichtlich der Innovation auszuweiten). Und auch der Gesetzgeber sieht sich gegebenenfalls gezwungen oder inspiriert, politische Innovationen (Gesetzesänderungen) vorzunehmen.

Die Attribute von Social Entrepreneurship (Innovationskraft), Social Enterprise (Kommerzialisierung), Social Business (Handel für den sozialen Zweck) und demokratischen Unternehmen (Partizipation) lassen sich, auch wenn nicht explizit gemessen, bei den vorgestellten Organisationen als eng miteinander verwoben darstellen. Und letztlich kombinieren die ausgewählten Fallbeispiele sogar die dargestellten Rollen von gemeinnützigen Organisationen. Aufgrund dieser starken Verwobenheiten hinsichtlich der vorgestellten Beschreibungs- und Differenzierungskategorien und der daraus resultierenden Besonderheit dieser Organisationen, möchte ich eine neue Bezeichnung dieser Organisationen vorschlagen: *Sozio-Ökonomische Leuchttürme*.

Ich definiere Sozio-Ökonomische Leuchttürme als Organisationen, die ihre Hauptwurzeln in sozialen Bewegungen haben und hier brachliegende Legitimationsströme anzapfen (Schmitz und Then 2011). Dadurch ist das soziale Motiv immer vorgängig zum ökonomischen. Nichtsdestotrotz operieren sie in Märkten und bieten Produktalternativen in Commodity-Märkten, die sich in ihrer sozialen und ökologischen Qualität zu den herkömmlichen Produkten unterscheiden. Sie machen Konsumenten auf diese unterschiedlichen Qualitäten aufmerksam und forcieren auf diese Weise eine Veränderung von Märkten und zwar in normativer (Konsumentenhaltung), angebotsseitiger (traditionelle Unternehmen verändern ihr Angebot) und regulatorischer (Gesetzgebung) Hinsicht. Die kritischen Kernkonsumenten und in der sozialen Bewegung verwurzelte Stakeholder sorgen dafür, dass die Organisation nicht in einen Missionsdrift gerät und ihren sozial-ökologischen Werten treu bleibt. Täten sie dies nicht, würde der Legitimationsstrom wegbrechen und die Funktion der Organisation als Leuchtturm, der auf Wirtschaft und Staat ausstrahlt, wäre verloren. Wie ein Leuchtturm, gebaut auf solidem Grund, der Schiffen hilft, nicht mit der Küste zu kollidieren, wenn die See rau ist, so bildet die idealistische Kundenbasis diesen Felsen für die Organisationen und fordert kontinuierliche Innovationen in Hinblick auf soziale und ökologische Standards. Die Organisation wird dadurch dazu angehalten, ein infinites Innovationsprogramm abzuarbeiten. Bricht dieser Grund weg, dann verliert die Organisation ihre Funktion und wird entweder vom Markt verschwinden oder sich transformieren.

Wenn wir den Faden von Zald et al. (2005) nochmals aufnehmen, dann begegnen uns Sozio-Ökonomische Leuchttürme als hoch aufnahmefähig für Impulse aus der Umwelt. Anhand der drei Stellgrößen sind sie in der Lage, einen hohen Druck aufzunehmen, zu verarbeiten, aber gleichzeitig in Richtung Markt und Staat hin zu verstärken. Darin kombinieren sich die Stellgröße des Wollens und Sollens miteinander. Letztlich helfen aber auch die aus den sozialen Bewegungen entstammenden Stakeholder dabei, dass eine hohe Verarbeitungskapazität vorliegt, also die Stellgröße des Könnens gewährleistet wird.

Letztlich lässt sich die Funktion von Sozio-Ökonomischen Leuchttürmen am besten anhand der Kombination von verschiedenen Rollen beschreiben, die auf unterschiedliche Stakeholder bezogen sind, um die Beeinflussungswirkung deutlich zu machen (Tab. 4). Dadurch werden auch hier nicht thematisierte Herausforderungen der Governance dieser Organisationen erkennbar (s. hierzu Schmitz 2015a).

**Tab. 4** Rollen von Sozio-Ökonomischen Leuchttürmen (SÖL) entlang verschiedener Stakeholdergruppen

| | |
|---|---|
| Gesellschaft | **Integration:** SÖL integrieren Werte und Wertewandel in die Gesellschaft anhand eines spezifischen Geschäftsfelds |
| Kunden | **Nischenangebot:** SÖL bieten eine Produktqualität an, die den Vorstellungen einer Konsumentenavantgarde entspricht. Diese entspringt i. d. R. einer sozialen Bewegung<br>**Umdenken/politischer Konsum:** SÖL präsentieren Produktalternativen, die den Kunden darlegen, welche Externalitäten bei der Produktion herkömmlicher Produkte entstehen. Dies führt bei einigen Konsumenten zum Umdenken |
| Wettbewerb | **Druck:** SÖL üben Druck auf Unternehmen aus, sodass diese ihre Praktiken überdenken und Intransparenzen aufgeben, was ihnen bislang Profite sicherte.<br>**Orientierung:** SÖL-Praktiken bieten Wettbewerbern die Möglichkeiten, ihre Praktiken entsprechend anzupassen. |
| Lieferanten | **Anpassungen der Lieferkette:** SÖL generieren insofern Druck auf die Lieferkette, dass Lieferanten mit Organisationen kooperieren sollen, die nach den gleichen Prinzipien arbeiten. Dies benötigen SÖL, um Authentizität auszustrahlen. Wenn kein entsprechender Lieferant gefunden werden kann, dann übernehmen SÖL die Initiativen und gründen selbst Organisationen und Initiativen, um dadurch die gewünschte Rohstoffqualität sicherzustellen |
| Soziale Bewegungen | **Praktisches Feedback:** Soziale Bewegungen starten oft mit einer idealistischen Position, die jenseits der aktuellen Praktikabilität liegt. SÖL setzen das Machbare um und geben so Rückmeldungen dazu, was möglich ist. Dies stößt wiederum veränderte Positionen innerhalb der sozialen Bewegung an |
| Politik | **Vorschlagen von Gesetzesänderungen:** SÖL agieren mit neuartigen Praktiken entlang sozialer und ökologischer Standards, die jenseits gesetzlicher Vorschriften liegen. Regierungen entwickeln ein Bewusstsein für diese veränderte Praxis und gießen diese gegebenenfalls in gesetzliche Auflagen oder Gesetzesänderungen |
| Medien | **Positive Nachrichten:** SÖL sorgen für positive mediale Aufmerksamkeit, da sie Beispielgeber für positiven sozialen Wandel darstellen. Dies wiederum sorgt für größere Aufmerksamkeit von SÖL |
| Nichtregierungsorganisationen | **Beispielgeber:** Zusammenarbeit von SÖL mit Nichtregierungsorganisationen und anderen Organisationen gibt diesen Gelegenheit, über Praktiken zu lernen und diese in weiteren Beratungsprozessen zu nutzen. SÖL dienen also als Beispielgeber für Argumentationen und Debatten, da sie konkrete und reale Praktiken durchführen und den Praktikabilitätstest erbracht haben. Typische Gegenargumente gegen die Forderungen von Nichtregierungsorganisationen als unpraktikabel können so entkräftet werden |

# 8   Abschluss

Die Beeinflussung von Wirtschaft und Staat durch hybride Organisationen kennt verschiedene Wege. Im vorliegenden Beitrag wurden anhand eines speziellen Typs, den Sozio-Ökonomischen Leuchttürmen, ein Beeinflussungsstrategiemodell aufgezeigt. Dabei kombinieren Sozio-Ökonomische Leuchttürme verschiedene Typen sozialer Innovationen miteinander.

Die Spezifika von Sozio-Ökonomischen Leuchttürmen sind dabei von besonderer Bedeutung. Sie haben ihre Wurzeln in sozialen Bewegungen und generieren hieraus ihre Legitimationsströme und ihre Innovationskraft. Dies hat Implikationen für die hier dargestellten Beeinflussungswege. Denn die hier dargelegte Konzeption benötigt zum einen eine weitere theoretisch konzeptionelle Ausarbeitung und zum anderen auch einen Abgleich mit anderen, möglicherweise schwächeren Typen von hybriden Organisationen. Für den Moment bleibt die Behauptung stehen, dass Sozio-Ökonomischen Leuchttürme als besonders stark hybride Organisationen eine besonders relevante Position für Beeinflussungen von Staat und Wirtschaft besitzen und diese auch aktiv für den Wandel und die gesellschaftliche Transformation nutzen.

- Dass allerdings Sozio-Ökonomische Leuchttürme die einzigen Transformationsagenten sind, ist hiermit nicht gesagt. Vielmehr gilt es zu klären, welche anderen Strategien sich ausmachen lassen und welche Verzahnungen zwischen Organisationen es gibt, die wirkungsvolle Wege der Beeinflussung aufzeigen (hierzu s. etwa Van Huijstee und Glasbergen 2010). Relevant, auch für die Untersuchung von hybriden Organisationen und damit auch Social Enterprises erscheint nach der vorliegenden Untersuchung auf jeden Fall, dassdie Einbettung von Organisationen in gesellschaftliche Bezüge ernster genommen werden sollte,
- verschiedene Transformationsmechanismen genauer zu unterscheiden sind,
- Social Enterprises im Zusammenspiel mit sozialen Bewegungen stärker verknüpft betrachtet werden sollten und
- das Zusammenspiel zwischen Organisationen stärker in den Blick genommen werden sollte, um die Transformationskraft und -wege besser zu verstehen.

Initiativen und Organisationen unterscheiden sich in ihrem Transformationspotential (z. B. Alvord et al. 2004). Und es ist weiter zu klären, inwiefern strukturelle Merkmale, wie etwa der Hybriditätsgrad, der Innovationsgrad, der Partizipationsgrad, die eingenommenen Rollen etc. eine gute Unterscheidungsgrundlage bieten für die Differenzierung von verschiedenen Beeinflussungsstrategien. Hierfür wäre es sinnvoll, eine Kontrastuntersuchung zu der hier dargelegten anzustellen: Nämlich hybride Organisationen zu untersuchen, die keine Beeinflussung von Wirtschaft und Staat geschafft haben und dort zu sehen, wie sich diese Organisationen von den hier untersuchten unterscheiden. Dann ließen sich sicher einige Warum-Fragen besser klären.

# Literatur

Alvord SH, Brown LD, Letts C (2004) Social entrepreneurship and social transformation: an exploratory study. J Appl Behav Sci 40(3):260–282

Anheier HK, Then V (2004) Zwischen Eigennutz und Gemeinwohl – Neue Formen und Wege der Gemeinnützigkeit. Bertelsmann, Gütersloh

Battilana J, Lee M, Walker J, Dorsey Ch (2012) In search of the hybrid ideal. Stanf Soc Innov Rev 10(3):51–55

Billis D (Hrsg) (2010) Hybrid organizations and the third sector – challenges for practice, theory and policy. Palgrave Macmillan, New York

Bornstein D (2004) How to change the world: Social entrepreneurs and the power of new ideas. Oxford University Press, New York, Oxford

Bishop M (2006) The rise of the social entrepreneur: Whatever he may be. The economist 378(8466):11–13, special edition

Boyd B, Henning N, Reyna E, Wang DE, Welch MD (2009) Hybrid organisations: new business model for environmental leadership. Greenleaf, Sheffield

Bromberger AR (2011) A new type of hybrid. Stanf Soc Innov Rev 9(3):49–53

Defourny J, Nyssens M (2010) Conceptions of social enterprise and social entrepreneurship in Europe and the United States: convergences and divergences. J Soc Entrepreneursh 1(1):32–53

Drayton B (2002) The citizen sector: becoming as entrepreneurial and competitive as business. Calif Manage Rev 44(3):120–132

Drayton B (2005) Social entrepreneurs: creating a competitive and entrepreneurial citizen sector. www.changemakers.net/library/readings/drayton.cfm. Zugegriffen: 18. Mai 2011

Emerson J (2004) The blended value map: tracking the intersects and opportunities of economic, social and environmental value creation. http://www.blendedvalue.org/wp-content/uploads/2004/02/pdf-bv-map.pdf. Zugegriffen: 18. Mai 2016

Evers A (2005) Mixed welfare systems and hybrid organizations: changes in the governance and provision of social services. Int J Public Adm 28(9,10):736–748

Evers A (2008) Hybrid organisations – background, concept, challenges. In: Osborne SP (Hrsg) The third sector in Europe – prospects and challenges. Routledge, Abingdon, S 279–292

Glänzel G, Schmitz B (2012) Hybride Organisationen – Spezial- oder Regelfall? In: Anheier H, Schröer A, Then V (Hrsg) Soziale Investitionen. VS, Wiesbaden, S 181–203

Granovetter M (1973) The strength of weak ties. Am J Sociol 78(6):1360–1380

Hill TL, Kothari TH, Shea M (2010) Patterns of meaning in the social entrepreneurship literature: a research platform. J Soc Entrepreneursh 1(1):5–31

Hockerts K (2006) Entrepreneurial opportunity in social purpose business ventures. In: Mair J, Robinson J, Hockerts K (Hrsg) Social entrepreneurship. Palgrave Macmillan, Basingstoke, S 142–153

Jäger U, Schröer A (2013) Integrated organisational identity: a definition of hybrid organisations and a research agenda. Int J Volunt Nonprofit Organ 25(5):1279–1296

Jay J (2013) Navigating paradox as a mechanism of change and innovation in hybrid organisations. Acad Manag J 56(1):137–159

Kramer R (1981) Voluntary agencies in the welfare state. University of California Press, Berkeley, London

Leadbeater C (2007) Social enterprises and social innovation: strategies for the next ten years. A social enterprise think piece for the Cabinet Office of the Third Sector. http://www.charlesleadbeater.net/cms/xstandard/social_enterprise_innovation.pdf. Zugegriffen: 20. Mai 2016

Mair J, Martí I (2006) Social entrepreneurship research: a source of explanation, prediction, and delight. J World Bus 41(1):36–44

Mair J, Robinson J, Hockerts K (Hrsg) (2006) Social entrepreneurship. Palgrave Macmillan, Houndmills

Neumayr M, Schneider U, Meyer M, Pospisil M, Skarabelova S, Travickova D (2007) Nonprofits' function in old and new democracies – an integrative framework and empirical evidence for Austria and the Czech Republic. Working paper 02/2007. Institute for Social Policy, Vienna

Nicholls A (2006) Introduction. In: Nicholls A (Hrsg) Social entrepreneurship: new models of sustainable social change. Oxford University Press, Oxford

Porter ME, Kramer MR (2011) Creating shared value. Harv Bus Rev 89(1):62–77

Salamon LM, Hems LC, Chinnock K (2000) The nonprofit sector – for what and for whom? Working papers of the John Hopkins Comparative Nonprofit Sector Project, no. 37. The John Hopkins Center for Civil Society Studies, Baltimore

Schmitz B (2013) Muster organisationaler Hybridität. In: Gebauer J, Schirmer H, Fels M (Hrsg) Unternehmerisch und verantwortlich wirken? – Forschung an der Schnittstelle von Corporate Social Responsibility und Social Entrepreneurship. Schriftenreihe des IÖW 204/13. Institut für ökologische Wirtschaftsforschung, Berlin, S 69–104

Schmitz B (2015a) Beyond structural governance – tension moments and the preservation of core values in hybrid organizations. Int Stud Manag Organ 45(3):241–258

Schmitz B (2015b) Social entrepreneurship, social innovation and social mission organizations: towards a conceptualization. In: Cnaan RA, Vinokur-Kaplan D (Hrsg) Cases in innovative nonprofits: organizations that make a difference. SAGE, Thousand Oaks, S 17–42

Schmitz B (2016) Zur Messung sozialer Innovationen. Z Soz Forschr 65(1-2):37–45

Schmitz B, Glänzel G (2016) Hybrid organisations – concept and measurement. Int J Organ Analysis 24(1):18–35

Schmitz B, Then V (2011) Legitimation durch Narration – Bindungskräfte durch das Erzählen von Geschichten. In: Hackenberg H, Empter S (Hrsg) Social Entrepreneurship – Social Business: Für die Gesellschaft unternehmen. VS, Wiesbaden, S 339–350

Skelcher C (2012) What do we mean when we talk about 'hybrids' and 'hybridity' in public management and governance? Working paper, Institute of Local Government Studies. University of Birmingham, Birmingham

Smith SR (2010) Hybridization and nonprofit organisations: the governance challenge. Policy Soc 29(3):219–229

Stehr N (2008) Moral markets – how knowledge and affluence change consumers and products. Paradigm Publishers, Boulder

Van Huijstee M, Glasbergen P (2010) NGos moving business – an analysis of contrasting strategies. Bus Soc 49:591–618

Zald MN (2004) Making change – Why does the social sector need social movements? Stanf Soc Innov Rev 2(3):24–34 (http://www.civicventures.org/network/files/ZALD.pdf)

Zald MN, Morrill C, Rao H (2005) The impact of social movements on organizations. In: Davis GF, McAdam D, Scott RW, Zald MN (Hrsg) Social movements and organization theory. Cambridge University Press, New York, S 253–279

Zapf W (1989) Über soziale Innovationen. Soziale Welt 40(1-2):170–183

**Björn Schmitz** ist Inhaber des 2011 gegründeten Beratungsunternehmens Phil!omondo. Er ist spezialisiert auf Organisationsentwicklung, Agilität, Design Thinking, Kulturentwicklung und Business Plan Coaching. Nach beruflichen Stationen bei ABB und SAP arbeitete er mehr als sechs Jahre am Centrum für soziale Investitionen und Innovationen (CSI) der Ruprecht-Karls-Universität

Heidelberg und forschte dort zu den Themen Sozialunternehmertum, Intrapreneurship, soziale Innovationen, Kooperationen und Wirkungsmessung. Am Institut für Systemische Beratung (isb) in Wiesloch wurde Björn Schmitz zum systemischen Organisationsentwickler und Change Manager ausgebildet. Außerdem ist er zertifizierter SCRUM Master. Er studierte Betriebswirtschaft in Mannheim sowie Soziologie, Philosophie und Psychologie an der Ruprecht-Karls-Universität Heidelberg. An der Evangelischen Hochschule Darmstadt lehrt er im Masterstudiengang „Nonprofit Management" zu sozialunternehmerischem Handeln.

# Die Gestaltung eines Stakeholderdialogs bei Social Profit Enterprises

Hans Verboven und Lise Vanherck

## 1 Einleitung

Der Unterschied zwischen For-Profit-, Not-for-Profit- und Social-Profit-Unternehmen verblasst. Auf der einen Seite des Spektrums ist eine zunehmende Zahl von erfolgreichen For-Profit-Unternehmen in der Lage, ein gutes Gleichgewicht zwischen Gewinn und sozialen Werten zu kreieren. Sich verändernde Erwartungen und Anforderungen an die Unternehmensführung führen auf der anderen Seite des Spektrums dazu, dass Social-Profit-Unternehmen professioneller werden müssen. Dabei nehmen sie sich die Managementprozesse der klassischen For-Profit-Unternehmen zum Vorbild (Williams und Scott 2012; Porter und Kramer 2011; De Wulf 2015; Zavirofski 1999).

Die Folge davon ist ein zunehmendes Bedürfnis nach Professionalisierung, nicht nur auf dem Gebiet der Betriebsführung, sondern auch auf dem Gebiet des Stakeholdermanagements. Ein gut organisierter Stakeholderdialog kann mehr Deutlichkeit rund um die sich verändernden Erwartungen in Bezug auf „social profits" kreieren, zu einer zielgerichteten Verbesserung der Betriebsführung führen und den Professionalisierungsprozess erfolgreich abschließen (De Wulf 2015; Williams und Scott 2012).

Zorg & Farma ist ein flämisches Social-Profit-Unternehmen für den Vertrieb von Medizin und anderen medizinischen Hilfsmitteln. Das Unternehmen ist Teil des Netzwerks der flämischen christlichen Krankenkassen. Zum Unternehmen gehören über 70 Apotheken, 20 Sanitätsgeschäfte und Ausleihdienste und 17 Hörzentren.

H. Verboven (✉)
Faculteit Bedrijfswetenschappen en Economie, Universiteit Antwerpen
Antwerpen, Belgien
E-Mail: hans.verboven@uantwerpen.be

L. Vanherck
Hasco Invest
Limburg, Belgien

Die Geschäftsführung von Zorg & Farma wünschte sich die Durchführung eines strukturierten und geplanten Stakeholderdialogs und bat daher um Unterstützung. Es gibt nur wenige Informationen darüber, wie man einen Stakeholderdialog, insbesondere bei einem Social-Profit-Unternehmen, durchführen sollte.

Die Fragen die wir uns zu Anfang stellten, lauteten:

1. Welche Bedingungen sind für die Durchführung eines erfolgreichen Stakeholderdialogs bei dem sozialen Unternehmen Zorg & Farma erforderlich?
2. Was erwarten Stakeholder des sozialen Unternehmens Zorg & Farma selbst von einem Stakeholderdialog?

Zur Beantwortung dieser Fragen wurden die Merkmale von sozialen Unternehmen sowie aktuelle Trends auf diesem Gebiet und Stakeholderdialoge auf Basis von Desk Research untersucht. Dafür wurden akademische Literatur, Managementliteratur, bestehende Fallstudien und die Unternehmenswebsite von Zorg & Farma hinzugezogen. Eine wichtige Informationsquelle war eine frühere explorative Fallstudie von Stakeholderbesprechungen in sechs Krankenhäusern in Flandern (Eeckloo et al. 2015).

Zudem boten Gespräche mit der Geschäftsführung und semistrukturierte Interviews mit verschiedenen Stakeholdern eine wichtige Grundlage für diese Untersuchung. Insgesamt wurden dreizehn Gruppen von Stakeholdern identifiziert, von denen sechs Stakeholder interviewt wurden.[1]

Auf Grund des explorativen Charakters dieser Studie und der Tatsache, dass nur ein Fall analysiert wird, dürfen die Schlüsse nicht ohne Einwand verallgemeinert werden. Sie bilden jedoch die Basis für künftige Forschung.

## 2 Stakeholderdialog als Managementprozess

### 2.1 Der klassische Stakeholderdialog in For-Profit-Unternehmen

Der Stakeholderdialog ist eine interaktive Gesprächsrunde, zu der die wichtigsten Interessengruppen des Unternehmens eingeladen werden, um den Dialog mit Vertretern des Unternehmens anzugehen. Es handelt sich hierbei um einen strukturierten Prozess, bei dem in erster Linie die Stakeholder identifiziert und kategorisiert werden, um diese später optimal einbeziehen zu können. Der Stakeholderdialog kann sowohl proaktiv (um zu antizipieren oder die Partizipation zu fördern) als auch reaktiv (defensiv) organisiert werden. Eine nachhaltig dauerhafte Beziehung zu allen Stakeholdern sorgt für mehr Goodwill und ein positiveres Image. Die Wichtigkeit eines guten Stakeholderdialogs im Rahmen des Stakeholdermanagements wird in der Literatur ausreichend betont (Jorens und Praet 2016; Kaptein und Van Tulder 2003; Ferri et al. 2016).

---

[1] Unser Dank geht an Evelien Jorens und Stiene Praet für die Durchführung der Fallstudie.

**Tab. 1** Allgemeine Richtlinien für einen erfolgreichen Stakeholderdialog. (Nach Kaptein und Van Tulder 2003; Jorens und Praet 2016)

| Bereit | Kommunikation | Managen der Wahrnehmung |
|---|---|---|
| – zur Aufstellung von deutlichen Regeln<br>– zum Aufstellen einer Tagesordnung oder deutlichen Struktur<br>– zur Sammlung und Verifizierung von Informationen zum Thema des Dialogs<br>– ausreichend Mittel (Zeit, Menschen und Geld) für den gesamten Vorgang freizumachen | – Kommunizieren während des gesamten Prozesses der Organisation des Stakeholderdialogs, sowohl intern als extern<br>– Erstellen von Berichten und Briefing von Abwesenden<br>– Integrieren von Feedbackmomenten<br>– Bestimmte Informationen sollten besser innerhalb des Unternehmens bleiben | – Führung, um einander zu verstehen<br>– Vertrauen und Zuverlässigkeit durch Inklusivität und Aufgeschlossenheit<br>– Zusammentragen von Wissen über das Führen eines Dialogs<br>– Organisieren von mehreren Besprechungen<br>– Entscheidungsgewalt liegt beim Unternehmen |

Laut Kaptein und Van Tulder (2003) hängt der genaue Inhalt eines Stakeholderdialogs vom jeweiligen Kontext ab. Es können allerdings eine Reihe allgemeine Schritte und Richtlinien unterschieden werden (Tab. 1).

## 2.2 Stakeholderdialog in Social-Profit-Unternehmen

Theoretische Beschreibungen von Stakeholdermanagement und insbesondere von Stakeholderdialogen, die sich auf soziale Unternehmen richten, sind in der Literatur selten (Dorigo und Marcon 2014). Der Ausgangspunkt für diesen Prozess bleibt daher auch der Stakeholderdialog in klassischen Organisationen, den wir oben kurz erläutert haben. Fest steht allerdings, dass in sozialen Unternehmen vom ausführlichen Stakeholdermodell ausgegangen wird, bei dem alle Parteien, die ein Interesse an den Unternehmensaktivitäten haben, sowohl finanziell als auch nicht finanziell beteiligt werden. Das ergibt sich aus der gesellschaftlichen Zielsetzung des Unternehmens und aus der Definition des sozialen Unternehmens, die nachdrücklich die Beteiligung von Stakeholdern voraussetzen (Europäische Kommission 2014, S. 4). Die Beteiligung von unterschiedlichen Stakeholdern kann die Komplexität der Beschlussfassung u. a. durch die partizipative Dynamik, die dabei entsteht, stark erhöhen (Eden und Ackerman 1998; Dufays et al. 2014; Jorens und Praet 2016).

Ausreichend Einsicht in die Struktur des Stakeholderdialogs ist notwendig, um die Erfolgschancen zu Beginn zu maximieren. Daher verwenden wir ein Modell mit Erfolgsfaktoren, das auf der Grundlage einer Untersuchung in sechs flämischen Krankenhäusern entwickelt wurde. Das Modell unterscheidet zwischen strukturellen Elementen und Prozesselementen (Abb. 1).

**Abb. 1** Struktur- und Prozesselemente im Stakeholderdialog. (Eeckloo et al. 2015)

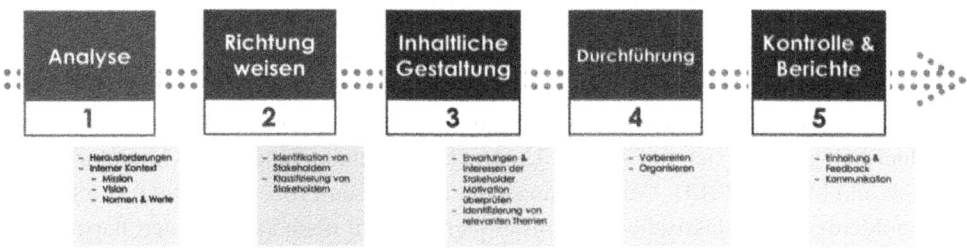

**Abb. 2** Sustatool-Prozess für den Stakeholderdialog bei sozialen Unternehmen. (Nach Jorens und Praet 2016)

Die Professionalisierung des Stakeholderdialogs beginnt mit einer guten Projektplanung. Darum haben wir uns dafür entschieden, die Plan-Do-Check-Act(PDCA)-Prozessmethode des Sustatools[2] – einem flämischen Nachhaltigkeitsmanagementtool (Verboven und Vanherck 2015) – zu nutzen. Jorens und Praet (2016) haben diesen Prozess ausgearbeitet (Abb. 2). Diese Methode wurde in der Fallstudie bei Zorg und Farma angewandt.

---

[2] Das Sustatool ist ein Nachhaltigkeits-Managementtool, das im Auftrag der flämischen Regierung speziell für kleine und mittelständische Unternehmen entwickelt wurde. Das Tool besteht aus einem Nachhaltigkeitsprozess, einem thematischen Rahmen und einem Katalog mit Nachhaltigkeitsaktionen und Key Performance Indicators (Verboven und Vanherck 2015).

# 3 Fallstudie

## 3.1 Stakeholderprozess Phasen 1 und 2: Analyse und Richtung weisen

Zorg & Farma bezieht seine Einnahmen zu 50 % vom Markt und ist bezüglich der anderen 50 % vom Staat, oder genauer gesagt vom Belgischen Reichsinstitut für Kranken- und Invaliditätsversicherungen (RIZIV) abhängig. Daher weist Zorg & Farma eher die Merkmale eines guten Zwecks auf. Auf dem Gebiet der Betriebsführung und Gewinnausschüttung befindet sich Zorg & Farma durch seine leistungsfähige Arbeitsweise und die Wiederinvestition des Gewinns eher auf der anderen Seite des Spektrums.

Das Unternehmen will sich sowohl in Bezug auf die Betriebsführung als auch die Einnahmen in Richtung eines For-Profit-Unternehmens entwickeln, ohne das gesellschaftliche Ziel dabei aus den Augen zu verlieren. Dies erfordert eine weitere Professionalisierung und Optimierung (Jorens und Praet 2016; Zorg & Farma 2016, 2014).

Dafür wurden dreizehn verschiedene Stakeholdertypen bei Zorg & Farma identifiziert. Diese wurden in einer Macht-Wichtigkeit-Matrix, wie in Abb. 3 wiedergegeben, kategorisiert. Da Zorg & Farma ein Social-Profit-Unternehmen ist, kann man von dem ausführlichen Stakeholdermodell ausgehen (Jorens und Praet 2016; Dufays et al. 2014).

Acht Stakeholder aus der Kategorie Spieler mit Schlüsselrolle wurden zu semistrukturierten Interviews eingeladen, von denen sechs effektiv teilnahmen: zwei Zulieferer, zwei Geschäftskunden, ein Aktionär und der Schriftführer des Betriebsrats (Jorens und Praet

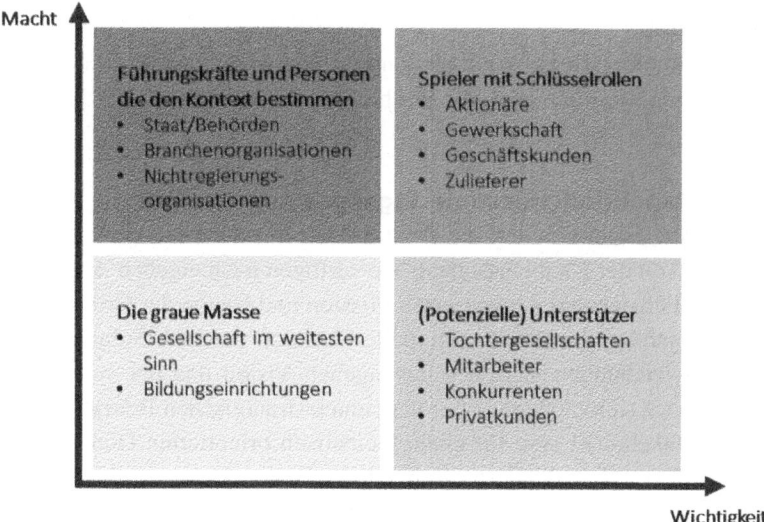

**Abb. 3** Kategorisierung Macht-Wichtigkeit-Stakeholdermatrix Zorg & Farma. (Jorens und Praet 2016)

2016). Obwohl bei sozialen Unternehmen zu einem ausführlichen Stakeholderdialog geraten wird, wurden vorläufig nur die Spieler mit Schlüsselrolle interviewt.

## 3.2   Stakeholderprozess Phase 3: inhaltliche Gestaltung

Aus den Modellen von Kaptein und Van Tulder (2003) und Eeckloo et al. (2015) wurde ein Modell abgeleitet, das für den besonderen Fall von Zorg & Farma geeignet ist. Dieses Modell gibt an, was ein erfolgreicher Stakeholderdialog beinhalten sollte. Wir fassen dies in Tab. 2 zusammen. Die kursiven Elemente sind Ergänzungen nach der Analyse der Interviews.

In den von Jorens und Praet (2016) abgehaltenen Interviews wurden die Stakeholder nach ihren Erwartungen, ihrer Motivation, ihren Interessen und nützlichen Themen für eine Stakeholderbesprechung bei Zorg & Farma gefragt. Die strukturellen Erfolgsfaktoren (Abb. 1 und Tab. 2) wurden hierbei als Ausgangspunkt verwendet. Wir fassen die Ergebnisse, die natürlich nicht verallgemeinert werden können, in diesem Rahmen zusammen.

### 3.2.1   Zusammensetzung des Stakeholderdialogs
Repräsentativität und eine ordnungsgemäße Vertretung finden die unterschiedlichen Stakeholder weniger wichtig. Die Zusammenstellung des Stakeholderdialogs muss für sie v. a. auf Basis der Thematik, die besprochen werden soll, erfolgen. Bisher wurden nur die Stakeholder eingeladen, die eine Schlüsselrolle spielen.

### 3.2.2   Kontinuität
Die meisten Stakeholder kennen sich aus unterschiedlichen anderen Räten und anderen Verwaltungsorganen, wodurch auch die Wichtigkeit der Kontinuität der Mitglieder weniger groß ist.

### 3.2.3   Geschäftspolitisch relevante Tagesordnungspunkte
Einige Stakeholder, darunter einer, der nicht an den Interviews teilgenommen hatte, betonen die Wichtigkeit der Unabhängigkeit. Sie verfügen nach eigenen Angaben über gute Kenntnisse bezüglich der sozial inspirierten Mission und Vision der Gruppe. Sie möchten Verbesserungsvorschläge für die operationelle Funktion machen. Solange sie allerdings keine großen Abweichungen zwischen der eigenen Vision und der von Zorg & Farma feststellen, fühlen sie sich nicht dazu berufen, einen strategischen Beitrag zu liefern.

Die meisten Stakeholder sind für einen thematisch orientierten Dialog mit einer eingeschränkten Zahl von Stakeholdern offen. Dieser Dialog kann sowohl über strategische (z. B. eine gemeinsame Zukunftsvision) als auch operationelle Themen (z. B. Ergebnisse einer bestimmten Studie) gehen. Die Tagesordnungspunkte müssen somit nicht unbedingt relevant für die Geschäftspolitik von Zorg & Farma sein, sondern die Stakeholder müssen v. a. deren Sinn für das eigene Funktionieren einsehen.

**Tab. 2** Definitives Modell der Erfolgsfaktoren Stakeholderdialog „Social Profit". (Auf der Grundlage von Kaptein und Van Tulder 2003; Jorens und Praet 2016; Eeckloo et al. 2015 und der Fallstudie)

| Strukturelle Elemente | Prozesselemente |
|---|---|
| Zusammensetzung des Stakeholderdialogs:<br>– Repräsentativ<br>– Vertreter von bestimmten Gruppen | Aufstellen und rechtzeitiges Anliefern der Tagesordnung oder deutliche Struktur und vorbereitende Schriftstücke |
| Kontinuität im Zusammenhang mit Vertrauen:<br>– Mitglieder des Stakeholderdialogs<br>– Ausreichend Ressourcen für den gesamten Vorgang<br>– Mehrere Zusammenkünfte, mindestens vier Mal pro Jahr<br>– Beschränken Sie die Zahl der Stakeholder, indem Sie ausschließlich relevante Mitglieder einladen<br>– Sie sollten den gesamten Prozess durchlaufen, um konsistent und kontinuierlich an der Durchführung von Stakeholderbesprechungen zu arbeiten | Informationen zum Thema des Dialogs sammeln und verifizieren (Informationsversorgung) Ausbildung/Unterstützung: ausreichend Erläuterung in verständlicher Sprache geben |
| Für die Geschäftspolitik wichtige Tagesordnungspunkte<br>– Thematisch inspirierte Tagesordnung, die auch für die teilnehmenden Organisationen interessant ist<br>– Geschäftspolitische oder strategische Relevanz kann erst nach einiger Zeit hinzugefügt werden | Der Stakeholderdialog wird durch eine inspirierende Führung geleitet:<br>– Mit Kenntnis von der Führung eines Stakeholderdialogs<br>– Neutral<br>– Einander verstehen<br>– Vertrauen und Zuverlässigkeit durch Inklusivität und Aufgeschlossenheit<br>– Garantie der Unabhängigkeit |
| Überbrückung der Wissenskluft zwischen internen und externen Stakeholdern | Kommunizieren während des gesamten Prozesses der Organisation des Stakeholderdialogs, sowohl intern als extern<br>Bestimmte Informationen innerhalb des Unternehmens halten<br>Optimieren Sie die jetzige Kommunikation, bevor Sie eine neue Stakeholderbesprechung einrichten |
| Versammlungshäufigkeit (optimal: fünf bis sechs Mal pro Jahr), Besprechungsdauer (kurz), Besprechungszeitpunkt | Formulieren Sie konkrete Ratschläge und konkrete Vereinbarungen in Bezug auf das weitere Vorgehen (Berichte, Feedback und Briefing der Abwesenden) |
| Akzeptanz:<br>– Setzen Sie auf die Überzeugung und den Sinn eines Stakeholderdialogs<br>– Realisieren Sie auch „quick wins" | Entscheidungsgewalt liegt beim Unternehmen, das ist aber keine vorherrschende Einstellung |

### 3.2.4   Überbrücken der Wissenskluft

Dies konnte nicht überprüft werden, weil Zorg & Farma nur die wichtigsten Stakeholder einladen wollte.

### 3.2.5   Versammlungshäufigkeit

Die Stakeholder finden die Versammlungshäufigkeit, Versammlungsdauer und den Versammlungszeitpunkt sehr wichtig. Bei Zorg & Farma herrscht der Eindruck, dass zusätzliche Besprechungen die Geschwindigkeit der Entschlussfassung senken würden, weshalb die Stakeholder eher für eine niedrige Versammlungshäufigkeit optieren. Es sind zudem große Effizienzverbesserungen in der täglichen Kommunikation möglich und die Besprechungen könnten beschleunigt werden, aber die schon erfolgten Anstrengungen werden geschätzt. Die Prozesselemente in der Organisation der Stakeholderbesprechungen sind hierbei ein nützliches Kontrollinstrument.

### 3.2.6   Akzeptanz

Stakeholder von Zorg & Farma sehen in der Organisation eines formellen und strukturierten Stakeholderdialogs mit allen Stakeholdern keinen Mehrwert. Sie sind mit der heutigen Besprechungsweise zufrieden. In ihrer Wahrnehmung präsentiert Zorg & Farma sich während des Dialogs oder bei der gemeinschaftlichen Zusammenarbeit manchmal als ein zu großer Spieler auf dem Markt. Trotzdem würden die gefragten Stakeholder mit einer Schlüsselrolle wohl daran teilnehmen, wenn solche Besprechungen organisiert werden.

## 3.3   Beobachtungen bei Phase 4: Durchführung

Die auffallendste Feststellung für Zorg & Farma während der Phase „Inhaltliche Gestaltung" ist, dass Stakeholder die Organisation eines Stakeholderdialogs als nicht sinnvoll erachten, obwohl der Nutzen davon als allgemein anerkannt gilt. Wir filtern aus den Interviews drei wichtige Gründe für dieses Desinteresse.

### 3.3.1   Kenntnisse über Stakeholderdialog

Stakeholder möchten nicht an dem Stakeholderdialog teilnehmen, weil sie wenig Einsicht in den Mehrwert eines solchen Dialogs sowohl für sich als auch für Zorg & Farma haben. Die unterschiedlichen Parteien können von den Vorteilen überzeugt werden, indem man sie besser informiert und die Kommunikation (Prozesselemente) optimiert. Während der Vorbereitung sollte die Motivation erhöht werden. Eeckloo et al. (2015) schlagen vor, Schulungen für bestimmte Gruppen von Stakeholdern zu organisieren, sodass diese schon bald am Stakeholderdialog teilnehmen und die Auswirkung besser einschätzen können.

### 3.3.2 Aspekte typisch für „Social Profits"

Soziale Unternehmen schenken aufgrund ihrer Mission und ihrer gesellschaftlich orientierten Existenzberechtigung der Gesellschaft, ihrer Umgebung und den Stakeholdern viel Beachtung. Ihre Struktur kann als eine ökonomische Demokratie beschrieben werden, in der unterschiedliche Stakeholder involviert werden. Diese Beachtung der Stakeholder kennt möglicherweise noch andere Gründe als nur den normativen, z. B. Zugang zu den nötigen Ressourcen oder Erhöhen der Legitimität des Unternehmens. Da die Beteiligung schon als hinreichend groß erfahren wird, erachtet man einen formalen Stakeholderdialog als überflüssig (Huybrechts et al. 2014).

### 3.3.3 Board interlocking behaviour

Eine letzte Erklärung aufgrund der Eigenschaften eines Social-Profit-Unternehmens ist das Board-Interlocking-Behaviour-Konzept, ein Phänomen bei dem die Mitglieder der Verwaltungsorgane diese Position auch noch in anderen Organisationen innehaben. Ein „board network" (Willems et al. 2015, S. 73) entsteht, wenn dies mehrmals innerhalb einer Gruppe von Organisationen vorkommt. „Board-interlocking behaviour" wurde bisher nur bei Non-Profit-Organisationen untersucht. Einige Interviewkandidaten gaben an, dass sie schon regelmäßig Kontakt über Lenkungsausschüsse verschiedener anderer Organisationen haben. Dabei muss allerdings bemerkt werden, dass es sich hierbei nur um eine eingeschränkte Anzahl der Kategorien von Stakeholdern aus der Macht-Wichtigkeit-Matrix handelt (Abb. 3).

### 3.3.4 Praktische und persönliche Überlegungen

Praktische und persönliche Überlegungen der befragten Stakeholder bieten eine mögliche dritte Erklärung dafür, warum sie keinen Stakeholderdialog wünschen. Es kommt selten zu Konflikten und man kann sich in der Vision und der Mission des Unternehmens finden. Zusätzliche Besprechungen bedeuten Zeitinvestition und müssen nicht wirklich etwas einbringen. Zudem fürchten sie, ihre Unabhängigkeit zu verlieren.

## 3.4 Verbesserungsvorschläge für den Stakeholderprozess bei Zorg & Farma

Die Fallstudie ergab vier allgemeine Verbesserungsvorschläge für Zorg & Farma. Diese können bei weiterer Ausarbeitung auch für andere Social-Profit-Unternehmen gelten, wobei eingewendet werden muss, dass die Vorschläge nicht ohne Weiteres verallgemeinert werden können, da sie auf der einen Fallstudie basieren. Die Verbesserungsvorschläge wurden in Tab. 2 verarbeitet.

### 3.4.1 Motivation und Vertrauen erhöhen

Unverbindlichkeit und Freiwilligkeit der Teilnehmer bleiben zentral, wodurch man v. a. versuchen muss, die Teilnahmemotivation zu erhöhen. Eine wohlüberlegte thematische

Wahl sorgt dafür, dass sich die Stakeholder von Zorg & Farma angesprochen fühlen, selbst auch ernsthaft teilnehmen und einen Beitrag zum formalen Dialog leisten. Man kann mit operationellen Themen beginnen und in einer späteren Phase, wenn das Vertrauen in die Stakeholderbesprechung und die unterschiedlichen Stakeholder größer ist, ebenso wie in die Organisation, die mehr Erfahrung in Bezug auf Stakeholderbesprechungen sammelt, kann man immer noch auf strategische Themen, wie beispielsweise den strategischen Plan oder den Leitlinienplan der Organisation, übergehen (Eeckloo et al. 2015).

Stakeholder von Zorg & Farma müssen, mehr als bei For-Profit-Unternehmen, dauerhaft von den Vorteilen eines Stakeholderdialogs überzeugt werden. Informelle Besprechungen zwischen Stakeholdern sind schon zum Standard geworden (u. a. durch die Art des Unternehmens), aber Stakeholder sind zusätzlichem formellen Dialog eher abgeneigt. Eine partizipative Herangehensweise, bei der die Abhängigkeit der Teilnehmer garantiert ist und für die besondere Ausbildung der Teilnehmer gesorgt wird, kann dabei helfen.

### 3.4.2 Relevante thematische Wahl

Die Wahl der Einladungen der jeweiligen Stakeholder für die jeweiligen Themen muss mit Sorgfalt erfolgen. Für Zorg & Farma bedeutet dies v. a. ein Gleichgewicht zwischen der Kontinuität der Teilnehmer und dem Erhalt der Relevanz des Dialogs für alle Teilnehmer. Die Teilnehmer müssen ausreichend divers sein und Zorg & Farma muss auch die weniger wichtigen und die internen Stakeholder intensiver daran beteiligen. Mehr interne Beteiligung, v. a. von niedrigeren Entscheidungsorganen, führt immerhin dazu, dass die Chancen darauf, dass formale Verbesserungsaktionen erstellt und auch ausgeführt werden, zunehmen (Eeckloo et al. 2015).

### 3.4.3 Verbesserung der Kommunikation und des Prozesses

Die jetzige Kommunikation und der Prozess müssen verbessert werden. Das schließt an das Bedürfnis der Professionalisierung an. Die Anwendung des Fünf-Phasen-PDCA-Sustatool-Prozesses, der in Abb. 2 vorgeschlagen wurde, kommt dem entgegen.

## 4 Schlussfolgerungen

In dieser Untersuchung wurde auf Basis der vorliegenden Literatur und einer Fallstudie versucht, mehr Einsicht in die Erfolgsfaktoren für Stakeholderdialoge bei dem Social-Profit-Unternehmen Zorg & Farma zu gewinnen.

Auf der Grundlage der Literatur haben wir die Erfolgsfaktoren für einen Stakeholderdialog formuliert und diese an der Fallstudie geprüft. Die Feststellungen während der Interviews führten zur Identifizierung von zusätzlichen Erfolgsfaktoren für die Stakeholderdialoge bei Zorg & Farma und bei Erweiterung auch für Social-Profit-Organisationen.

Aus den Interviews mit den wichtigsten Stakeholdern wurden einige auffallende Schlussfolgerungen gezogen, die nicht unbedingt mit der Literatur und mit den Feststellungen bei For-Profit-Unternehmen übereinstimmen. Die Erklärung dafür findet sich

u. a. in mangelndem Wissen um die Vorteile des Stakeholdermanagements, die besondere Art eines sozialen Unternehmens und eine mögliche Form von „board interlocking behaviour". Außerdem spielen auch persönliche Überlegungen des Unternehmens, wie beispielsweise das Fehlen von Konflikten, die Angst vor unnötigem Zeitverlust und der Wille, die Unabhängigkeit zu erhalten, eine Rolle.

Um diesen Schlussfolgerungen entgegenzukommen, wurde ein Modell mit Erfolgsfaktoren für den Stakeholderdialog bei Social-Profit-Unternehmen erstellt (Tab. 2). Drei Verbesserungsvorschläge, die im Fall von Zorg & Farma formuliert wurden, sind

- Erhöhung der Motivation und des Vertrauens;
- eine relevante thematische Wahl treffen mithilfe von Themen, die während der Besprechung behandelt werden und
- die Verbesserung der Kommunikation und des Prozessverlaufs des Stakeholderdialogs.

Dabei muss betont werden, dass diese Untersuchung nur bei einem einzigen Unternehmen durchgeführt wurde, bei Stakeholdern mit einer Schlüsselrolle und dass die Ergebnisse demzufolge nur mit großer Vorsicht generalisierbar sind. Das bietet Raum für zukünftige Untersuchungen bei Social-Profit-Unternehmen zu

- dem Prozess des Stakeholderdialogs;
- dem Gleichgewicht zwischen thematischer Relevanz und Kontinuität des Stakeholderdialogs;
- der Wichtigkeit von Führungskräften und solchen, die den Kontext bestimmen, die graue Masse und (potenzielle) Unterstützer des Stakeholdermanagements und -dialogs;
- dem breiteren Kontext des Stakeholdermanagements bei sozialen Unternehmen;
- einem Stakeholderdialog in einem anderem Kontext (Ausland, Unternehmen mit anderen Merkmalen, andere Sektoren usw.).

## Literatur

De Wulf R (2015) Ondernemen voor een betere wereld. Etion – Inspiratienota 84. http://www.etion.be/sites/default/files/documents/beleidsnotas/BN_84_BetereWereld.pdf. Zugegriffen: 15. Nov. 2016

Dorigo L, Marcon G (2014) A caring interpretation of stakeholder management for the social enterprise: evidence from a regional survey of micro social co-operatives in the Italian welfare mix. http://papers.ssrn.com/sol3/papers.cfm?abstract_id=2390890. Zugegriffen: 15. Nov. 2016

Dufays F, Marée M, Mertens S, Mouchamps H, Rijpens J (2014) Barometer van de sociale ondernemingen in België. Luik: Académie des Entrepreneurs Sociaux @HEC-ULg. http://www.academie-es.ulg.ac.be/administration/upload/barometre/BarometreES2014_NL.pdf. Zugegriffen: 15. Nov. 2016

Eden C, Ackermann F (1998) Making strategy: the journey of strategic management. SAGE, London
Eeckloo K, Malfait S, Debodt G, Van Hecke A (2015) Patiëntenparticipatie in het (strategisch) beleid van gezondheidsinstellingen via stakeholdersoverleg: een evaluatieonderzoek van 6 pilootprojecten. Universiteit Gent. http://vd3439.prod1.novation.be/documents/content/ICURO-SHO-EINDRAPPORT12-06-2015.pdf. Zugegriffen: 15. Nov. 2016
Ferri LM, Pedrini M, Pilato V (2016) The management of stakeholder dialogue in different institutional contexts: an empirical study on FTSE4GOOD companies. J Clean Prod 136(Part A):226–236. https://doi.org/10.1016/j.jclepro.2016.01.100
Huybrechts B, Mertens de Wilmars S, Rijpens J (2014) Explaining stakeholder involvement in social enterprise governance through resources and legitimacy. In: Defourny J, Hulgard L, Pestoff V (Hrsg) Social enterprises and the third sector: changing European landscapes in a comparative perspective. Routledge, New York
Jorens E, Praet S (2016) Duurzaamheid bij Groep Van Eyck en Zorg & Farma. Universiteit Antwerpen, Antwerpen
Kaptein M, Van Tulder R (2003) Toward effective stakehoholder dialogue. Bus Soc Rev 108(2):203–224. https://doi.org/10.1111/1467-8594.00161
Porter ME, Kramer MR (2011) Creating shared value. Harv Bus Rev 89(1/2):62–77
Verboven H, Vanherck L (2015) Sustainability as a management process for SMEs. UmweltWirtschaftsForum 23(4):241–249. https://doi.org/10.1007/s00550-015-0367-2
Willems J, Van Puyvelde S, Jegers M, Vantilborgh T, Bidee J, Pepermans R (2015) Exploring board interlocking behaviour between nonprofit organizations. Ann Public Coop Econ 86(1):73–88. https://doi.org/10.1111/apce.12067
Williams DK, Scott MM (2012) It's time to balance profits and purpose. Harvard Business Review. https://hbr.org/2012/09/its-time-to-balance-profits-an. Zugegriffen: 15. Nov. 2016
Zavirofski M (1999) Profit-making as social action: an alternative social-economic perspective. Rev Soc Econ 57(1):47–83 (http://www.jstor.org/stable/29769993)
Zorg & Farma (2014) Met Passie. Zorg & Farma, Antwerpen
Zorg & Farma (2016) Wie we zijn. http://www.zorgenfarma.be/nl-BE/content/over-ons/4/. Zugegriffen: 15. Nov. 2016

**Hans Verboven** (1978) promovierte an der Ruprecht-Karls-Universität Heidelberg und studierte in Leuven, Brüssel und an der London School of Economics and Political Science. Er ist Professor für Unternehmenskommunikation und Nachhaltigkeitsmanagement an der Universität Antwerpen. Seine Forschung fokussiert auf praktische Anwendungsmethoden für Nachhaltigkeitsmanagement und innovative Zukunftsstrategien. Als Unternehmensberater wendet er diese Kenntnisse auch in der Berufspraxis an.

# Kundenbeziehungen in sozialunternehmerischen Geschäftsmodellen

Thorsten Jahnke

Für die sozialunternehmerische Entwicklung spielen die Stakeholder des Unternehmens eine zentrale Rolle. In diesem Beitrag sollen die Stakeholder nach Kundenkategorien und Zielgruppen differenziert werden. Die Marktfähigkeit von sozialunternehmerischen Geschäftsmodellen hängt von der (innovativen) Verknüpfung der sozialen Leistung für die Zielgruppen mit der am Kundennutzen orientierten Marktleistung ab. Insbesondere Business-to-Business-Marktleistungen, die zunehmend an Corporate-Social-Responsiblity(CSR)-Konzepten von Wirtschaftsunternehmen andocken, können für Sozialunternehmen zu nachhaltigen Einkünften abseits von öffentlichen Projektförderungen führen.

## 1  Sozialunternehmerische Kundensegmente

Während es in den letzten Jahren zahlreiche Forschungs- und Medienberichte zu Erscheinungsformen, Akteuren, Potenzialen und Hemmnissen (BMWi 2016) im Bereich Sozialunternehmertum gab, ist die Entwicklung von sozialunternehmerischen Geschäftsmodellen wenig untersucht. Ein Geschäftsmodell (Business-Modell) ist eine modellhafte Repräsentation der logischen Zusammenhänge, wie eine Organisation bzw. ein Unternehmen Mehrwert für Kunden erzeugt und einen Ertrag für die Organisation sichern kann (Gabler Wirtschaftslexikon 2015). Demnach stehen hier der Mehrwert für die Kunden und der unternehmerische Ertrag im Mittelpunkt. Was bedeuten Kunde und Ertrag für Sozialunternehmen?

Der Begriff Kunde wird im Volksmund häufig gleichbedeutend für die Zielgruppe benutzt. Für die soziale Geschäftsmodellentwicklung muss hier aber unterschieden werden: Kunden sind die Personen oder Organisationen, die für eine Gegenleistung bezahlen. Hier

T. Jahnke (✉)
iq consult GmbH
Berlin, Deutschland
E-Mail: jahnke@iq-consult.com

© Springer-Verlag GmbH Deutschland, ein Teil von Springer Nature 2019
A. Kraemer und L. M. Edinger-Schons (Hrsg.), *CSR und Social Enterprise*,
Management-Reihe Corporate Social Responsibility,
https://doi.org/10.1007/978-3-662-55591-0_9

**Abb. 1** Geschäftsmodelle von
Sozialunternehmen

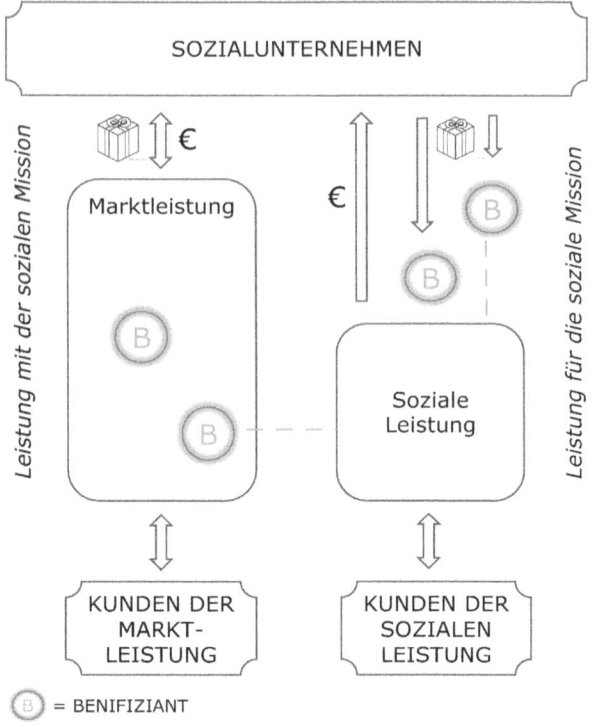

gibt es die Kunden der Marktleistung (z. B. Kunden in einem Dunkelrestaurant) und Kunden der Sozialleistung (z. B. ein JobCenter, das für die Einarbeitung blinder Menschen, sprich Integration dieser, bezahlt). Der blinde Mensch ist – soweit er für die Integration nicht selbst bezahlt – kein Kunde im Sinn des Geschäftsmodells, sondern der Begünstigte, nennen wir ihn – an das Angelsächsische angelehnt – Benefiziant.

Am Beispiel eines Dunkelrestaurants wird klar, dass der Marktkunde der zahlende Restaurantbesucher ist. Sein Kundennutzen besteht aus der Qualität der Speise und dem Erlebnis, dass das Auge mal nicht mitessen kann (mit allen Konsequenzen für sein Outfit). Die Tatsache, dass blinde Menschen im Restaurant bedienen, ist für den Marktkunden vielleicht ein hilfreicher Nebeneffekt, i. d. R. aber die nicht seine Hauptmotivation für seinen Besuch. Ein Interesse an der Beschäftigung blinder Menschen hat aber die Arbeitsagentur oder das Integrationsamt, weil sie ansonsten den Unterhalt entsprechend den Regeln des Sozialgesetzbuchs finanzieren müssten. Der Restaurantbetreiber erbringt also nicht nur für den Marktkunden, sondern auch für die Träger der Sozialversicherung eine abrechenbare Leistung. Hier wird die soziale Leistung *für* den Benefizianten erbracht. Das entscheidende Kriterium der (Sozial-)Kundenzufriedenheit ist hier der soziale Mehrwert, im Fall der hier beteiligten Arbeitsverwaltung der Zugang für die Benefizanten zum Arbeitsmarkt sowie die Verbleibsquote. Ein Benefiziant im weiteren Sinn kann auch eine gesellschaftliche Gruppe oder eine Gesellschaft an sich sein. Das ist regelmäßig in Geschäftsmodellen mit Marktkunden im Bereich Ökologie oder Fairtrade der Fall, wenn der ökologische Mehrwert eines Produkts in Form eines höheren Kundennutzens vom Käufer bezahlt wird. Die soziale Leistung wird hier *mit* dem Benefizianten erbracht (Abb. 1).

Eine ähnliche Differenzierung von sozialunternehmerichen Geschäftsmodellen in „value *for* the social mission" (für Sozialkunden) und „value *with* the social mission" (für Marktkunden) findet sich in der jüngeren Literatur (Dohrmann et al. 2015).

In der sozialunternehmerischen Praxis, insbesondere bei etablierten Unternehmen, finden sich häufig Mischformen der beiden Ertragsmodelle. Das Verhältnis von Markt- und Sozialleistung spiegelt sich meistens auch in der konstitutionellen Verfassung (Rechtsform, Gemeinnützigkeit, hybride Doppelstruktur) wider.

## 2 Kundengruppen und -erwartungen

Als Ergebnis müssen die Kunden der Marktleistung und die Kunden der Sozialleistung in der Summe die Erträge für die ökonomische Nachhaltigkeit des Sozialunternehmens einspielen. Die Bedienung der Marktkunden erfolgt nach gängigen betriebswirtschaftlichen Parametern mit besonderer Berücksichtigung der sozialen Mission in der Unternehmenskommunikation und soll hier nicht weiter vertieft werden. Komplexer ist der Fall, wenn es keine oder nur geringe Erträge aus der Marktleistung gibt, dann müssen über die Sozialleistung alle Erträge für die Kostendeckung erwirtschaftet werden. Das ist regelmäßig der Fall, wenn das Sozialunternehmen mit Benefizianten arbeitet, die die soziale Leistung nicht bezahlen können. In diesen Fällen muss ein weiterer Kunde die soziale Leistung finanzieren. Dieser doppelte Kunde kann als Mäzen, öffentlicher Förderer, Stiftung, privater Sponsor oder Unternehmen mit CSR-Interessen eingebunden werden.

Jeder doppelte Kunde hat eigene Interessen, allen gemeinsam ist das Interesse am sozialen Mehrwert ihres Engagements, dem Social Impact. Eine erfolgreiche Kooperation hängt wesentlich davon ab, wie ein Sozialunternehmen die Erwartungen der möglichen Kunden im Bereich Social Impact und Kooperationsgestaltung erfüllen kann oder möchte.

Der Mäzen agiert idealerweise selbstlos und fördert Teile des Gemeinwohls, er erwartet grundsätzlich keine unternehmerische Arbeitsorganisation oder Wirkungsmessung. Der öffentliche Förderer hat konkrete Vorstellungen der zu erbringenden sozialen Leistung und vereinbart im Vorfeld einen Aktivitäten- und Ergebnisplan. Hierbei spielt auch immer die wirtschaftliche Mittelverwendung eine Rolle, was teilweise in aufwendigen Verfahren der Mittelabrechnung mündet. Öffentliche Förderer können mit Zuwendungen oder Leistungsentgelten finanzieren. Ihre Erwartungen orientieren sich an einer formalisierten Erfüllung des Zuwendungs-/Vertragsziels und einer einfachen Wirkungserfassung auf der Output-Ebene. Stiftungen arbeiten grundsätzlich weniger mit formalisierten Abrechnungsprozessen und sind stärker an einer öffentlichen Wahrnehmung ihres Engagements sowie einer differenzierten Wirkungsorientierung interessiert. Ein Sponsor erwartet eine direkte Gegenleistung seines Engagements in Form von Öffentlichkeitsarbeit. Soziale Wirkung oder Mittelverwendung sind für ihn weniger interessant.

Eine zunehmende Kundengruppe für Sozialunternehmen sind Unternehmen mit einer Agenda im Bereich CSR. Diese Unternehmen erkennen aufgrund von aktuellen Veränderungen im Bereich gesellschaftlicher Werte, individuelle Arbeitsmotivationen und Konsumverhalten der Kundschaft den Mehrwert von Kooperationen mit Sozialunternehmen abseits vom altruistischen Engagement. Aus Sicht von Sozialunternehmen bieten diese Kooperationen Möglichkeiten für Pilotierung neuer Dienstleistung und Skalierung, aber auch neue Entwicklungsmöglichkeiten in Zeiten des Spendenwettbewerbs und knapper öffentlicher Kassen.

## 3 Kundenbeziehungen zwischen Sozialunternehmen und Corporate-Social-Responsibility-Unternehmen

Unternehmenskooperationen können in den CSR-Bereichen Markt, Umwelt, Arbeitsplatz und Gemeinwesen entstehen. Sie sind dann für beide Seiten wirtschaftlich nachhaltig, wenn sie sich nicht nur an unternehmerischen Kommunikationszielen, sondern an den jeweiligen Kerngeschäften der Partner orientieren. Das ist regelmäßig der Fall, wenn die Leistung mindestens eines Partners Schnittstellen in die Wertschöpfungskette des anderen bietet.

Wie kann das aus der Sicht des Sozialunternehmens ablaufen?

a) Zunächst muss geklärt werden, welche Ressourcen für welche sozialunternehmerischen Aktivitäten benötigt werden. Hierbei geht es in erster Linie nicht um eine Finanzierung, was häufig den ersten spontanen Impuls einer sozialen Organisation darstellt, sondern der weitergehenden Frage, wofür ich eine Finanzierung brauche. Als Arbeitsinstrument hierfür hat sich das Business Model Canvas mit seinen Rubriken Schlüsselaktivitäten, Schlüsselressourcen und daraus folgend Schlüsselpartner bewährt. Beispielsweise benötigt ein Sozialunternehmen auf den ersten Blick eine Finanzierung für einen digitalen Prototypen. Auf den zweiten Blick wird aber nicht unbedingt das Geld, sondern werden die Ressourcen für die Entwicklung des Prototypen benötigt, z. B. die Bereitstellung einer Software, die Programmierung einer App, UX-Design-Expertise, Projektmanagement oder Marketing-Know-how. Sobald es um konkrete Dienstleistungen oder Produktherstellung geht, werden auch die Schnittstellen zu möglichen Partnern klar. Alle Unternehmen, die diese Dienstleistungen im Rahmen ihrer Wertschöpfungskette erbringen, bieten sich als potenzielle Kooperationspartner an. Auf den dritten Blick wäre vielleicht auch ein wesentlich einfacherer Prototyp ausreichend, wenn ein potenzieller Partner die dahinterstehende Absicht, nämlich das konkrete Testen einer Geschäftsidee, mit seinen Ressourcen möglich machen kann, z. B. über vergleichbare Produkte oder als potenzieller Nutzer der Idee. Je konkreter wechselseitige Austauschbeziehungen in der Wertschöpfungskette sind, desto größer werden die Chancen für konkrete Kooperationen.

Natürlich muss das Sozialunternehmen neben Inhalten noch weitere Parameter wie Zeit, Umfang, Kommunikation, Transparenz, Rechte usw. für sich bestimmen, doch soll hier die inhaltliche Gestaltung von Geschäftsbeziehungen fokussiert werden.

b) Nach der Beschäftigung mit sich selbst folgt die Marktanalyse potenzieller Partner auf der Basis ihrer CSR-Profile, Leitbilder oder Compliance. Hier ist die Frage, welche wirtschaftlichen Interessen haben die Partner in ihren CSR-Bereichen. Aktuell werden u. a. folgende Nutzendimensionen diskutiert (Lang und Sturm 2015):

| Markt | Arbeitsplatz |
| --- | --- |
| Produktinnovationen | Zufriedenheit Mitarbeitende |
| Sortimentsvielfalt | Gewinnung bzw. Sicherung von Mitarbeitenden |
| Zugang zu neuen Märkten bzw. Kunden | Qualifikation: Sozial-, Kommunikationskompe- |
| Kundenbindung | tenz; Kreativität, Out-of-the-box-Denken |
| Verkaufsförderung | Motivation, Empowerment |
| Nachhaltige/faire Lieferketten | Mindshift Verantwortung und Werte |
| Regenerative Energien | Organisationsentwicklung, Innovation |
| Markenaufbau | Digitale Arbeitsorganisation |
| Reputation | Lebensbedingungen der Mitarbeitenden |
| Ökologie | |

Jedes obige Element stellt letztendlich ein betriebswirtschaftliches Interesse eines Unternehmens dar. Für die Vorbereitung einer gezielten Ansprache von Unternehmen sollten die oben genannten Elemente individuell hinterfragt werden, d. h.: Welche Bedürfnisse, Motivationen aber auch Ängste verbindet ein potenzieller Partner mit den Elementen? Als Arbeitsansatz haben sich hier agile Planungsmethoden mit „Personas" oder „Value Proposition Canvas" bewährt.

c) Grundlage von Kooperationsangeboten von Sozialunternehmen an (CSR-)Unternehmen ist dann das kreative Matching der konkreten eigenen Bedarfe aus a) und der CSR-Ziele der Unternehmen aus b). Welche Nutzungsdimensionen korrespondieren mit der sozialunternehmerischen Mission oder Herausforderung? Welche Leistungen bzw. Produkte sind für das Unternehmen hilfreich?

Wie können konkrete Kundenbeziehungen zwischen Sozialunternehmen und (CSR-)Unternehmen nun aussehen?

Die Übersicht in Abb. 2 enthält Beispiele von Sozialunternehmen mit ihren Ertragsmodellen, wobei jedes Sozialunternehmen eine bestimmte Kombination von Sozial- und Marktleistung ausweist.

Zur Illustration nehmen wir das Sozialunternehmen avenir, Deutschlands erste gemeinnützige Personalvermittlung (für Geflüchtete). Die Sozialleistung besteht aus der Integrationsleistung (konkret Bildung) und wird über den Social-Impact-Kunden Arbeitsverwaltung finanziert. Spannender hier ist die Marktleistung, die offensichtlich mit den

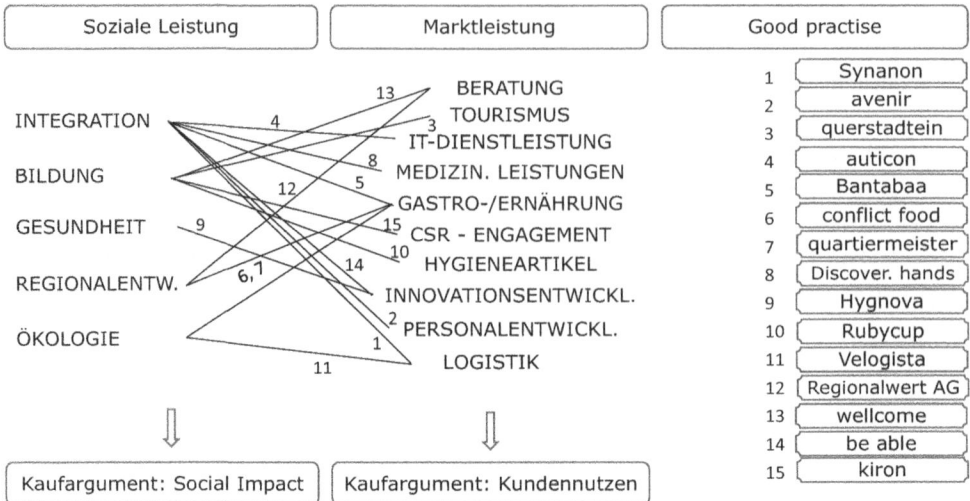

**Abb. 2** Kombinationen von Sozial- und Marktleistungen bei Sozialunternehmen

CSR-Elementen Gewinnung von Mitarbeitenden oder auf den zweiten Blick auch mit Mindshift Verantwortung und Werte und Sozial-, Kommunikationskompetenz korrespondiert. Hieraus lassen sich gute Kooperationsansätze entwickeln. Zudem wäre auch denkbar, dass ein Unternehmen gerade zur Verfolgung dieser CSR-Elemente interessiert ist, einen Beitrag für die Sozialleistung im Bereich Bildung, beispielsweise durch die Übernahme von Mentorships oder die Bereitstellung von betriebsinternen Bildungsressourcen, zu leisten. Weitere Kooperationen können wie unten dargestellt aussehen.

| Nr. | Kooperationsbeziehung | Bezug Wirtschaftsunternehmen | Bezug Sozialunternehmen |
|-----|----------------------|------------------------------|-------------------------|
| 2 | Personalvermittlung: Geflüchtete als Fachkräfte | CSR: Arbeitsplatz CSR: Sozialkompetenz | Marktleistung Sozialleistung |
| 11 | Transportleistungen | CSR: Ökologie | Marktleistung |
| 14 | Dienstleistung Produktentwicklung | Profit: Innovationsentwicklung | Marktleistung |
| 15 | Übernahme von Ausbildungspatenschaften | CSR: Gemeinwesen perspektivisch: Personal | Sozialleistung |

Solange Kooperationen über die Schnittstelle eines CSR-Elements mit der Marktleistung eines Sozialunternehmens organisiert werden, ist das CSR-Engagement des Unternehmens mit keinem oder geringem zusätzlichen Mehraufwand verbunden, da die soziale Leistung (Mehrwert Benefiziant) in der Marktleistung des Sozialunternehmens integriert ist. Eine Kooperation über die Sozialleistung eines Sozialunternehmens kann auch dann einen wirtschaftlichen Mehrwert erzielen, wenn das CSR-Engagement mit einem anderen CSR-Element und einer Marktleistung des Sozialunternehmens verbunden ist.

## Literatur

BMWi (2016) Herausforderungen bei der Gründung und Skalierung von Sozialunternehmen. http://www.bmwi.de/Redaktion/DE/Publikationen/Mittelstand/praxisleitfaden-soziales-unternehmertum-2017.html. Zugegriffen: 9. Okt. 2018

Dohrmann S, Raith M, Siebold N (2015) Monetizing social value creation – a business model approach. Entrepreneursh Res J 5(2):127–154

Gabler Wirtschaftslexikon (2015) Stichwort: Geschäftsmodell. http://wirtschaftslexikon.gabler.de/Archiv/154125/geschaeftsmodell-v10.html. Zugegriffen: 9. Okt. 2018

Lang R, Sturm E (2015) Neue Verbindungen schaffen – Unternehmenskooperationen für gemeinnützige Organisationen. Bundesinitiative Unternehmen Partner der Jugend, Berlin, S 21

**Thorsten Jahnke** ist Gesellschafter und Geschäftsführer der iq consult GmbH. Nach der Ausbildung zum Industriekaufmann und anschließendem Studium der Wirtschaftspädagogik und Politik beschäftigte er sich mit der Entwicklung und Leitung diverser Gründungsprojekte sowie der Entwicklung und dem Coaching von Projekten und Unternehmen in den Bereichen Social Entre-, Intrapreneurship und Corporate Social Responsibility. Er ist Mitgründer der Social Impact gGmbH und Gründungsmitglied Social Return on Investment Deutschland e. V. Er hat zahlreiche Vorträge, Workshops und Publikationen zu Social Return on Investment gehalten bzw. veröffentlicht.

# Social Impact Investing und Social Enterprise in Deutschland – Eine Bestandaufnahme

Gunnar Glänzel und Thomas Scheuerle

## 1  Einleitung

An Mittel zu gelangen, um organisationales Wachstum und die Ausweitung ihrer sozialen Wirkung zu finanzieren, ist eine der zentralen Herausforderungen für Sozialunternehmen (SU). Da konventionelle Finanzquellen des sozialen Sektors wie Spenden oder öffentliche Mittel oft nur eingeschränkt verfügbar und an einzelne Projekte gebunden sind, sind hierdurch keine Investitionen in allgemeine Betriebskosten („overheads") oder die Entwicklung neuer Produkte und Dienstleistungen möglich (Brown 2006). Als mögliche Lösung haben jüngst Ansätze aus dem Wagniskapitalbereich (Venture Capital, VC) verstärkt Aufmerksamkeit erfahren (Bugg-Levine und Emerson 2011; Grabenwarter und Lichtenstein 2011; Hebb 2013) – ein Trend, der sich mit der Zunahme an Aktivitäten durch SU deckt, Teile ihres Einkommens am Markt zu erwirtschaften (Priller et al. 2012; Thompson und Williams 2014). Die betrachteten Finanzierungsinstrumente umfassen Beteiligungskapital, Kredite sowie hybride Mischformen daraus (Martin 2013). Die Idee dahinter: Investoren haben nicht allein die finanzielle Rendite im Blick; das Impact-Inves-

G. Glänzel (✉)
CSI Heidelberg
Seeheim-Jugenheim, Deutschland
E-Mail: gunnar.glaenzel@csi.uni-heidelberg.de

T. Scheuerle
Philiomondo
Freiburg, Deutschland
E-Mail: thomas.scheuerle@philiomondo.de

© Springer-Verlag GmbH Deutschland, ein Teil von Springer Nature 2019
A. Kraemer und L. M. Edinger-Schons (Hrsg.), *CSR und Social Enterprise*,
Management-Reihe Corporate Social Responsibility,
https://doi.org/10.1007/978-3-662-55591-0_10

ting-Konzept (Bugg-Levine und Emerson 2011; Hebb 2013) zielt vielmehr darauf, soziale und ökologische Ziele neben finanziellen *gezielt* mit zu verfolgen.[1]

Während Social Impact Investment (SII) zuerst in den USA und Großbritannien Aufmerksamkeit erlangte, wuchs die Anzahl privater Impact-Investment-Fonds weltweit in den letzten Jahren stetig (Achleitner et al. 2011b) und Märkte zu SII-Kapital sind sowohl in westlichen wie auch in Entwicklungsländern entstanden (Alto 2012; Guézennec und Malochet 2013; Koh et al. 2012; O'Donohoe et al. 2010). Nicht nur Venture-Philanthropy-Akteure (Hehenberger und Harling 2013; Mair und Hehenberger 2014) weiten ihre Aktivitäten hin zu rückzahlbaren Investitionsmöglichkeiten aus, sondern umgekehrt investieren auch kommerziell orientierte Anleger wie High Net Worth Individuals (HNWI) und Pensionsfonds zunehmend in SII.

In Deutschland sind aktuell recht wenige Investoren mit dem Konzept vertraut (Weber und Scheck 2012; Hochstädter und Scheck 2014). Noch überschaubarer, wenn auch im Wachstum begriffen, ist die Anzahl an Intermediären im SII-Markt, etwa Social Venture Capital Fonds (SVCF) oder Investmentberater. SVCF akquirieren Kapital, identifizieren, bewerten und strukturieren Investments und agieren im Folgenden als Managementberater, oft mit Sitz im Steuerungsgremium des Beteiligungsunternehmens. Investmentberater begleiten innovative SU durch verschiedenste Coaching- und Beratungsleistungen zur Verbesserung ihrer Investitionsfähigkeit („investment readiness"; Gregory et al. 2012; Glänzel und Then 2016) und stellen Zugang zu Netzwerken her. Die Anzahl an Deals ist hierzulande noch immer recht niedrig und das Marktvolumen wurde Ende 2012 auf 24 Mio. € geschätzt, die Anzahl der Deals über 100.000 € auf 10–15 pro Jahr (Hochstädter und Scheck 2014; Petrick und Weber 2013).

Von wissenschaftlicher Seite her sind die systematische Untersuchung von SII sowie dessen Treiber und Barrieren speziell außerhalb des angelsächsischen Raums noch in den Kinderschuhen (Achleitner et al. 2011b). Zudem fokussieren die meisten Studien die Investorenseite, meist also die Perspektive von SVCF und deren Bedürfnisse (Alemany und Scarlata 2010; Evans 2013; Mendell und Barbosa 2013; Miller und Wesley 2010), und beleuchten die Seite von Beteiligungsunternehmen nur wenig (Davison und Heap 2013).

An diese Beobachtungen anschließend legen wir im vorliegenden Kapitel eine systematische empirische Darstellung der größten Herausforderungen für SII in Deutschland vor.

---

[1] Dementsprechend geht der Ansatz über die Idee des sozial verantwortlichen Investierens („socially responsible investing", SRI) hinaus, das der vergleichsweise passiven Logik des negativen Screenings folgt, d. h. dem Ausschluss von Investitionsobjekten, die bestimmten sozialen und/oder ökologischen Standards nicht entsprechen (Barnett und Salomon 2003; Johnson 2003).

## 2    Social impact investing

### 2.1    Definition

Literatur speziell zum Thema SII ist aktuell noch sehr überschaubar (Brown 2006; Evans 2013; Hebb 2013; Jackson 2013; Mendell und Barbosa 2013; Moore et al. 2012a; Nicholls 2010; Silby 1997). Über den weitgehenden Konsens darüber, dass SII als Prozess zu begreifen ist, Investmentpraktiken anzusetzen, um sowohl finanzielle als auch soziale bzw. ökologische Erträge zu erzielen (Hebb 2013; Mendell und Barbosa 2013; Wood et al.2013), widmet die wissenschaftliche Literatur der definitorischen Klärung üblicherweise wenig Aufmerksamkeit. Dementsprechend sind begriffliche Abgrenzungen nach wie vor unscharf, während sich zwei unterschiedliche Perspektiven nuancieren lassen: So existieren erstens Definitionen, die finanzielle Erträge priorisieren und SII als Investments charakterisieren, die soziale bzw. ökologische Erträge jenseits (O'Donohoe et al. 2010, S. 3) oder zusätzlich zu (Wood et al. 2013, S. 75) finanziellen Erträgen schaffen. Entsprechende Praktiken werden als Finance-first-Impact-Investments gefasst (Hebb 2013). Wir glauben, dass es gute Gründe dafür gibt, diese Investments als eher konventionelle zu betrachten, wenn es darum geht, Potenziale und Barrieren für SII zu beleuchten. Denn wo dementsprechend finanzielle Renditen die Richtschnur für Investoren sind und Kapitalnehmer risikoadjustierte marktübliche Renditen erwirtschaften, können wir davon ausgehen, dass es a) weniger Bedarf an Impact Investment gibt – reguläres Investment wird den meisten Bedarf hier befriedigen – und b) die Barrieren für Impact Investing andere und kleinere sein dürften.

SII findet demgegenüber dort statt, wo Investoren bereit sein müssen, ceteris paribus einen Teil der marktüblichen Rendite für die Erzielung einer sozialen bzw. ökologischen Rendite aufzugeben – wenn Abwägungen zwischen sozialen bzw. ökologischen und finanziellen Erträgen getroffen werden müssen, stellen sie Wirkung vornan („impact first"). Daher verorten wir den Kern des Impact-Investment-Konzepts dort, wo soziale bzw. ökologische Wirkung tatsächlich stärker oder zumindest gleich gewichtet wird mit dem Erzielen monetärer Erträge, und fokussieren hier dezidiert Impact-First-Ansätze, wenn wir im Folgenden von SII sprechen (Freirich und Fulton 2009; Hebb 2013; Petrick und Weber 2013).

### 2.2    Hindernisse für Impact Investing

Einen ersten Schritt zur systematischen Analyse empirisch auftretender Hindernisse für Impact Investing sehen wir in deren Einordnung entlang dreier Dimensionen:

1. **Finanzielle Ertragskraft:** Erstens werden etwa aus asymmetrischen Information resultierende Prinzipal-Agent-Probleme (Alemany und Scarlata 2010; Evans 2013; Achleitner et al. 2013), Schwierigkeiten bei der Bewertung von SU im Rahmen des Deal-

Structuring-Prozesses (Alemany und Scarlata 2010; Social Impact Investment Taskforce 2014a), fehlende Bewertungsrahmen für Abwägungen zwischen sozialen bzw. ökologischen und finanziellen Erträgen (Evans 2013), der einen Mangel an Managementfähigkeiten aufseiten der Kapitalnehmer (Moore et al. 2012) sowie an nachhaltig tragfähigen Geschäftsmodellen und (Spiess-Knafl 2012) festgestellt.

2. **Soziale bzw. ökologische Erträge:** Zweitens findet man in der Literatur eine Debatte über die soziale Wirkung von und durch SU, v. a. was deren Messung und Quantifizierung betrifft (Antadze und Westley 2012; Ebrahim und Rangan 2010; Mildenberger et al. 2012; Repp 2013; Flockhart 2005); zudem wird die meist fehlende oder inadäquate finanzielle Vergütung sozialer bzw. ökologischer Wirkung kritisiert (Social Impact Investment Taskforce 2014a; Clark et al. 2012; Jackson 2013; Meehan et al. 2004; Repp 2013).

3. **Beziehung zwischen Investees und umgebender Infrastruktur:** Schließlich wird problematisiert, dass Risikobereitschaft, Fokussierung auf finanzielle Erträge oder auch die Finanzkraft potenzieller Partner recht niedrig unter den wichtigsten Werten deutscher SU rangieren (Achleitner et al. 2013; Glänzel et al. 2013), was konträr zu Investmentlogiken und den Werten potenzieller Investoren steht. Die u. a. deswegen oft schwierige Beziehung zwischen Investoren und Investees wird weiterhin dadurch verkompliziert, dass die Infrastruktur für den SII-Markt beispielsweise in Form steuerlicher Anreize für gemeinwohlorientierte Investitionen fehlt (Weber und Scheck 2012). Zudem ist es vielen der Organisationen mit im dritten Sektor gebräuchlichen Rechtsformen verboten, Rücklagen und eine ausreichende Kapitalbasis zu bilden, wie sie für rückzahlbare Finanzierungsformen erwartet werden (Flockhart 2005). Weiterhin wird auf das Fehlen von Investment-Pipelines unter Intermediärsorganisationen sowie von Sekundärmärkten für Exits hingewiesen (Weber und Scheck 2012; Hochstädter und Scheck 2014; Emerson und Spitzer 2007; Freirich und Fulton 2009; Moore et al. 2012b; Mendell und Barbosa 2013; John 2007).

Generell scheinen also die ökonomischen, politischen und rechtlichen Rahmenbedingungen in Deutschland zahlreiche Herausforderungen an SII zu stellen. Der konservativ-korporatistische Wohlfahrtsstaat mit seinem Sozialversicherungssystem (Esping-Andersen 1990) lässt zudem wenig Raum für SU, die Überschüsse zu erwirtschaften, die für die Investmentakquise nötig wären.

## 3    Forschungsziele und Methodologie

Das Ziel unserer Forschung bestand darin zu prüfen, inwiefern die oben genannten Hindernisse in Deutschland beobachtbar sind und welche deutschen Eigenheiten hinzuzurechnen sind. Anhand dreier in der Literatur wiederkehrender Dimensionen lautet die Leitfrage: Welche Hindernisse bestehen in Deutschland hinsichtlich finanzieller Rendite, sozialer Wirkung sowie Akteursbeziehungen und Infrastruktur? Unsere Datenbasis besteht aus 21 semistrukturierten Interviews mit Repräsentanten von 19 im deutschen SII-Markt aktiver Organisationen; davon 14 SU, die zum Zeitpunkt der Untersuchung Kapitalakquise im SII-Markt betrieben, sowie fünf Investmentintermediäre.

# 4 Ergebnisse

## 4.1 Einkommensmodelle

Die meisten SU sind in Quasimärkten der Wohlfahrt aktiv, die der Sozialgesetzgebung unterliegt. Daher beeinflussen die strukturellen Gegebenheiten dieser Quasimärkte stark, inwiefern SU nachhaltig tragfähige Einkommensmodelle umsetzen können, die sie für SII hinreichend qualifizieren. Während ein hoher Grad an Innovationskraft (etwa Lösungen zu sozialen Problemen, die sich über mehrere Themen hinweg ausdehnen) die Chancen erhöhen kann, Gelder von Stiftungen oder anderen Innovationsförderern einzuwerben, wirkt er sich umgekehrt negativ auf die Wettbewerbsfähigkeit um Einkommen in diesen Quasimärkten aus. Das liegt daran, dass derartige Innovationen, wie sie typisch für SU sind, nicht in die eng geschnittenen Beschaffungsraster öffentlicher Körperschaften und deren Silostrukturen passen. Beispielsweise erlauben sie kaum *präventive* Ansätze zu sozialen Problemen zu finanzieren. Anstatt in Kooperation SU zu finanzieren, die potenziell straffällige Jugendliche in den Arbeitsmarkt integrieren, weisen entsprechende Institutionen der Jugendhilfe, der Arbeitsmarktintegration und des Justizsystems sich eher gegenseitig die Finanzierungsverantwortung für derartige Interventionen zu. Die Komplexität, Einkommen unter diesen Voraussetzungen zu erwirtschaften, verdeutlicht eine Sozialunternehmerin:

> Ich habe mal ein Jahr lang, bevor ich mich selbstständig gemacht habe [...] recherchiert, in welchem Bereich welcher Kostenträger die Kosten für [eine soziale Dienstleistung] übernimmt. Und ich bin in dem einen Jahr nicht fertig geworden. Also es ist so verzettelt in Deutschland. Ja, immer ist jemand anders zuständig. Und überall gibt es eine andere Regelung. Und das frisst ganz viel Zeit leider. (SU 5)

Investoren haben oft keine Erfahrung mit diesen Eigenheiten von Quasimärkten. Die mittel- und langfristige Entwicklung der Einkommenssituation von SU wird hier nicht nur durch ihr eigenes Zutun gelenkt, sondern ist mehr als anderswo auch stark von Entwicklungen jenseits ihrer Einflussmöglichkeiten abhängig, etwa politischen Veränderungen. Verschiedene Investees gaben an, dass diese Marktmerkmale zu enormen Unkalkulierbarkeiten und damit langfristigen Unsicherheiten und Risiken führen.

▶   **These 1a** Ein Hindernis für SII besteht darin, dass SU mit unsicheren Einkommensmodellen umgehen müssen, die mit der Diskrepanz zwischen ihrer Innovationskraft einerseits und unflexibler öffentlicher Wohlfahrtsfinanzierung andererseits zusammenhängen.

Ein weiteres Problem besteht im potenziellen Konflikt zwischen einer Investmentlogik und denjenigen Formen der Finanzierung von SE, die keine Rück- oder Renditezahlung vorsehen. Diesbezüglich kam in den Interviews ein Legitimitätsaspekt zum Ausdruck: Dass ihre Spenden (teilweise) genutzt werden, um die Ansprüche kommerzieller Investoren zu bedienen, ist für viele Spender illegitim. Mittel sollen vor Ort eingesetzt werden, statt (die dafür eigentlich auch nötige) organisationale Infrastruktur aufzubauen – oder gar um Investoren auszubezahlen:

> Viel schlimmer sind aber eben die Stiftungen und privaten Stifter und die privaten Spender, vor allem je kleiner die Summen werden, ja, umso anspruchsvoller werden die in der Regel und haben halt dieses: Stopp mal, es muss hundert Prozent beim Kind ankommen! Wollen aber trotzdem hinterher eine ordentliche Abrechnung sehen und da machen sie sich halt keine Gedanken darüber, wer eigentlich die Abrechnungen macht. [. . . ] [Wir investieren in] Overhead. Ausschließlich Overhead, also Organisationsentwicklung, Management, Verwaltung, Controlling, Marketing, Vertrieb, Öffentlichkeitsarbeit, Geschäftsführung. Das ist das, was keiner bezahlen will (Investmentintermediär 3).

▶   **These 1b** Ein Hindernis für SII besteht im potenziell konfliktbehafteten Verhältnis zwischen verschiedenen Finanzierungsformen und -quellen.

Ein weiteres grundlegendes Hindernis betrifft Organisationen, die außerhalb des Wohlfahrtssystems arbeiten: Schwere soziale Probleme zu adressieren, erschließt dem SU i. d. R. keine hinreichenden direkten Einkommensquellen, um Investments zu bedienen. Der Grund dafür liegt auf der Hand: Die von sozialen Problemen Betroffenen und dadurch Marginalisierten sind nicht in der Position, um für die Leistung des SU zu bezahlen – je schwerer das Problem, desto marginalisierter sind sie und desto weniger zahlungskräftig. Daher kann man die naheliegende Formel aufstellen, dass unter freien Marktbedingungen mit der Schwere des Problems auch die Chancen zum Erwirtschaften von Einkommen sinken. Die SU oft zugeschriebene Hoffnung, derartiges Marktversagen überwinden zu helfen, hat sich kaum erfüllt, geschweige denn, dass dabei auch noch marktübliche Renditen erwirtschaftet würden:

> Ich glaube, man muss mit denen über Wirkung und Rendite reden und denen diesen finanziellen Zahn ziehen. Man sollte da nicht so tun, als könnte man damit Geld verdienen und gleichzeitig was Gutes tun [. . . ]. Und das zweite ist dann, dass wir für diese Dinge, für die es keinen Markt gibt, Leute finden müssen, die bereit sind ihr Geld herzugeben, ohne es zurück zu wollen und sich mit dem, sozusagen, mit der sozialen Wirkung, der sozialen Rendite, zufrieden geben (Investmentintermediär 3).

Darüber hinaus kann die soziale Wirkung einer Intervention langfristig und multidimensional sein, etwa in Form eines öffentlichen Guts. Dabei sind nun aber diejenigen, die die Maßnahme finanzieren und umsetzen, meist nicht auch diejenigen, die die anfallenden Erträge verbuchen, beispielsweise im Fall der Jugendhilfe, Arbeitsmarktqualifizierung,

Altenhilfe des Bildungsbereichs. Allgemein gesprochen versagt der Markt hier darin, diejenigen finanziell zu vergüten, die in die Lösung komplexer sozialer Probleme investieren, obwohl dadurch profunde soziale Wirkung geschaffen wird.

► **These 1c** Unsichere Einkommensmodelle aufgrund von Marktversagen behindern SII.

## 4.2 Betriebswirtschaftliche Kompetenzen

Die meisten SU in unserem Sample haben keinen betriebswirtschaftlichen Hintergrund. Sowohl die interviewten Investmentintermediäre als auch SU selbst gaben an, dass Organisationen auf Kapitalakquise oft die Fähigkeiten fehlen, Geschäftspläne zu entwickeln und umzusetzen, was die bereits thematisierte Geschäftsmodellproblematik verschärft.

► **These 2** Mangelnde betriebswirtschaftliche Kompetenzen aufseiten der Investees behindern SII.

## 4.3 Risikowahrnehmungen

Speziell in Bezug auf die bereits thematisierten Aspekte beurteilen die SU in unserem Sample die mit der Aufnahme rückzahlbaren Kapitals verbundenen Risiken als relativ hoch ein. SVCF betrachten umgekehrt SII ebenfalls als sehr riskant. Sie sehen die Risiken, Neues mit innovativen Ansätzen zu wagen, wobei oft beide Seiten wenig Erfahrung in weiten Teilen der geplanten Unternehmung haben. Konfliktpotenzial birgt diese Konstellation insofern, als sich Investoren mit Vertragsbedingungen abzusichern suchen, die ihr eigenes Risiko möglichst minimieren. Die üblicherweise angebotene Mezzaninfinanzierung (die Kredit- mit Eigenkapitalelementen kombiniert) sieht Mitbestimmungsrechte, Zinszahlungen sowie eine Rückzahlung nach vertraglich festgelegten Modalitäten vor, was SU oft als unvorteilhaft empfinden:

> Also da bin ich der Doofe, eigentlich, als Sozialunternehmer. Ich habe es überhaupt nicht verstanden, ganz ehrlich, als ich diese Verträge das erste Mal bekommen habe, habe ich überhaupt nicht verstanden, warum ich für Geld, was ich zurückzahlen muss, praktisch wie ein Darlehen, trotzdem Anteile abgeben muss. Ich habe es nicht kapiert und ich kapiere es eigentlich bis heute nicht. Aber es ist so üblich im VC-Geschäft. Das heißt, ich gebe Anteile ab, nur weil das nachrangig ist. Weil es halt doch Risikokapital ist (SU 5).
>
> [Ein SVCF hat] mir angeboten, sie könnten uns Geld zur Verfügung stellen zu 8 % Zins. Ja, und dann habe ich gedacht, da gehe ich lieber zu meiner Volksbank und frage: Könnt ihr uns Geld leihen zu 3 % Zins? Also 8 % finde ich unattraktiv für Sozialgeschichten (SU 3).

Andererseits kann man argumentieren, dass die Risiken *keine* anderen sind als im klassischen VC-Geschäft, denn auch dort betreten Investoren mit Produkten, Dienstleistungen und Geschäftsmodellen Neuland, und dass lediglich die Parameter andere sind. Interessanterweise wurde auch angegeben, dass die Risiken bei SII tatsächlich niedriger sind als bei klassischem VC, weil unter Investees im sozialen Sektor ein anderes Ethos vorherrsche:

> Ich vermute, die Ausfallquote ist niedriger [...], weil ich ein höheres ethisch moralisches Grundverständnis der Sozialunternehmer habe im Vergleich zu einem Technologieunternehmer (Investmentintermediär 3).

▶  **These 3** Schwierigkeiten dabei, Risiken akkurat zu erfassen, behindern SII.

## 4.4 Soziale Wirkung und Erträge

### 4.4.1 Quantifizierung und Rechnungslegung sozialer Erträge

Neben der möglichen Überbewertung finanzieller Risiken gibt es die Tendenz, die durch SU erwirtschafteten sozialen Erträge *unterzubewerten*. Finanzielle Erträge mögen bei SU niedriger sein aufgrund von Zielkonflikten und Abwägungseffekten mit sozialen Erträgen, doch wenn SU marktübliche Renditen erwirtschaften und zahlen, ist darin offensichtlich die von ihnen erwirtschaftete soziale Rendite nicht mit abgebildet. Der Wahrnehmung in unserem SU-Sample nach wird stattdessen soziale Rendite von Investoren eher beiläufig in einem sonst ganz herkömmlich gestalteten VC-Geschäft mitgenommen:

> Das Wichtige sind dann die Verträge. Und ehrlich gesagt [...] sind die Verträge kein bisschen social. Also das sind einfache, ganz normale VC-Verträge mit allen Gemeinheiten, die man sich vorstellen kann im VC-Geschäft (SU 5).

Während SU die Erfahrung machen, dass im Vertragsverhältnis mit Investoren, die sich eigentlich das Soziale auf die Fahnen geschrieben haben, dies nicht hinreichend abgegolten wird, sehen sich diese andererseits gezwungen, eine Portfolioperspektive einzunehmen. Im Gegensatz zu herkömmlichen VC ist auf das Gesamtportfolio bezogen mit weniger lukrativen Exits zu rechnen (Moehrle 2014), weswegen selbst bei niedrigerer (und damit durchaus sozialer) Renditeerwartung an das Gesamtportfolio auf das *einzelne* Investment zunächst so hohe Renditen erwirtschaftet werden müssen, dass damit kein Abschlag auf soziale Wirkung abgegolten werden kann.

Das spiegelt den allgemeinen Mangel an Möglichkeiten wider, soziale Erträge zu quantifizieren, die sich als Ersparnisse von Folgekosten an anderer Stelle erst niederschlagen. Interviewte SU betonten nachdrücklich den dringenden Bedarf danach, diese Ersparnisse zu berechnen. Ansonsten bliebe die soziale Wirkung von SU weitgehend unberücksichtigt, statt zur Nachhaltigkeit von SU-Geschäftsmodellen herangezogen werden zu können:

> Ich bin der Auffassung, und mehr denn je, dass soziale und ökologische Leistungen finanziell honoriert, taxiert und honoriert werden müssen. [...] Im Kern geht es darum, dass man die Finanzbuchhaltung so erweitert, dass sich sozial-ökologisches Wirtschaften finanziell rechnet und lohnt (SU 11).

▶ **These 4** Fehlende Möglichkeiten, soziale Erträge und Wirkung zu quantifizieren, behindern SII.

### 4.4.2 Wirkungsnachweise

Trotz der zuvor dargestellten fehlenden finanziellen Abgeltung sozialer Wirkung im Rahmen von SVC-Verträgen verlangen SVCF von SU Nachweise darüber, weil auch sie als Intermediäre sich wiederum gegenüber Kapitalgebern als *soziale* VC legitimieren müssen. Daher setzen SVCF hohe Standards des Wirkungsreportings an, die jedoch für SU oft schwierig umzusetzen sind: Während es noch vergleichsweise gut machbar ist, Output-Daten zu generieren und zu berichten (etwa Anzahl der Teilnehmer an einer bestimmten Leistung), mangelt es an Instrumenten, mit denen man sog. *Outcomes* (etwa verbessertes Wohlbefinden der Leistungsempfänger) oder tatsächlich die soziale *Wirkung* der Leistung (Outcomes abzüglich „deadweight"; vgl. Schober und Then 2015) methodologisch überzeugend messen kann (Antadze und Westley 2012; Ebrahim und Rangan 2010). Von Investoren verlangte Instrumente, wie etwa der Social Reporting Standard[2], erreichen oft nur eine geringe methodologische Qualität; darüber hinaus sind sie auch oft schwer in der SU-Praxis umsetzbar und der Aufwand hierfür übersteigt in vielen Fällen ein für Start-up-Unternehmer vertretbares Maß:

> [Der Social Reporting Standard] ist mir zu viel. Man hat so viel zu tun, die ganze Zeit, und dann soll man regelmäßig so einen halben Roman schreiben, was sich getan hat und so was. Das interessiert einen als Unternehmer nicht. Man hat so ein paar wichtige Punkte, Eckdaten, da muss man sich angucken, wie entwickelt es sich. Aber nicht irgendwie da noch Prosa und sonst was [...] Und Ashoka will dann wieder was anderes. Und man ist nur noch am Berichteschreiben (SU 5)

▶ **These 5** Der Druck, soziale Wirkung nachzuweisen, behindert SII aufgrund mangelnder Wirkungsmessungsansätze, die Effizienz mit methodologischer Qualität verbinden.

Zusammenfassend lässt sich feststellen, dass soziale Erträge nicht die wesentliche Rolle in Investmentverträgen spielen, die SU für sinnvoll halten, wofür u. a. auch effektivere und methodologisch hochwertigere Ansätze notwendig wären, die aktuell in Form von etwa Social Return On Investment (SROI; weitere Informationen unter http://redf.org/learn-category/sroi/) zwar durchaus zur Verfügung stünden, die aber zu aufwendig und damit ineffizient für die Praxis eines Start-ups sind.

---

[2] http://www.social-reporting-standard.de/.

## 4.5   Beziehungen und Infrastruktur

### 4.5.1   Voneinander abweichende Sprache, Einstellungen und Überzeugungen

Verschiedene SU – oft mit einer Berufsbiographie nahe dem Dritten Sektor – gaben an, dass sie manchmal den Eindruck haben, sie sprächen eine andere Sprache als Akteure aus der Wirtschaft. Darüber hinaus nehmen SU oft die Denk-, Bewertungs- und Kommunikationsmuster von Investoren als primär durch Renditeorientierung geprägt wahr und erklären diese Einstellung mit deren Verwurzelung im VC-Bereich. Der Rahmen unserer Untersuchung ließ keine wirkliche Überprüfung zu, inwiefern die Wahrnehmung womöglich mehr von Klischees geprägt ist, obgleich sie Ergebnisse in ähnlichen institutionellen Kontexten bestätigt (Dufays und Huybrechts 2015; Battilana und Dorado 2010; Buttle 2008). Unabhängig davon bildet diese Wahrnehmung eine weitere relevante Barriere für SII, da sie als eine Art selbsterfüllende Prophezeiung die Interaktion zwischen SU und SVCF erschwert.

Die Passung zwischen Investoren und SU kann daneben aber auch von sozialen Barrieren blockiert werden: Eine weibliche SU etwa betonte die Relevanz persönlicher und habitueller Eigenschaften (etwa Alter, Geschlecht, Auftreten oder Körpersprache):

> Es sind ja nicht Institutionen, die mit Institutionen verhandeln, sondern Personen mit Personen. [...] Und wenn ich das analysiert habe – das ist bei den Stiftungen genauso – und ich weiß, die Person, die das bearbeitet, akzeptiert praktisch nur einen 35-Jährigen mit Doktortitel, dann muss ich einen 35-Jährigen mit Doktortitel dahin schicken und wenn ich ihn mir für den Tag leihe. Und diese Struktur haben wir festgestellt, dass es also diese gläserne Decke gibt. Ab einem bestimmten Mittelvolumen brauchen Frauen gar nicht anfangen (SU 3).

Auch die Berufsbiografien der Beteiligten scheinen relevant. Beispielsweise gab ein SU mit beruflichem Hintergrund in der Privatwirtschaft an, viel besser mit Partnern aus diesem Sektor „klarzukommen" (SU 4) als etwa mit Stiftungsvertretern.

Ferner lässt sich eine generelle Skepsis gegenüber fremdfinanziertem Wachstum bei vielen SU feststellen, die auf die strategische Bewertung verschiedener Wachstumsoptionen zurückzuführen ist, die wiederum an den bereits diskutierten Schwierigkeiten beeinflusst wird. Es wird oft betont, dass es lange dauern kann, bis ein SU-Geschäftsmodell funktioniert, sodass es zu Schwierigkeiten hinsichtlich möglicher Rückzahlungsverpflichtungen kommen kann.

> Das heißt, ich habe es innerhalb der letzten zwei Jahre geschafft, [...] wirklich soweit einen Business Case herzustellen, dass es tatsächlich funktioniert. So, jetzt weiß ich was funktioniert, aber es hat [...] zwei Jahre gedauert, bis wirklich klar war, welches Businesskonzept tragbar ist (SU 14).

Vor dem Hintergrund der Erwartung an solche langsamen Lernprozesse bevorzugen viele SU einen vorsichtigeren Wachstumsprozess oder gar nur Konsolidierung fast ohne Wachstum, wenn Investmentkapital zu große Verpflichtungen mit sich bringt:

Und das zweite ist, dass ich glaube, wir wachsen lieber langsam, aber ohne dass ich mich mit einem Darlehen konfrontiere. Also lieber weniger [Umsatz] und dann allmählich steigern, als praktisch ein Kredit von 500.000 €. [...] Wir haben uns gesagt, wir nehmen keine Kredite auf. Wir wachsen, so wie wir Geld haben, wachsen wir (SU 3).

▶ **These 6** Weiche Faktoren wie unterschiedliche Sprachgewohnheiten oder Einstellungen und Überzeugungen zu fremdfinanziertem Wachstum behindern SII.

### 4.5.2 Konflikte über Autonomie vs. Mitbestimmungsrechte

Strategien zum Umgang mit Risiken und Unsicherheiten differieren zwischen SU und SVCF, was wiederum zu Konflikten hinsichtlich der Autonomievorstellungen von SU führt. SU betonen sehr stark die nicht finanziellen Gewinne, die sie persönlich aus ihrer Arbeit ziehen. Das kann neben der Genugtuung, ein soziales Problem zu mindern, auch persönlicher Ehrgeiz und Selbstentfaltung, aber auch das hohe Prestige erfolgreicher SU sein (Miller et al. 2012). Wie bei herkömmlichen Unternehmern sind betriebswirtschaftliche Freiheiten und unternehmerische Autonomie eng mit diesen Zielen verknüpft (Amit und Zott 2001; Hamilton 2000). Mehr noch als bei kommerziellen Unternehmern jedoch sind bei SU kaum hohe finanzielle Gewinne zu erwarten, weswegen der Autonomiekomponente eine vergleichsweise noch höhere Relevanz zukommt. Auf der anderen Seite versuchen SVCF, Risiken zu minimieren, eben indem sie Autonomie einschränken und sich Mitbestimmungsrechte einräumen lassen. Sie argumentieren, dass sie auch trotz des Mangels an Erfahrung im speziellen Bereich des SU sehr wohl über Erfahrung mit Unternehmen in der Frühphase und dem Management von Innovationen verfügen und ein Recht haben, die Entwicklung des SU (mit) zu bestimmen:

Also es ist schlichtweg einfach das BWL-Know-how. Es geht um Strukturierung von Organisationen, es geht um Prozesse definieren, wer ist für was verantwortlich, Organigramme und Organisationsstrukturen und Entscheidungspfade festzulegen. Das ist das klassische betriebswirtschaftliche Know-how. Ist in einem Sozialbereich zu wenig zu Hause (Intermediär 2).

Also, ein großer Erfolg von Start-ups ist, wenn das Gründungsteam frei und ohne gefühlte Angst agieren kann und Entscheidungen treffen kann, so schon mit einem Business Sense und mit einer Rationalität verbunden, eben aber auch halt mit der gewissen Aggressivität und Risikobereitschaft, die eben ein Start-up braucht. Und wenn ich dann so einen Standardbeteiligungsvertrag sehe, der irgendwie im hohen sechsstelligen Bereich alle möglichen Vertragsstrafen für alle möglichen Handlungen vorsieht, nur damit das eigentlich gedachte Wagniskapital wenig risikobehaftet wird, [...], da stellt sich für einen Firmengründer halt ziemlich schnell die Frage, ob das wirklich Sinn macht (SU 10).

Es ergibt sich insgesamt ein Bild, in dem sehr unterschiedliche Erwartungen, Herangehensweisen und Präferenzen erfolgreich miteinander in Einklang gebracht werden müssen.

▶ **These 7** Der Konflikt zwischen dem Autonomiebedürfnis von SU und Ansprüchen von Investoren auf Mitbestimmung behindern SII.

### 4.5.3 Fehlende Intermediärslandschaft und resultierende Transaktionskosten

Einige der zuvor genannten Probleme könnten sehr wahrscheinlich durch Intermediäre angegangen werden, etwa indem sie zwischen Investoren und SU vermitteln und teilweise auch übersetzen, beiderseitig befriedigende Vereinbarungen mit aufsetzen, Wissen und Instrumente bereithalten, etwa zur Wirkungsmessung oder auch zu Angebot und Nachfrage von SII-Kapital (Deal-Pipeline). Jedoch hat unsere Untersuchung ergeben, dass solche Strukturen für Deutschland (noch) fehlen, was u. a. zur Schwierigkeit hoher Transaktionskosten für SU und Investoren führt. Diese überstrapazieren die ohnehin schon prekäre Ressourcenlage bei SU und reduzieren die Attraktivität von SII für Investoren, zumal im Vergleich dazu die Dealgrößen bei SII aktuell noch eher klein und damit nicht besonders attraktiv sind.[3]

▶   **These 8** Unverhältnismäßig hohe Transaktionskosten aufgrund fehlender Intermediärsstrukturen behindern SII.

Insgesamt scheinen Akteure jeweils noch recht stark in ihren jeweiligen Ursprungsfeldern verwurzelt. Es braucht weitere Intermediäre, um die Lücke zwischen Investoren und SU auf symbolischen und kulturellen ebenso wie auf strukturellen Ebenen zu schließen.

## 5   Diskussion

Unsere Ergebnisse bestätigen die meisten der in der Literatur auch für andere Länder genannten Hindernisse für SII in Deutschland. Das umfasst v. a. Probleme hinsichtlich Investierbarkeit, Renditeerwartungen, Wirkungsmessung und -vergütung, hinderliche persönliche Einstellungen und Konstellationen sowie das Fehlen unterstützender Infrastruktur. Zu bemerken sind außerdem die Beziehungen zwischen diesen Problembereichen, die primär in gegenseitiger Verstärkung bestehen, etwa wenn das Fehlen geeigneter Instrumente zur Wirkungsmessung dazu führt, dass Wirkungserträge nicht der Vorstellung von SU entsprechend vergütet werden, weswegen sich ihre persönliche Bereitschaft verringert, mit SVCF zusammenzuarbeiten und ihnen auch noch erhebliche Mitbestimmungsrechte einzuräumen.

Zusätzlich zu diesen allgemeinen Problemen des weltweit noch jungen Ansatzes verkompliziert die deutschen SII-Landschaft noch das komplexe Umfeld der Wohlfahrtsmärkte, in dem viele SU operieren: Aufgrund bestehender Regulierung erschweren diese Märkte die Geschäftsmodellentwicklung, die Erwirtschaftung von Überschüssen, Zahlungen für Prävention und Innovation und führen so zu allgemeiner Risikoaversion. All das mindert die Möglichkeiten für attraktive Investments, zumal angesichts vergleichsweise hoher Transaktionskosten.

---

[3] Ein Problem, das sich noch verschlimmert, wenn mehrere Investoren beteiligt sind, so etwa vorgesehen beim zum Zeitpunkt der Untersuchung aktiven Matching-Programm der KfW.

Insgesamt müssen also ursprünglich gehegte Erwartungen gedämpft werden, dass soziale Probleme auf breiter Front mit Kapital gelöst werden können, das einer Investmentlogik folgt und aufgrund der damit einhergehenden Attraktivität für Investoren hinreichend sprudelt, um der Anzahl und dem Ausmaß sozialer Probleme endlich Herr zu werden. Nichtsdestotrotz kann SII dazu immerhin einen Beitrag leisten, erscheinen die hierin diskutierten Barrieren doch schließlich nicht unüberwindbar.

## Literatur

Achleitner A-K, Lutz E, Spiess-Knafl W (2011a) Disentangling gut feeling – assessing the integrity of social entrepreneurs. Volunt Int J Volunt Nonprofit Organ 24(1):93–124

Achleitner A-K, Spiess-Knafl W, Heinecke A, Schöning M, Noble A (2011b) Social investment manual. An introduction for social entrepreneurs. SSRN Electronic Journal. https://doi.org/10.2139/ssrn.1884338

Achleitner A-K, Mayer J, Spiess-Knafl W (2013) Sozialunternehmen und ihre Kapitalgeber. In: Jansen S, Heinze R, Beckmann M (Hrsg) Sozialunternehmen in Deutschland: Analysen, Trends, Handlungsempfehlungen. Springer, Wiesbaden

Alemany L, Scarlata M (2010) Deal structuring in philanthropic venture capital investments: financing instrument, valuation and covenants. J Bus Ethics 95(2):121–145

Alto P (2012) Impact investing: Will hype stall its emergence as an asset class? Soc Space 2012:40–47

Amit R, Zott C (2001) Value creation in E-business. Strateg Manage J 22(6–7):493–520

Antadze N, Westley FR (2012) Impact metrics for social innovation. J Soc Entrepreneursh 3(2):133–150

Barnett ML, Salomon RM (2003) Throwing a curve at socially responsible investing research: a new pitch at an old debate. Organ Environ 16(3):381–389

Battilana J, Dorado S (2010) Building sustainable hybrid organizations: the case of commercial microfinance organizations. Acad Manag J 53(6):1419–1440

Brown J (2006) Equity finance for social enterprises. Social Enterprise Journal 2(1):73–81

Bugg-Levine A, Emerson J (2011) Impact investing: transforming how we make money while making a difference. John Wiley & Sons, San Francisco

Buttle M (2008) Diverse economies and the negotiations and practices of ethical finance: the case of Charity Bank. Environ Plan A 40(9):2097–2113

Clark C, Emerson J, Thornley B (2012) The impact investor – the need for evidence and engagement (https://www.missioninvestors.org/system/files/tools/The-Impact-Investor-The-Need-for-Evidence-and-Engagement-Cathy%20Clark-et-al.pdf)

Davison R, Heap H (2013) Can social finance meet social need (www.huckfield.com/wp-content/uploads/2013/06/13-Heap-Davison-Soc-Fin-Soc-Need-U26.pdf)

Dufays F, Huybrechts B (2015) Where do hybrids come from? Entrepreneurial team heterogeneity as an avenue for the emergence of hybrid organizations. Int Small Bus J 34(6):777–796

Ebrahim A, Rangan VK (2010) The limits of nonprofit impact. A contingency framework for measuring social performance. Harvard Business School, working paper, 10-099

Emerson J, Spitzer J (2007) From fragmentation to function: critical concepts and writings on social capital markets' structure, operation, and innovation. Skoll centre working paper (http://eureka.bodleian.ox.ac.uk/762/1/FragmentationtoFunctionality2410Afinal.pdf)

Evans M (2013) Meeting the challenge of impact investing: how can contracting practices secure social impact without sacrificing performance? J Sustain Finance Invest 3(2):138–154

Flockhart A (2005) Raising the profile of social enterprises: the use of social return on investment (SROI) & investment ready tools (IRT) to bridge the financial credibility gap. Social Enterprise Journal 1(1):29–42

Freirich J, Fulton K (2009) Investing for social & environmental impact – a design for catalyzing an emerging industry. Deloitte Monitor Institute, San Francisco (http://monitorinstitute.com/downloads/what-we-think/impact-investing/Impact_Investing.pdf)

Glänzel G, Krlev G, Schmitz B, Mildenberger G (2013) Report on the feasibility and opportunities of using various instruments for capitalising social innovators. A deliverable of the project: "The theoretical, empirical and policy foundations for building social innovation in Europe" (TEPSIE). European Commission – 7th framework programme. European Commission, DG Research, Brussels

Glänzel, G, Then V (2016) Investment-Readiness: Worauf es für soziale Organisationen beim Social Investment ankommt. Fundraiser-Magazin 4/2016:62–63

Grabenwarter U, Lichtenstein H (2011) In search of gamma – an unconventional perspective on impact investing. IESE Business School, Barcelona, Madrid, New York (http://www.iese.edu/en/files2/foc.pdf)

Gregory D, Hill K, Joy I, Keen S (2012) Investment readiness in the UK (www.biglotteryfund.org.uk/er_invest_ready.pdf)

Guézennec C, Malochet G (2013) Impact investing: a way to finance the social and solidarity economy? An international comparison (no. 2013-02). Paris

Hamilton BH (2000) Does entrepreneurship pay? An empirical analysis of the returns to self-employment. J Polit Econ 108:604–631

Hebb T (2013) Editorial. Impact investing and responsible investing: what does it mean? J Sustain Finance Invest 3(2):71–74

Hehenberger L, Harling A-M (2013) European venture philanthropy and social investment 2011/2012 – the EVPA Survey

Hochstädter AK, Scheck B (2014) Mapping the social impact investing market in Germany: an overview of opportunities in the education space. The Rockefeller Foundation, IIPC, New York (http://gle.iipcollaborative.org/wp-content/uploads/sites/4/2014/06/Mapping-the-Social-Impact-Investing-Market-in-Germany_online.pdf)

Jackson ET (2013) Interrogating the theory of change: evaluating impact investing where it matters most. J Sustain Finance Interrogating 3(2):95–110

John R (2007) Beyond the cheque: how venture philanthropists add value. Oxford

Koh H, Karamchandani A, Katz R (2012) From blueprint to scale. The case for philanhropy in impact investing. Monitor Group, Zugegriffen (https://www.missioninvestors.org/system/files/tools/From-Blueprint-to-Scale-Case-for-Philanthropy-in-Impact-Investing-Harvey-Koh-et-al.pdf)

Mair J, Hehenberger L (2014) Front-stage and backstage convening: the transition from opposition to mutualistic coexisting in organizational philanthropy. Acad Manag J 57(4):1174–1200

Martin M (2013) Making impact investible. Impact economy working papers, vol. 4, 1st edition. Geneva

Meehan WF, Kilmer D, O'Flanagan M (2004) Investing in Society. Why we need a more efficient social capital market – and how we can get there. Stanford Social Innovation Review, Spring, S 1–7

Mendell M, Barbosa E (2013) Impact investing: a preliminary analysis of emergent primary and secondary exchange platforms. J Sustain Finance Invest 3(2):111–123

Miller TL, Wesley CL (2010) Assessing mission and resources for social change: an organizational identity perspective on social venture capitalists' decision criteria. Entrepreneursh Theory Pract 34(4):705–734

Miller TL, Grimes MG, McMullen JS, Vogus TJ (2012) Venturing for others with heart and head: how compassion encourages social entrepreneurship. Acad Manag Rev 37(4):616–640

Moehrle C (2014) Impact Investing. „Kulturell noch im Spenden verhaftet" Interview with Johannes Weber, Social Venture Fund, and Stephanie Petrick, Impact in Motion. CFOworld, S 1–6

Moore M-L, Westley FR, Nicholls A (2012a) The social finance and social innovation nexus. J Soc Entrepreneursh 3(2):115–132

Moore ML, Westley FR, Brodhead T (2012b) Social finance intermediaries and social innovation. J Soc Entrepreneursh 3(2):184–205

Nicholls A (2010) The institutionalization of social investment: the interplay of investment logics and investor rationalities. J Soc Entrepreneursh 1(1):70–100

O'Donohoe N, Leijonhufvud C, Saltuk Y (2010) Impact investments: an emerging asset class. New York

Petrick S (2013) Impact investing in the area of long-term unemployment. Entrepreneurial approaches within selected European countries

Petrick S, Weber M (2013) The social impact investment ecosystem in Germany. Input for the meeting of the Social Impact Investing Taskforce established by the G8

Priller E, Alscher M, Droß PJ, Paul F, Poldrack CJ, Schmeißer C, Waitkus N (2012) Dritte-Sektor-Organisationen heute: Eigene Ansprüche und ökonomische Herausforderungen. Ergebnisse einer Organisationsbefragung. Berlin. http://www.wzb.eu/sites/default/files/u163/dso_gesamt_finale_23-05-2013_online.pdf

Repp L (2013) Soziale Wirkungsmessung im Social Entrepreneurship, Herausforderungen und Probleme. Springer VS, Wiesbaden

Schober C, Then V (Hrsg) (2015) Praxishandbuch Social Return on Investment. Wirkung sozialer Investitionen messen. Schäfer-Pöschel, Stuttgart

Silby DW (1997) Social venture capital: sowing the seeds of a sustainable future. J Invest 6(4):108–111

Social Impact Investment Taskforce (2014a) Measuring impact: subject paper of the Impact Measurement Working Group (http://www.thegiin.org/binary-data/IMWG_Whitepaper.pdf)

Thompson P, Williams R (2014) Taking your eyes off the objective: the relationship between income sources and satisfaction with achieving objectives in the UK third sector. Volunt Int J Volunt Nonprofit Organ 25(1):109–137

Weber M, Scheck B (2012) Impact Investing in Deutschland. Bestandsaufnahme und Handlungsanweisungen zur Weiterentwicklung

Wood D, Thornley B, Grace K (2013) Institutional impact investing: practice and policy. J Sustain Finance Invest 3(2):75–94

**Gunnar Glänzel** arbeitet als freier Wissenschaftler u. a. für das Climate-KIC im Professional-Education-Bereich zur Förderung von Innovationsprojekten, Start-ups und Nachwuchsinnovatoren. Zuvor forschte er für das Centrum für sozialen Investitionen und Innovationen (CSI) der Universität Heidelberg zu den Themen Social Impact Investment, soziale Innovationen, Sozialunternehmertum und hybride Organisationen. Gunnar Glänzel studierte an der Schiller International University in Heidelberg und London Internationale BWL mit dem Schwerpunkt Strategisches Management. Nach den Abschlüssen BBA und MBA (2000 bzw. 2001) studierte er 2002–2008 an der TU Darmstadt Soziologie mit den Schwerpunkten Industrie-, Organisations- und Managementsoziologie, Corporate Social Responsibility sowie Ethik und Technikfolgenabschätzung im Nebenfach Philosophie.

**Dr. Thomas Scheuerle** ist Consultant für Corporate Venturing bei badenCampus und freiberuflicher Berater für Unternehmertum und Innovation an der Schnittstelle von wirtschaftlichen und gesellschaftlichen Zielen. Seine Schwerpunkte liegen in den Bereichen Innovationsfähigkeit, Strategieplanung, Wirkungsmessung und Finanzierung. Dazu hat er über sechs Jahre in verschiedenen Forschungs- und Beratungsprojekten des Centrums für soziale Investitionen und Innovationen (CSI) der Universität Heidelberg mitgearbeitet, u. a. an einer Studie zu „Sozialem Unternehmertum in Deutschland" (MEFOSE) und als Verantwortlicher für das Projekt Creating Economic Space for Social Innovation in Europe (CrESSI) im Rahmen eines Forschungskonsortiums unter Gesamtleitung der Universität Oxford. Thomas Scheuerle schloss sein Studium an den Universitäten Heidelberg und Mannheim mit einem Diplom in VWL sowie einem Magister in Sportwissenschaft, VWL und Medien- und Kommunikationswissenschaft ab. In seiner Doktorarbeit am Institut für Wirtschaft und Ökologie der Universität St. Gallen beschäftigte er sich mit sektorübergreifenden Geschäftsmodellen für innovative, nachhaltige Mobilitätslösungen. Zudem war er 2014 Fellow am Centre for Social Impact Strategy der University of Pennsylvania in Philadelphia.

# Best Practice Case Studies

# Der auticon-Effekt

Dirk Müller-Remus

## 1 Einleitung

Im Jahr 2007 wurde bei einem meiner Kinder im Alter von 14 Jahren das sog. Aspergersyndrom, eine mildere Form von Autismus, diagnostiziert. Bei einem Besuch einer Selbsthilfegruppe mit dem Titel „Autismus und Arbeit" stellten 20 Asperger-Autisten zwischen 25 und 50 Jahren ihren beruflichen Werdegang vor. Trotz guter Ausbildung und hohem intellektuellen Potenzial waren sie allesamt arbeitslos. Die Gründe hierfür lagen ausschließlich in ihren Problemen in der sozialen Interaktion und Kommunikation. Tatsächlich sind über 85 % aller Autisten in Deutschland arbeitslos. Diese Erkenntnis und die einseitige defizitorientierte Wahrnehmung von Autisten in der Öffentlichkeit war für mich die Initialzündung zur Gründung von auticon im November 2011 gemeinsam mit dem Social Venture Fund. Heute ist auticon das erste und einzige Unternehmen in Deutschland, das ausschließlich Menschen im Autismusspektrum als Consultants im IT-Bereich beschäftigt.

Das Unternehmen wurde bewusst als normale GmbH gegründet, um den Anspruch zu untermauern, dass auticon sich mit Autisten als IT-Berater im harten Konkurrenzkampf gegen die bereits etablierten IT-Beratungsunternehmen behaupten kann. Damit wird die üblicherweise gestellte Frage „Ist Ihr Unternehmen gewinnorientiert oder sozial?" beantwortet mit „auticon ist gewinnorientiert **und** sozial". auticon ist mit diesem Ansatz eines der wenigen Social Enterprises, die sich fast ausschließlich über externen Umsatz finanzieren. Lediglich etwa 8 % der Einnahmen sind staatliche Unterstützungsleistungen (beispielsweise Eingliederungszuschüsse der Bundesagentur für Arbeit).

D. Müller-Remus (✉)
Diversion GmbH
Berlin, Deutschland
E-Mail: dmr-divergent@web.de

© Springer-Verlag GmbH Deutschland, ein Teil von Springer Nature 2019
A. Kraemer und L. M. Edinger-Schons (Hrsg.), *CSR und Social Enterprise*,
Management-Reihe Corporate Social Responsibility,
https://doi.org/10.1007/978-3-662-55591-0_11

auticon sieht das enorme Potenzial von Menschen im Autismusspektrum: Mustererken-
nung, Präzision, Logik und eine Affinität zur Fehlersuche zählen zu den herausragenden
Fähigkeiten von Asperger-Autisten. Viele haben zudem ein ausgeprägtes Interesse an IT,
Physik, Mathematik und Technik, was sie zu wertvollen Experten in IT-Projekten macht.

Autismusspezifische Schwierigkeiten in der sozialen Interaktion und Kommunikation
bedeuten jedoch, dass viele Asperger-Autisten Probleme haben, trotz hohen Fachwissens
einen Job auf dem ersten Arbeitsmarkt zu finden oder zu halten. Dadurch, dass auticon
autismusfreundliche Arbeitsplätze in der IT schafft, bekommen begabte Menschen eine
attraktive Anstellung. Die Kunden profitieren von überdurchschnittlich hochwertigen Ar-
beitsergebnissen. So verbindet auticon soziale und wirtschaftliche Ziele.

Damit unsere Consultants ihr volles Potenzial ausschöpfen können, stellt auticon ihnen qualifizierte Job-Coaches zur Seite. Sie bilden die Schnittstelle zwischen auticon-
Consultants und Kunden, beispielsweise in Fragen der Arbeitsplatzgestaltung oder der
Kommunikation. Job-Coaches sind bis auf ein einleitendes Meeting nicht beim Kunden
vor Ort, doch stehen sie jederzeit als Ansprechpartner und Berater zur Verfügung. Für die
fachliche Unterstützung stehen den auticon-Consultants Projektmanager zur Seite.

auticon will zeigen, dass man sozialen Anspruch mit wirtschaftlicher Leistungsfähigkeit verbinden kann, wie aus vermeintlichen Schwächen Stärken werden können. Dadurch
entsteht ein verändertes Bild in der Gesellschaft über Menschen mit Behinderung, was dazu beitragen kann, die Beschäftigungschancen für Menschen mit Handicap zu verbessern.

## 2   Basisdaten auticon

auticon wurde am 21. November 2011 als **nicht** gemeinnützige GmbH gegründet und versteht sich als ein ganz normales IT-Beratungsunternehmen, nicht als Personalvermittlung
oder Behindertenwerkstatt. Zum Stand September 2018 beschäftigt auticon insgesamt
180 Mitarbeiter, darunter 130 Menschen im Autismusspektrum an den Standorten Berlin, Hamburg, Bremen, Düsseldorf, Frankfurt, Stuttgart und München sowie in London,
Paris, Zürich und Los Angeles.

Für das besondere Engagement im Bereich Autismus und Arbeit erhielt auticon zahlreiche Preise, u. a. im Jahr 2015 den renommierten Deutschen Gründerpreis.

## 3   Das Problem

Die Probleme von Menschen mit Autismus in der sozialen Interaktion und Kommunikation schließen sie in der von Nichtautisten geprägten Arbeitswelt weitgehend aus. Teamori-
entierung, Kommunikation und geschmeidiges Sozialverhalten werden von Arbeitgebern
als Standard erwartet. Abweichungen werden allzu häufig als Risiko und nicht als Chance
gesehen, weil die fein abgestimmten operativen Abläufe in Unternehmen vielfach keine
Quer- und Tiefdenker mehr zulassen. Oft sind es aber genau diese Mitarbeiter, die etwas
Besonderes und Innovatives schaffen. Es gibt Schätzungen, nach denen etwa ein Drittel

aller Softwareentwickler im Silicon Valley Autisten sind. Offensichtlich hat man dort viel früher und besser verstanden, was diese Menschen zu leisten imstande sind.

## 4 Notwendige Rahmenbedingungen

auticon hat Verständnis für besondere Menschen und achtet und schätzt ihre Besonderheiten statt sie auszugrenzen. Garant dafür sind unsere speziell auf diese Besonderheiten vorbereiteten Job-Coaches (verantwortlich für Rekrutierung, Kompetenzanalyse, Vorbereitungsphase und Begleitung der IT-Consultants im Job) und Projektmanager, die unsere Consultants fachlich begleiten. Grundsätzlich sollen alle unsere nicht autistischen Mitarbeiter ein gutes Verständnis für das Denken und Fühlen von hochbegabten, hochsensiblen und hochsensitiven Mitarbeitern mitbringen und/oder entwickeln. Nur mit dieser Einstellung kann auticon die tatsächlichen Potenziale unserer Mitarbeiter in der kompletten Tiefe verstehen, identifizieren und optimal einsetzen.

## 5 Stärken von Menschen mit Autismus

Die nachfolgend aufgeführten Stärken wurden von unseren Kunden in der betrieblichen Realität beobachtet:

- Stark ausgeprägtes logisches Denken
- Mathematisch-naturwissenschaftliche Stärken
- Aufmerksamkeit, Ausdauer und Regelmäßigkeit
- Konzentrationsfähigkeit auch bei Routinearbeiten
- Außergewöhnliche visuelle und auditive Fähigkeiten
- Loyalität und Wahrheitsliebe
- Detailgenauigkeit.

Neben diesen mittlerweile bekannten Stärken gibt es die im Folgenden genannten weiteren besonderen Fähigkeiten und Potenziale, die gegenüber nicht autistischen IT-Consultants als Alleinstellungsmerkmal (USP) angeführt werden können.

### 5.1 Mustererkennung

Das Erkennen **abstrakt-logischer Muster** umfasst die Fähigkeit,

- unbekannte und verdeckte Strukturen und Zusammenhänge auf Basis von komplexen und/oder großen Datenmengen zu erkennen und davon ausgehend
- sinnvolle Schlussfolgerungen zu ziehen bzw. Lösungen zu finden.

Die Fähigkeit zur Mustererkennung ist der Schlüssel zum Arbeitsmarkt, da diese besondere Begabung nicht nur in der IT-Industrie besonders nachgefragt ist. Mustererkennung ist die Basis für den Einsatz sog. künstlicher Intelligenz (KI).

## 5.2 Leidenschaft für eine Sache

Haben Autisten ein bestimmtes Feld identifiziert, für das sie eine echte Leidenschaft entwickeln, kann man mit Sicherheit davon ausgehen, dass sie in diesem Feld herausragendes Wissen gesammelt haben, das je nach Spezialinteresse sehr gut im beruflichen Umfeld nutzbar ist.

## 5.3 Intrinsisches Qualitätsbewusstsein

Autisten haben einen inneren Drang, Fehler zu identifizieren. Sie verfügen über ein sehr hohes Qualitätsbewusstsein, das insbesondere bei Unternehmen zum Einsatz kommen kann, die nur eine sehr geringe Fehlerquote tolerieren können.

Gerade in der Analysephase können unsere Consultants mit diesen Stärken einen wesentlichen kreativen und konzeptionellen Beitrag leisten, in der Umsetzungsphase bedarf es einer strukturierten und logisch-analytischen Vorgehensweise. Auch auf diesem Gebiet sind die auticon-Consultants stark.

Der Leitspruch von auticon lautet folgerichtig „Querdenker mit System".

Es geht aus unserer Sicht nicht um die Frage, ob autistische Mitarbeiter besser sind als nicht autistische. Es geht vielmehr darum, dass der Einsatz von Autisten den Output von gemischten Projektteams massiv verbessert.

Unsere Consultants (und die, die wir noch nicht gewinnen konnten) haben ein hohes Potenzial und die Fähigkeit, dieses umzusetzen. Sie brauchen dafür aber ein geeignetes Umfeld.

## 6 Arbeit und Autismus

Trotz fachlicher Eignung (teilweise auch Überqualifikation) haben es Menschen im Autismusspektrum – wie bereits erwähnt – meist schwer, einen Job zu finden oder zu halten. Diese Einschränkungen sind so gravierend, dass Autisten sozialrechtlich als Schwerbehinderte eingestuft werden, oftmals mit einem Grad der Behinderung von 50 bis 80.

Struktur, Rückzugsmöglichkeiten, eine Umgebung mit begrenzten Sinneseindrücken und das Wissen der Kollegen um die Autismus-Spektrum-Diagnose können die Konzentrationsfähigkeit und Produktivität von Mitarbeitern im Autismusspektrum enorm fördern. Damit unsere Consultants ihr volles Potenzial ausschöpfen können, stellt auticon ihnen qualifizierte Job-Coaches zur Seite. Sie bilden die Schnittstelle zwischen auticon-Mitar-

beitern und Kunden. So regen die Job-Coaches beispielsweise Anpassungen des Arbeits-
platzes an oder sprechen Empfehlungen zur Strukturierung aus.

Die Tatsache, dass Autisten oftmals aus verständlichen Gründen nicht preisgeben wollen, dass sie Autisten sind, führt am Arbeitsplatz dazu, dass Missverständnisse und Ir-
ritationen entstehen, die man nicht zuordnen kann. Wüsste der Arbeitgeber, dass der
Mitarbeiter Autist ist, könnte er gegebenenfalls geeignete Maßnahmen zur Hilfestellung
anbieten. Das bedingt aber natürlich eine tolerante, aufgeklärte und offene Unternehmenskultur, die leider nicht immer anzutreffen ist.

## 7 Anforderung an die Arbeitsplätze

Die Besonderheiten von Menschen im Autismusspektrum in der sozialen Interaktion führen i. d. R. dazu, dass sie in Rekrutierungsverfahren nur selten berücksichtigt werden.

Potenzielle Kunden und Arbeitgeber fürchten teilweise eine intensive, zeitraubende Betreuung und Einarbeitung, Mehrarbeit für die Kollegen oder einen erhöhten finanziellen
Gesamtaufwand. Weiterhin haben sie Bedenken, ob die Arbeitsausführung in der gefor-
derten Qualität erbracht werden kann und erwarten eine höhere Krankheitsquote, mehr
Urlaubstage und einen besonderen Kündigungsschutz (bei Schwerbehinderung).

Hier setzt das auticon-Konzept an: Wir beschäftigen Menschen im Autismusspektrum
auf dem ersten Arbeitsmarkt unter der Berücksichtigung ihrer speziellen Bedürfnisse. Die
folgenden Mindestvoraussetzungen sind dazu erforderlich:

- Genaue Überprüfung der Eignung der Kandidaten
- Optimale Arbeitsplatzausstattung, Rückzugsmöglichkeiten
- Räumliche/zeitliche Strukturierung der Arbeitsabläufe
- Spezifische Ausbildung der Betreuer/verantwortlichen Personen
- Job-Coaching durch qualifizierte Mitarbeiter

Die autismusgerechte Schaffung von Arbeitsplätzen umfasst insbesondere die Notwendigkeit zur Minimierung visueller und auditiver Reize. Typische Maßnahmen sind die
Bereitstellung von Trennwänden, Kopfhörern o. ä. (räumliche Umbauarbeiten sind dabei
nicht vonnöten).

Nachdem wir die Bewerbungen erhalten haben, laden wir ganz bewusst jeden Bewerber
zu uns ein, der zumindest Interesse an IT oder Qualitätsmanagement hat. Das hat zwei
Gründe:

- Wir wollen jedem Bewerber mit Respekt und Offenheit begegnen.
- Auch wenn die Bewerber nur über geringe IT-Kenntnisse verfügen, haben sie eventuell
  andere Spezialinteressen.

Die Bewerbungsgespräche führen unsere Job-Coaches. Dabei geht es uns v. a. darum,
die Bewerber gut kennenzulernen, ihre angegebenen IT-Fachkenntnisse besser einzuschät-

zen und herauszufinden: Was ist die Leidenschaft des Bewerbers? Wofür brennt der Bewerber? Was ist das Spezialinteresse?

Nachdem wir das Bewerbungsgespräch geführt haben, werden die für unsere speziellen Anforderungen geeigneten Bewerber zu einer fachlichen Kompetenzanalyse eingeladen. Hier geht es an einem Tag um die Feststellung der logisch-analytischen Fähigkeiten sowie der fachlichen Eignung anhand von Aufgaben, die wir gemeinsam mit der FU Berlin entwickelt haben.

Die Kandidaten mit ausreichenden Fachkenntnissen werden danach zu einer 14-tägigen Vorbereitungsphase eingeladen. Hier geht es um das nähere Kennenlernen der Kandidaten. Wir wollen auch wissen, ob die Bewerber pünktlich, gewissenhaft, einigermaßen teamfähig und stressstabil sind. Weiterhin wollen wir wissen, wie die Kandidaten kommunizieren, wo ihre Stärken und Schwächen liegen. Am Ende der Vorbereitungsphase erhalten die geeigneten Kandidaten die Zusage von auticon über eine Anstellung.

## 8    Was wir anbieten

Wir starteten 2011 mit dem Thema Software-Testing, haben uns aber bis heute zu einem IT-Dienstleister mit einem klar definierten Leistungsportfolio weiterentwickelt, das dem Können unserer IT-Consultants entspricht:

- Testing und Quality Management
- Transformation und Migration
- Data und Business Intelligence
- Security und Deep Web Analysis
- Compliance und Reporting

Wir sind bereits dabei, uns mehr und mehr in die Gebiete Data analysis, Big-Data-Projekte usw. einzuarbeiten. auticon achtet darauf, die Megatrends in der IT rechtzeitig zu erkennen und die Mitarbeiter entlang ihrer tatsächlichen Potenziale kurz-, mittel- und langfristig auf neue Herausforderungen vorzubereiten.

## 9    Einsatz beim Kunden

Unsere Consultants (Mitarbeiter mit Autismus), Job-Coaches und Projektmanager werden immer dann aktiviert, wenn ein Kunde einen besonderen Bedarf an IT-Dienstleistung hat und einen Vertrag über ein Projekt mit uns geschlossen hat. Hierzu einige Anmerkungen:

- Unsere Mitarbeiter sind auticon-Mitarbeiter. Wir vermitteln sie also nicht an andere potenzielle Arbeitgeber.
- Unsere Mitarbeiter sollen möglichst vor Ort beim Kunden arbeiten. Erst das verstehen wir als gelebte Inklusion.

- Vor dem Einsatz beim Kunden sondieren unsere Job-Coaches die Gegebenheiten beim Kunden und informieren die kundenseitigen Projektmitarbeiter über das Thema Autismus und die spezifischen Besonderheiten unserer eingesetzten Mitarbeiter.
- Vor Ort beim Kunden wird genau ein Ansprechpartner für unsere Mitarbeiter benannt.
- Bei Problemen mit dem Kunden oder unserem Mitarbeiter wird stets der auticon-Job Coach und/oder Projektmanager eingeschaltet.

Unsere Job-Coaches sind Pädagogen, Psychologen und Quereinsteiger. Viel wichtiger als die Ausbildung aber ist die Persönlichkeit der Job-Coaches. Sie sollen in sich gefestigt mit einer ruhigen Ausstrahlung sein und v. a. klar, einfach und logisch kommunizieren, was einfacher klingt als es ist.

Ein interessantes Feedback unserer Kunden ist, dass sich die Kommunikation im Rahmen der Projekteinsätze unserer Mitarbeiter deutlich verbessert hat. Es wurde konkreter und klarer kommuniziert.

auticon bietet also keine geschützten Arbeitsplätze, sondern verfolgt den Ansatz von gemischten Teams (autistisch/nicht autistisch) und versteht darunter ganz konkret gelebte Inklusion. Das positive Feedback der Kunden und unserer Mitarbeiter zeigt, dass das Konzept funktioniert.

Mittlerweile hat auticon neben vielen aufgeschlossenen Mittelstandskunden ein Drittel aller im DAX gelisteten Unternehmen als Kunden gewinnen können. Die Kunden loben v. a., wie schnell sich unsere Mitarbeiter auch in komplexe Zusammenhänge einarbeiten, wie genau und sorgfältig sie arbeiten und dass es gar nicht so schwierig war, mit unseren Mitarbeitern zusammenzuarbeiten und zu kommunizieren. Immer wieder wird auch ihre Kreativität gelobt.

Es lässt sich feststellen, dass es gut organisierten und strukturierten Unternehmen mit einer gelebten CSR-Kultur leichter fällt, Autisten einzusetzen. Letztlich aber beauftragt uns kein Kunde wegen unseres sozialen Anspruchs, sondern allein wegen des erwarteten betriebswirtschaftlichen Mehrwerts durch den Einsatz der auticon-Consultants. auticon will durch die Leistung der Mitarbeiter überzeugen und damit zeigen, dass sich Gewinnorientierung und sozialer Anspruch nicht ausschließen, sondern sogar bedingen können. Je mehr Umsatz auticon erzielt, desto mehr Menschen mit Autismus können eingestellt werden. Erst mit der Schaffung von maximal möglichen Arbeitsplätzen für Menschen mit Autismus im IT-Bereich ist das eigentliche Ziel von auticon erreicht.

## 10 Vorteile einer Zusammenarbeit mit auticon

auticon steht sinnbildlich für eine Win-win-win-Situation:

- Für die **Menschen mit Autismus** ist auticon eine gute Chance, einen anspruchsvollen und autistengerechten Job zu bekommen. Mit der Anerkennung aus der Projektarbeit und einem fairen Gehalt wächst auch das Selbstwertgefühl und die finanzielle Unabhängigkeit.

- Die **Gesellschaft** profitiert von dem Ansatz, indem Transferleistungen für Bezieher von ALGI, Hartz IV und Rente im Fall einer Anstellung bei auticon entfallen und bekommt ein Beispiel präsentiert, an dem Diversity und Inklusion ganz konkret erlebbar wird.
- Der **Kunde** erhält eine qualitativ hochwertige Leistung und erlebt, wie durch die Anwesenheit von Autisten die Produktivität in gemischten Teams ansteigt.

Das auticon-Beispiel macht Mut, wie aus vermeintlichen Schwächen Stärken werden können, wenn man nur die Perspektive wechselt und die defizitorientierte Sicht gegen eine stärkenorientierte wechselt.

# Haniel und das Social Impact Lab: Engagement für Gründer vor Ort in Duisburg

Jutta Stolle, Dirk Sander, Clemens Binder und Thomas Hanke

## 1 Standortverantwortung und Bildungsförderung als Treiber gesellschaftlichen Engagements

Das erste Social Impact Lab (SIL) wurde 2011 in Berlin gegründet, weitere folgten in Frankfurt, Hamburg, Leipzig, Potsdam, Stuttgart, München und Bonn (Stand Dezember 2018). Von Herbst 2015 bis Dezember 2018 hat es im Duisburger Stadtteil Ruhrort einen weiteren Ort beim Unternehmen Haniel gefunden, kofinanziert durch die Beisheim Stiftung Deutschland sowie die KfW Stiftung.

Die SIL fördern Firmenideen zu gesellschaftlichen Veränderungen und Verbesserungen. Sie unterstützen regionale Start-ups mit Büroarbeitsplätzen und der nötigen Infrastruktur, Netzwerken und Mentoren, Coaching und Beratung. Auch Gründungswillige, die vielleicht erst eine vage Idee zur Lösung eines sozialen Problems haben, können sich mit ihrer Idee bewerben und erhalten die Chance, von Anfang an bei deren Umsetzung

J. Stolle
Franz-Haniel & Cie. GmbH
Duisburg, Deutschland
E-Mail: jstolle@haniel.de

D. Sander (✉) · C. Binder
Social Impact gGmbH
Essen, Deutschland
E-Mail: sander@socialimpact.eu

C. Binder
E-Mail: binder@socialimpact.eu

T. Hanke
Institut für Logistik- & Dienstleistungsmanagement, FOM Hochschule für Oekonomie & Management
Essen, Deutschland
E-Mail: thomas.hanke@fom.de

© Springer-Verlag GmbH Deutschland, ein Teil von Springer Nature 2019
A. Kraemer und L. M. Edinger-Schons (Hrsg.), *CSR und Social Enterprise*,
Management-Reihe Corporate Social Responsibility,
https://doi.org/10.1007/978-3-662-55591-0_12

unterstützt zu werden. Durch verschiedene Programme erhalten die Bewerber neben der Qualifizierung auch Zugang zu relevanten Netzwerken und Finanzierungsmöglichkeiten. Voraussetzung für eine Förderung ist, dass die Idee ein soziales Problem löst, innovativ ist und sich in der Wirkung skalieren lässt. Seit Eröffnung im April 2016 wurden im SIL 55 Social Startup-Teams betreut, aus denen 30 Gründungen hervorgingen.

Trotz internationaler Ausrichtung hat Haniel nie den Blick für das Ruhrgebiet, die Stadt Duisburg und den Stadtteil Ruhrort verloren. Denn hier begann vor 260 Jahren die Geschichte des Familienunternehmens und hier hat die Unternehmenszentrale bis heute ihren Sitz. Schwerpunkte im Bereich Corporate Responsibility leiten sich aus diesem Grundverständnis ab und sind im Wesentlichen Standortverantwortung und Bildungsförderung. Deshalb fördert Haniel Menschen und Ideen, die die Zukunft nachhaltig verbessern und den Standort lebenswerter machen.

Dabei ist das Engagement für Sozialunternehmen für Haniel nichts Neues. Seit Jahren unterstützen die Haniel Stiftung und Haniel die Ansiedlung von Sozialunternehmen wie Teach First, Apeiros und Chancenwerk in Duisburg. Die Erfolge dieser Unternehmen bestätigten den Ansatz, soziale Innovationen durch unternehmerische Mittel zu bewirken. So lag es nahe, in Duisburg mit dem SIL einen Inkubator für soziale Innovationen aufzubauen. In Ergänzung zur Förderung von etablierten Sozialunternehmen durch die Haniel Stiftung qualifizieren SIL Gründer und Gründerinnen in der Ideen- und Implementierungsphase.

## 2 Legitimation und Sinnstiftung

Lange Zeit in der Rechtsgeschichte der Unternehmen standen sie unter existenzbedrohendem gesellschaftlichem Druck, ihr Handeln zu rechtfertigen. Unternehmen mussten sich gesellschaftlichen Ansprüchen stellen, sonst drohte ihnen mit der gesellschaftlichen Anerkennung der Verlust ihrer Legitimation. Mit der Beschränkung der Gesellschafterhaftung und der Anerkennung des Unternehmens als juristische Person begann die Loslösung der modernen Unternehmen von ihren gesellschaftlichen Zwecken und fand ihren Höhepunkt 1920 in der Entscheidung des US-amerikanischen Supreme Court, den Zweck eines Unternehmens auf den Eigennutz festzulegen (Sukhdev 2013, S. 44). Das war bis zu den jüngsten Wirtschafts- und Finanzkrisen der „Sargnagel" (Sukhdev 2013, S. 44) des sozialen Unternehmertums. Heute wird verantwortliches Handeln von Unternehmen zwar oft über legitimatorische Rhetorik plausibilisiert, dennoch brauchen Unternehmen gar nicht erst anzufangen, über gesellschaftliches Engagement nachzudenken, wenn sie nicht auch im Kerngeschäft verantwortlich handeln.

Es sind die Unternehmenswerte, die nachhaltiges Handeln auf eine breite Basis stellen. Ein wesentliches Moment ist hier die Stiftung von Sinn und Identität im Kern des Unternehmens. Die Perspektive der Sinnstiftung bezieht sich dabei auf Aushandlungs- und Lernprozesse und die Einbindung interner wie externer Anspruchsgruppen in strategische Entscheidungen. Dem Bedürfnis nach Legitimation gegenüber den Anspruchsgruppen

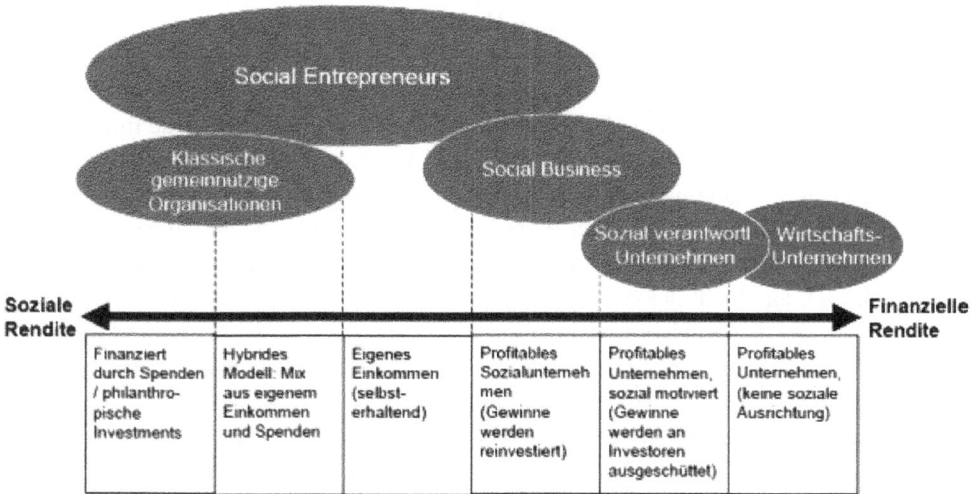

**Abb. 1** Einordnung von Social Entrepreneurship nach Zielsetzung und Organisationsform. (Frischen und Lawaldt 2008)

steht eine interne Reflexion über die Sinnhaftigkeit, Glaubwürdigkeit und Plausibilität des eigenen Tuns gegenüber (Hanke und Stark 2009).

Social Entrepreneurs lösen gesellschaftliche Probleme mit unternehmerischen Mitteln. Nur wer ein tragfähiges Geschäftsmodell entwickelt, kann darauf hoffen, gesellschaftliche Strukturen nachhaltig zu verändern.

Die Abb. 1 zeigt, dass die Grenzen zwischen Sozialunternehmen und sozialen Unternehmen fließend sind. Sozial motivierte Unternehmen wie Haniel streben prioritär finanzielle Renditen an und nehmen dabei strategische Rücksicht auf Gemeinwohlinteressen. Sozialunternehmen zielen auf die soziale Rendite, wobei der finanzielle Ertrag als Erfolgsfaktor für einen nachhaltigen Lösungsansatz dient. Für Haniel lohnt sich die Förderung eines Inkubators für Sozialunternehmen doppelt: Das Engagement zahlt zu gleichen Teilen auf die sinnstiftenden und legitimatorischen Erfordernisse an das unternehmerische Handeln ein.

# 3   Expertenbefragung bei Haniel

Mithilfe einer Befragung, die im Herbst 2016 mit neuen Experten aus dem Unternehmen Haniel durchgeführt wurde, wollten wir untersuchen, inwieweit das Engagement für die Förderung von Sozialunternehmen legitimatorische und sinnstiftende Aspekte unternehmerischen Handels abbildet. Die Befragung stellt ab auf die Kernfrage, wie ausgeprägt das soziale Engagement bei Haniel gelebt wird und welche Erwartungen hinter dem Engagement für die Sozialunternehmen stehen.

**Welche Auswirkungen erwarten Sie von Haniels Engagement für Sozialunternehmen auf Ihren Bereich?**

Die Befragten erwarten einen interdisziplinären Austausch mit den Sozialunternehmern und einen Spill-Over der Andersdenkermentalität. Dies kann wertvolle neue Impulse und bereichernde Aufgabenstellungen für den eigenen Arbeitsbereich bedeuten. Es geht auch um das Erleben und Übernehmen von Methoden und der Kultur der Start-ups in Bereichen, in denen das zu einer besseren Performance führen kann. Nicht zuletzt profitieren alle auch von interessanten Kontakten und innovativen Geschäftsideen.

So ließe sich aus Sicht der Befragten das Engagement gut in die Lern- und Entwicklungsprozesse der Mitarbeiter und Führungskräfte integrieren. So könnten Teilnehmer beispielsweise lernen, wie über Lean-Start-up-Prozesse Ideen entwickelt und zu konkreten Innovationen generiert werden können; umgekehrt können sie über die Übernahme von Mentorenrollen selbst einen Beitrag leisten, der wiederum auch einen Lernprozess darstellt.

**Welche Auswirkungen erwarten Sie von diesem Engagement auf die Unternehmenskultur bei Haniel?**

Das Engagement kann helfen, über den Tellerrand hinauszuschauen, anders zu denken, sich zu öffnen und Unterschiedlichkeiten zusammenzuführen – alles Stoßrichtungen, die auf eine agilere Form der Zusammenarbeit im Unternehmen Haniel einzahlen und vielleicht auch das eine oder andere Vorurteil überwinden.

Die Befragten wünschen sich eine Öffnung für Themen, die nicht ausschließlich im Businessbereich liegen. Der Austausch mit Personen, die sich mit ihren unternehmerischen Ideen der Lösung gesellschaftlicher Probleme widmen, kann nach Ansicht der Befragten ein stärkeres individuelles Engagement der Mitarbeiter in sozialen Themen auslösen. Kurz gesagt: Worten Taten folgen zu lassen und Werte zu leben.

Es geht hier auch um das Bewusstsein, dass es mehr als die eigene Unternehmenswelt gibt: das Aufbrechen hierarchischer Strukturen und die Eröffnung neuer Perspektiven. Und es geht um eine Unternehmenskultur, die schließlich auch die Attraktivität als Arbeitgeber erhöht.

**Welche Auswirkungen des Engagements nehmen Sie bereits wahr?**

Zunächst lässt sich sagen, dass es ein großes Interesse bei Duisburger Institutionen gibt, was sehr positive Auswirkungen auf die Außenwahrnehmung auch des Unternehmens Haniel hat. Das SIL ist Gesprächsthema. Nicht zuletzt dies führt auch seitens der Haniel-Belegschaft zu einer gesteigerten Neugier und interessierten Offenheit für die Projekte im SIL.

Vereinzelt finden erste Annäherungen statt. So sind beispielsweise Mitarbeiter und Führungskräfte des Unternehmens Haniel als Mentoren bei den Start-ups aktiv. Zum Zeitpunkt der Erhebung lief das Mentoring gerade erst an, daher waren noch keine auswertbaren Ergebnisse verfügbar.

**Welche Hindernisse könnten einem erfolgreichen Verlauf des Engagements entgegenstehen? Wie könnten diese überwunden werden?**

Zeit- oder Interessenmangel, unterschiedliche Arbeitsweisen, anfängliche Berührungsängste und Verständnisschwierigkeiten können sich aus Sicht der Befragten negativ auswirken. Auch wird sich irgendwann die Frage nach dem nachhaltigen Erfolg der Sozialprojekte stellen, da dadurch erst der sinnstiftende Aspekt gegeben ist.

Zudem müssen die Möglichkeiten für das Engagement gegeben sein. Dieses Engagement muss zudem akzeptiert werden. Das Bewusstsein für die Sinnhaftigkeit und die Leistungspotenziale der Start-up-Mentalität und Herangehensweise für die eigene Organisation ist noch nicht stark ausgeprägt. Mitarbeiterinnen und Mitarbeiter müssen begeistert und involviert werden, um dies zu erleben. Der hierarchieübergreifende Dialog ist notwendig, um Mitarbeiterinnen und Mitarbeiter zu informieren und diese einzubinden.

Hierarchisch geprägte Strukturen könnten Mitarbeiterinnen und Mitarbeitern hindern, sich ohne Mandat zu engagieren. Nicht freigestellte Mitarbeiter müssen sich für ihr Engagement rechtfertigen, solange es innerhalb der Kernarbeitszeit stattfindet und gegebenenfalls nachweisen, dass ihre Arbeit darunter nicht leidet.

Ebenfalls hinderlich ist, wenn das zusätzliche Engagement von Mitarbeiterinnen und Mitarbeitern nicht ernst genommen wird. Möglicherweise könnte dies auch als Bestandteil in die Zielvereinbarungen mit entsprechenden Erwartungen aufgenommen werden, die das Engagement ernsthaft unterstreichen würde.

**Wie können Sie dieses Engagement mitgestalten?**

Innerhalb der Gesprächsrunden wird in SIL-Projekte die Zusammenarbeit mit den Start-ups thematisiert. Nach Ansicht der Befragten gilt es, mehr Anlässe für Engagements und Berührungspunkte schaffen. Dies kann bedeuten, mit Kolleginnen und Kollegen das SIL zu besuchen und über die Arbeit der dort ansässigen Start-ups zu sprechen. Diejenigen, die bereits Start-ups unterstützen, ermutigen Kolleginnen und Kollegen, sich mit dem SIL zu beschäftigen und sich konkret und eigeninitiativ mit Netzwerken dort einzubringen.

**Wie ließe sich Ihrer Meinung diese Start-up-Kultur für das eigene Innovationsmanagement nutzen?**

Nach Meinung der Befragten können sie viel von den Methoden und Arbeitsweisen der Start-ups lernen. Dazu sind jedoch ein regelmäßiger und kontinuierlicher Austausch und Einblicke in beide Arbeitswelten nötig. Möglichkeiten bestehen etwa durch die Initiierung gemeinsamer Projekte und eine gemeinsame Ideengeneration – v. a. die kundenzentrierte Herangehensweise könnte adaptiert werden. Mit Blick auf die Einbindung in das interne Innovationsmanagement ließen sich die Start-ups im Sinn der Open Innovation einbinden. Gemeinsame Workshops zu ausgewählten Herausforderungen eines Start-ups sowie auch von Haniel könnten stattfinden, die Ideen könnten dann evaluiert werden.

Ebenso könnten Gründerinnen und Gründer aus den unterschiedlichen Start-ups etwa zu Brainstorming- oder anderen kollaborativen Projektsitzungen in Haniels Digital Unit „Schacht One" eingeladen werden, um Fragestellungen und Kundensichtweisen zu diskutieren. Dies könnte zu neuen bzw. ungewohnten Einblicken führen – „thinking out of the box". Eine Verstetigung eines solchen Austauschs sei erstrebenswert.

## 4  Ausblick

Haniel verspricht sich von der Förderung von jungen Sozialunternehmern das Aufspüren und Unterstützen von Menschen und Ideen, die die Zukunft nachhaltig verbessern und den Standort lebenswerter machen. Das Engagement ist hier durch die breite Basis des Unternehmens mitgetragen, Denken und Handeln ist demnach kongruent. In der nach au-ßen orientierten Sichtweise gestaltet Haniel die Allianz zwischen Wirtschaft, Staat und Zivilgesellschaft.

Haniels konkretes Engagement hilft, gegenseitige Lernprozesse zu ermöglichen. Denn neben der Unterstützung und dem Mentoring der sozialen Start-ups kann auch das Un-ternehmen Haniel lernen. Die lockere Hands-on-Mentalität der Sozialunternehmer kann helfen, spontaner und offener für neue Ideen zu sein. Sinnstiftung zu vermitteln und Be-geisterung zu wecken, wird als zukünftig zentrale Führungsaufgabe angesehen. Hier ließe sich viel von dem Antrieb und dem Spirit von Sozialunternehmern lernen. Und nicht zu-letzt befruchtet der Austausch beide Seiten und hilft, voneinander zu lernen, was sowohl konkrete Inhalte und Methoden als auch Mindsets und Unternehmenskultur einschließt. Schließlich geht es um die Förderung unternehmerischen Denkens und Handelns und dar-um, sich mit neuen Ideen auseinanderzusetzen und zukunftsfähige Lösungen zu finden.

Langfristige Partnerschaften, so wie es zwischen Haniel und dem SIL angedacht war, ermöglichen Prozesse gemeinsamer Sinnstiftung, kollektives Lernen sowie eine Neuaus-richtung von Unternehmen mit dem Ziel nachhaltiger und sozialer Innovationen. Es geht darum, gemeinsam etwas zu bewegen und so die gesellschaftliche Wirkung des eigenen Tuns zu potenzieren. Die guten Erfahrungen der zurückliegenden Zusammenarbeit mit der gemeinnützigen Social Impact GmbH und die ermutigenden Anfangsergebnisse, haben Haniel veranlasst gemeinsam mit der KfW und der Beisheim Stiftung einen eigenen Inku-bator für soziale Innovationen im Ruhrgebiet zu initiieren. Die neue Anthropia gGmbH hat im Januar 2019 ihre Arbeit aufgenommen und wird im zweiten Quartal die ersten Impact Startups aus der Region aufnehmen. Ziel dieses neuen Inkubator ist es, die Stärken aller Stakeholder zu einem einzigartigen Ökosystem zu bündeln, um schon heute Antworten auf die künftigen Herausforderungen im Ruhrgebiet zu geben.

## Literatur

Frischen und Lawaldt (2008)
Hanke T, Stark W (2009) Strategy development: conceptual framework on corporate social respon-
    sibility. J Bus Ethics 85(s3):507–516
Sukhdev (2013)

**Jutta Stolle** ist Direktorin Gesellschafter, Ansprechpartnerin Gesellschaftliches Engagement bei Franz Haniel & Cie. GmbH, Duisburg

**Dirk Sander** MBA, M.A., Systemischer Organisationsberater und Coach (DBVC), Leiter Social Impact Lab Duisburg, Geschäftsführer Greenroom4, einer Beratungsagentur für Kommunikationsarchitekturen und Change Management. Dirk Sander arbeitete 17 Jahre in unterschiedlichen Führungsrollen einer internationalen Großbank. Seine wesentlichen Aufgabenfelder waren Vertriebsmanagement, Risikomanagement/-kommunikation und Organisationsentwicklung. Ein Feldaufenthalt in Bangladesch zur Erforschung der Wirkungsfaktoren von Social Business brachte ihn nach seinem Ausscheiden aus der Bank mit dem Managementvordenker und Friedensnobelpreisträger von 2006, Prof. Muhammad Yunus (Grameen Bank) zusammen. Danach engagierte er sich als Co-Founder beim Aufbau von Kleinkreditgruppen in Dar es Salaam, Tansania und gründete mehrere Nichtregierungsorganisationen (Vorstand Managerfragen.org). Zudem war er im Vorstand des Forum Ökologisch-Soziale Marktwirtschaft e. V. und ist Senator im Senat der Wirtschaft e. V.

**Clemens Binder** Als Community Manager und Leiter der Qualifizierung im Social Impact Lab Duisburg unterstützt Clemens Binder Gründerinnen und Gründer dabei, innovative Sozialunternehmen aufzubauen. Vorher war er bei verschiedenen Stiftungen und Social Start-ups tätig und ging der Frage nach, wie sich sozialer Wandel unternehmerisch umsetzen lässt. Wie gesellschaftliche Verantwortung und technische Innovation zusammenspielen, beschäftigte ihn bereits während seines Psychologie- und Informatikstudiums.

**Thomas Hanke** ist Professor für Allgemeine Betriebswirtschaftslehre, insbesondere Logistik an der FOM Hochschule für Oekonomie und Management. Zuvor studierte er Kommunikationswissenschaft an der Universität Essen mit einem Schwerpunkt auf betrieblichen Informations- und Wissensmanagementsystemen. Danach war er Doktorand am Lehrstuhl für Wirtschaftsinformatik der Produktionsunternehmen (Prof. Adelsberger) und promovierte an der Fakultät für Wirtschaftswissenschaften zum Dr. rer. pol. mit einer Arbeit zum Controlling wissensintensiver Strukturen und Prozesse in Organisationen. Es folgten Aufgaben im Bereich der Vertriebssteuerung bei einer Bank sowie am Science Support Centre und dem Zentrum für Logistik & Verkehr der Universität Duisburg-Essen. Er war zudem Mitglied der Geschäftsleitung eines Start-up-Inkubators und ist immer noch als Berater und Mentor in vielfältige Innovations- und Gründungsvorhaben eingebunden.

# Gemeinsam Verantwortung für den Fachkräftenachwuchs tragen – Einblicke in eine Kooperation des Sozialunternehmens Chancenwerk e.V. mit der HORNBACH Baumarkt AG

Andrea Puschhof

## 1 Einleitung

Um den Übergang von der Schule zum Beruf zu erleichtern, werden mittlerweile zahlreiche berufsorientierende Maßnahmen angeboten. Dennoch äußern sich viele Unternehmen kritisch über die Ausbildungsreife von Schulabgängern. Es gilt, Jugendliche verstärkt auf einer Haltungsebene zu erreichen, in ihnen Initiative und Engagement für die eigene berufliche Zukunft zu wecken und so eine vertiefte Auseinandersetzung mit beruflichen Anforderungen anzustoßen.

Besonders benachteiligte Jugendliche bedürfen einer gezielten Vorbereitung auf die oft schwierige Phase des Übergangs von der Schule in den Beruf. Es besteht also ein akuter Bedarf an wirksamen und nachhaltigen Projekten, die die Ausbildungsfähigkeit von Jugendlichen deutlich verbessern. Genau hier setzt das gemeinnützige Sozialunternehmen Chancenwerk e. V. mit seinem Berufsvorbereitungsprojekt an: Der Kontakt zwischen Schülerinnen und Schülern sowie Betrieben wird gefördert und junge Menschen werden durch den Einsatz nahezu gleichaltriger Rollenvorbilder wirksam motiviert.

In dem Projekt „Chance: Handel" arbeiten Chancenwerk e. V. und das Unternehmen HORNBACH Baumarkt AG zusammen, um Zukunftsperspektiven für Schülerinnen und Schüler zu schaffen und das Auszubildenden-Recruiting für die HORNBACH Baumarkt AG zu unterstützen (Auszubildende werden im Folgenden auch Azubis genannt). Außerdem wird an drei Schulstandorten die „klassische Lernkaskade" (Gostrer 2015) von Chancenwerk e. V. zur Lernförderung für Schülerinnen und Schüler umgesetzt.

Bei dem Projekt „Chance: Handel" arbeitet eine Trainerin oder ein Trainer mit einer Schülergruppe in Workshops. Hier werden Ausbildungsreife gefördert und Zukunftsper-

A. Puschhof (✉)
Chancenwerk e.V.
Castrop-Rauxel, Deutschland
E-Mail: andrea.puschhof@chancenwerk.org

139

spektiven entwickelt. Dabei kommen Auszubildende von der HORNBACH Baumarkt AG als Job-Tutoren zum Einsatz. Sie erzählen von ihrem Beruf, ihrem Werdegang, geben Tipps für die Bewerbung und üben in Rollenspielen das angemessene Verhalten in der Arbeitswelt. Ein Schnuppertag im Unternehmen rundet das Angebot ab. Hier können die Schülerinnen und Schüler hautnah vor Ort erleben, wie es ist, für die HORNBACH Baumarkt AG zu arbeiten. In Aktionsstationen erledigen sie kleine praktische Aufgaben und im „elevator-pitch", einem Bewerbungsgespräch im Schnelldurchlauf, lernen sie den Personalverantwortlichen des Unternehmens kennen. Für die HORNBACH Baumarkt AG bietet sich so die Möglichkeit, frühzeitig mit potenziellem Nachwuchs in Kontakt zu kommen und Jugendliche auf ihrem Weg in den Beruf zu unterstützen.

Die Schülerinnen und Schüler werden in dem Projekt kontinuierlich begleitet – bis zu ihrem Schulabschluss. Damit die schulischen Voraussetzungen für einen erfolgreichen Berufseinstieg erreicht werden, setzt Chancenwerk e. V. auch an den fachlichen Grundlagen an. Die Schülerinnen und Schüler erhalten die Möglichkeit, an einer fachlichen Lernunterstützung in der Lernkaskade von Chancenwerk e. V. teilzunehmen und so an ihren Noten zu arbeiten. Außerdem können die Schülerinnen und Schüler in der Lernkaskade ihre jüngeren Mitschülerinnen und Mitschüler unterstützen. So erweitern sie ihre sozialen Kompetenzen und lernen, Verantwortung zu übernehmen.

## 2  Darstellung der Kooperation aus Sicht verschiedener Akteure

Um die Eindrücke aus der Kooperation zwischen Chancenwerk e. V. und Hornbach auf ein breites Fundament zu stellen, wurde eine qualitative Befragung innerhalb beider Unternehmen durchgeführt. Ein gemeinsam entwickelter Fragebogen diente dabei als Grundlage. Neun Fragen beschäftigten sich mit den subjektiven Eindrücken der Befragten. Nach einem kleinen Pretest zur Verständlichkeit der Fragen wurde der Fragebogen an die zuvor definierte Personengruppe verteilt, nämlich an den geschäftsführenden Vorsitzende von Chancenwerk e. V., Murat Vural, sowie an die Projektleitung, Frau Bärbel Wensing und Herr Christian Kaminski, außerdem an den damaligen Ausbildungsleiter der HORN-BACH Baumarkt AG, Herr Lucien Dellwo, der mit Herrn Vural die Unternehmenskooperation startete. Zusätzlich befragt wurden drei Ausbildungsbetreuer, in deren Regionen die Kooperation läuft, sowie vier Auszubildende der HORNBACH Baumarkt AG, die an dem Projekt teilnahmen (Tab. 1). Zusätzlich wurde eine Befragung unter den Schülerinnen und Schülern durchgeführt (Tab. 2).

Grundsätzlich zeigen sich nach der Befragung homogene Bilder innerhalb der Funktionsgruppen. Allen Befragten ist gemein, dass sie v. a. die Vorteile des Projekts Chancen-WORK sehen und die Kooperation zwischen Sozialunternehmen und Wirtschaftsunternehmen befürworten. Kritik bezieht sich auf grundsätzliche gesellschaftliche Herausforderungen (Einbindung des Elternhauses) oder Probleme bei der Terminfindung.

Die Vorteile für die HONRBACH-Auszubildenden werden von allen gleichermaßen erwähnt:

Durch Chancenwerk-Mitarbeiterinnen und -Mitarbeiter werden die Auszubildenden gut auf ihre Rolle als Job-Tutoren vorbereitet. Als Tutoren haben die Azubis die Möglichkeit, selbstständig zu arbeiten. Sie lernen sich selbst etwas zuzutrauen und ihr Wissen an andere weiterzugeben – „erfahrungsgemäß wachsen sie über sich hinaus" (Fragebogen Ausbildungsbetreuer). Weil kaum ein Altersunterschied zwischen den Schülerinnen und Schülern und den Azubis besteht, findet die Kommunikation auf Augenhöhe statt.

Die Jobtutoren erreichen die Schülerinnen und Schüler mit einer anderen Sprache, als Lehrkräfte oder Eltern das könnten. Sie kennen die Probleme und Herausforderungen des Gegenübers, können sich in ihn hineinversetzen und wollen nach eigenen Angaben „den jungen Leuten die Augen öffnen", denn Arbeit mache schließlich Spaß, auch wenn sie hart sei (Fragebogen Auszubildende). Weitere Vorteile sehen beide Seiten in der gemeinsamen Presse- und Öffentlichkeitsarbeit, die es der HORNBACH Baumarkt AG ermöglicht, über Ausbildungsmöglichkeiten im Unternehmen zu informieren, und Chancenwerk e. V. dabei unterstützt, neue Unternehmenspartner zu gewinnen.

Die Erwartungen von beiden Seiten waren von Anfang an klar definiert. Chancenwerk e. V. hatte dabei folgende Erwartungen: Nach der Pilotphase, bei der die gemeinsame Arbeit an zunächst einem Standort erprobt wurde, sollte die Zusammenarbeit an mehreren Standorten intensiviert werden. Wertvolle Erkenntnisse daraus sollten auf andere Unternehmenspartnerschaften übertragen werden. Beides war nach nur einem Jahr erreicht und wird nun fortgeführt. Vonseiten der HORNBACH Baumarkt AG waren ebenfalls klare Erwartungen an die Kooperation geknüpft: In Regionen, in denen es für das Unternehmen schwer ist, geeignete Bewerberinnen und Bewerber für offene Ausbildungsstellen zu finden, möchte die HORNBACH Baumarkt AG ihre beruflichen Möglichkeiten an Jugendliche herantragen. In diesem Bereich gewann das Unternehmen wertvolle Erfahrungen – v. a. hinsichtlich der Ansprüche von jungen Erwachsenen an den Ausbildungsbetrieb.

Die Kooperationspartner zeigen sich insgesamt sehr zufrieden mit der Zusammenarbeit: Beide betonen die verlässliche Partnerschaft, die durch die dreijährige Zusammenarbeit entstanden ist. Die Auszubildenden sind froh, dass man ihnen die Möglichkeit gibt, sich über das normale Maß hinaus zu engagieren.

Aus der Sicht der beiden Unternehmen sind besondere Erfolge im Bereich Kommunikation zu sehen. In der Praxis erwähnen alle Beteiligten den Schnuppertag, den HORNBACH-Auszubildende für die Schülerinnen und Schüler organisieren. Dabei bauen die Azubis selbstständig in ihren Ausbildungsmärkten Stationen auf, die den Schülerinnen und Schülern ihren Arbeitsalltag aufzeigen und dazu animieren, die tägliche Arbeit selbst auszuprobieren. Zu diesen Terminen werden auch Lehrkräfte und Eltern eingeladen. Die HORNBACH-Azubis erwähnen bei den Erfolgen auch die eigene Präsentation ihres Unternehmens und ihres Ausbildungsberufs in der Schule. Hierbei sehen alle Befragten auch einen der größten Lerneffekte, der durch die Kooperation entsteht; denn hier werden sehr konkrete Informationen ehrlich und direkt weiter gegeben.

Gemeinsam arbeiten die Unternehmen daran, die Attraktivität der Ausbildungsberufe – speziell im Handel – zu steigern und so mehr Schülerinnen und Schüler für eine Ausbildung in der Branche und bei der HORNBACH Baumarkt AG zu begeistern. Für

**Tab. 1** Zusammenfassung der wichtigsten Ergebnisse der Interviews mit verschiedenen Akteuren von Hornbach und Chancenwerk e. V. Auf Namen wurde verzichtet, es sind lediglich Funktionen genannt. SuS Schülerinnen und Schüler

| Person/Funktion Kategorie | Ausbildungsleiter HORNBACH | Geschäftsführer Chancenwerk e. V. | Ausbildungsbetreuer HORNBACH Baumarkt AG (3) | Projektleiter Chancenwerk e. V. (2) | Auszubildende HORNBACH Baumarkt AG (4) |
|---|---|---|---|---|---|
| Vorteile des Projekts | Gemeinsame Marketing- und Pressearbeit Unterstützung benachteiligter Jugendlicher Hilfe bei der Schaffung von Bildungsgerechtigkeit | Umsetzung an vielen Standorten möglich Dezentrale Strukturen Gute Referenz Hilft bei der Gewinnung neuer Unternehmenspartner | Entwicklung der eigenen Azubis (Sozialkompetenz) Potenzielle Kandidaten für Bewerbungsverfahren finden | Bereicherung der Berufsorientierung durch Azubis Gemeinsame Presse- und Öffentlichkeitsarbeit | Imageverbesserung |
| Erwartung an das Projekt | Schnelle Erfolge bei der Rekrutierung neuer Azubis | Übertragbarkeit der Erkenntnisse auf andere Unternehmenspartner | Positive Effekte für künftige Bewerbungsjahrgänge Positive Entwicklung der eigenen Azubis | Beitrag zur Förderung von SuS leisten | SuS eigene/s Wissen bzw. Erfahrungen weitergeben |
| Zufriedenheit mit dem Projekt – was läuft gut? | Chancenwerk als zuverlässiger und engagierter Partner | Regelmäßiger, guter Austausch aller Beteiligten: gemeinsame Ideen | Organisation und Durchführung der Workshops durch Chancenwerk | HORNBACH engagiert bei der Sache Verlässliche Partnerschaft, aus der hochwertige Beiträge für das Projekt entstehen | Organisation: regelmäßige Termine mit aufeinander aufbauenden Themen Azubis können sich einbringen |
| Besondere Erfolge | Gemeinsame Pressearbeit | Sehr gute Kommunikation mit HORNBACH über alle Hierarchieebenen hinweg | Workshops in den Schulen mit den Auszubildenden Praxistag im Markt | Schnuppertage im Baumarkt sind immer ein Highlight | Präsentation eigener Erfahrungen Schnupperpraktikum im Markt |

**Tab. 1** (Fortsetzung)

| Person/Funktion Kategorie | Ausbildungsleiter HORNBACH | Geschäftsführer Chancenwerk e. V. | Ausbildungsbetreuer HORNBACH Baumarkt AG (3) | Projektleiter Chancenwerk e. V. (2) | Auszubildende HORNBACH Baumarkt AG (4) |
|---|---|---|---|---|---|
| Lerneffekte durch Projekt | Relativ einfache Möglichkeiten zu helfen | Prioritäten von Unternehmen hinsichtlich Corporate Social Responsibility verschieben sich | Wissenstransfer von Azubi zu SuS funktioniert sehr gut und unkompliziert Relativ geringer Aufwand – großer Effekt | Bedeutung von transparentem Informationsfluss auf allen Ebenen und unter allen Beteiligten | Konkret: Anforderungen an eine Bewerbung Arbeit an der eigenen Persönlichkeit stets notwendig |
| Herausforderungen | Gemeinsame Abläufe und Schnittstellen optimieren | Win-win-Situation deutlich machen: Unternehmen müssen Vorteile erkennen | Ausweitung auf mehr SuS Eltern der SuS erreichen | Nachhaltige Begleitung der SuS bis in die Ausbildung hinein Stärkere Einbindung der Elternhäuser | SuS mehr motivieren |
| Ideen und Ziele für die Zukunft | Einbindung weiterer HORNBACH-Standorte Neue Wege der Zusammenarbeit | Gemeinsam mit HORNBACH mehr Schulen und SuS erreichen Weitere Unternehmenskooperationen aufbauen | Ausweitung auf mehr HORNBACH-Standorte Einstellung von Chancenwerk-Azubis Sammeln der Erwartungen von SuS | Fortführung der qualitativ hochwertigen Zusammenarbeit Ausbau der Kooperation: weitere regionale Partnerschaften, gegebenenfalls Azubibegleitung, und -förderung durch Chancenwerk | Kontakt mit Chancenwerk sollte länger anhalten |

**Tab. 2** Darstellung der Prä-Post-Befragung der direkten Zielgruppe Schülerinnen und Schüler

|  | Vorher | Nachher | Steigerung in der Zustimmung (%) |
|---|---|---|---|
|  | Trifft voll zu/trifft eher zu (%) | Trifft voll zu/trifft eher zu (%) | |
| Ich weiß, was Mann/Frau in diesem Beruf macht | 62 | 94 | 32 |
| Ich weiß genau, welche Schulfächer für diesen Beruf besonders wichtig sind | 41 | 63 | 22 |
| Ich denke, die Ausbildungsvergütung ist gut | 65 | 84 | 19 |
| Die Arbeit als … stelle ich mir interessant vor | 48 | 67 | 19 |
| Ich kann mir vorstellen, eine Ausbildung als Einzelhandelskauffrau/-mann zu machen | 22 | 45 | 23 |
| Durch das Projekt mit den Azubis hat sich mein Bild von dem Beruf verbessert | 56 | 78 | 22 |

beide Unternehmen ist wichtig, die Elternhäuser der Schülerinnen und Schüler in den Berufsfindungsprozess einzubinden, denn Eltern sind der wichtigste Einflussfaktor bei der Berufswahl von Jugendlichen. Sie aktiv in die professionelle Berufsorientierung einzubinden, ist daher wichtig für den Erfolg berufsorientierender Maßnahmen. Außerdem ist die langfristige Begleitung der Schülerinnen und Schüler bis in die Ausbildung ein wichtiger Aspekt, dem Chancenwerk e. V. sich künftig verstärkt widmen möchte. Für Chancenwerk e. V. steht ebenso im Fokus, auch anderen Wirtschaftsunternehmen die Win-win-Situation einer Kooperation deutlich zu machen. Die HORNBACH Baumarkt AG kann hier als starke Referenz genutzt werden.

Die Ziele für die künftige Zusammenarbeit sehen alle Befragten ähnlich: Eine Vertiefung und Ausweitung der Partnerschaft steht hier im Fokus. Durch die dezentrale Organisation beider Unternehmen (viele Standorte in verschiedenen Städten) bietet es sich an, das Projekt „Chance: Handel" an weiteren Standorten einzuführen. Erklärtes Ziel der HORNBACH Baumarkt AG ist es, durch die Kooperation tatsächlich Jugendlichen zu einem Ausbildungsplatz zu verhelfen (Fragebogen Ausbildungsleiter).

Die Rückmeldungen der befragten Schülerinnen und Schüler zeigen, dass die Schüleransprache über die Auszubildenden sehr erfolgreich ist. Insgesamt fanden im Schuljahr 2015/2016 15 Termine mit Azubis und 47 Schülerinnen und Schülern an drei Schulen statt. Außerdem wurden drei Schnuppertage mit sechs Lehrkräften und acht Elternteilen durchgeführt. Die Auswertung der Prä-Post-Befragungen ergab, dass die Schülerinnen und Schüler durch das Projekt eine konkretere Vorstellung vom Arbeits(um)feld erhalten haben. Die notwendigen Voraussetzungen und Herausforderungen im Arbeitsalltag sind ihnen klarer geworden, wodurch die Schülerinnen und Schüler besser entscheiden können, ob sie diesen Beruf erlernen wollen.

## 3   Zusammenfassung und Ausblick

Auf die Frage, was der Einzelne von dem Projekt erwartet hatte, antwortete ein Azubi: „Dass man den jungen Leuten die Augen öffnet, dass es zwar harte Arbeit ist, aber auch Spaß macht". Das Zitat zeigt, dass dieser Azubi seine Rolle als Vorbild angenommen hat und sich mit dem eigenen Unternehmen identifiziert. Gerade durch die Übernahme von Verantwortung gewinnen die Auszubildenden mehr Selbstvertrauen und entwickeln eine stärkere Bindung zu ihrem Arbeitgeber. Die Schülerinnen und Schüler wiederum verstehen nach den Gesprächen besser, was sie in der Arbeitswelt erwartet.

Der Erfolg des Projekts wurde von allen befragten Akteuren bestätigt sowie eine Fortführung des Projekts befürwortet. Sowohl die HORNBACH Baumarkt AG als auch Chancenwerk e. V. haben große Erwartungen an das Projekt, die weit über eine Fortbildungsmaßnahme hinausgehen. Für die HORNBACH Baumarkt AG steht eine Stärkung des Unternehmensnachwuchses im Fokus. Das Projekt hilft jedoch auch bei der öffentlichen Positionierung des Unternehmens im Sinne nachhaltiger Unternehmensführung: Es übernimmt gesellschaftliche Verantwortung durch die Unterstützung benachteiligter Jugendlicher. Für Chancenwerk e. V. steht die erfolgreiche Arbeit mit den Jugendlichen im Vordergrund. Durch die Zusammenarbeit mit einem traditionsreichen Familienunternehmen wie der HORNBACH Baumarkt AG, das seit vielen Jahrzehnten Erfahrungen in Sachen Ausbildung gesammelt hat, ist ein Vorzeigeprojekt entstanden. Die Erfahrungen aus dem Projekt können genutzt werden, um auch weiteren Wirtschaftsbetrieben die Vorteile einer solchen Kooperation zu verdeutlichen. Mit Unternehmen wie der WILO SE, der POCO Baumarkt AG und der BUTLERS GmbH und Co. KG sowie anderen wurden bereits weitere Kooperationen geschlossen. Die Frage der Finanzierung ist darüber hinaus ein wichtiger Aspekt. Der gemeinnützige Verein finanziert sich aus Stiftungsgeldern und Spenden. Ohne diese Geldgeber – zu denen auch die Kooperationsunternehmen zählen – ist ein Fortbestand von Chancenwerk e. V. kaum zu gewährleisten. Für den Wirtschaftspartner ist ein solches Projekt personell und finanziell immer ein Add-on, das bei knapper Ressourcenlage zugunsten des Kerngeschäfts jederzeit aufgegeben werden kann. Die finanzielle Unsicherheit des Projekts wird aber nicht als Problem oder gar Hinderungsgrund für die weitere Zusammenarbeit wahrgenommen.

Ausbildungsleiter und Ausbildungsbetreuer, die sich aktiv im Projekt engagieren, sehen einen großen Entwicklungsschub bei den Azubis sowie den Schülerinnen und Schülern und befürworten eine Ausweitung des Projekts. Chancenwerk e. V. schließt sich dem an. Beide Partner sehen einen Vorteil in der Kooperation, eine klassische Win-win-Situation. Auch die Öffentlichkeitsarbeit ist für beide Seiten ein wichtiger Aspekt. Die Resonanz in den Medien – als Multiplikator des Projekts – ist durchweg positiv und betont den besonderen Charakter dieser Kooperation.

Insgesamt lässt sich festhalten, dass eine fruchtbare Kooperation zwischen Wirtschaftsunternehmen und Sozialunternehmen weit über die übliche Corporate-Social-Responsibility-Tätigkeit hinaus gelingen kann. Voraussetzung dafür ist neben der Finanzierung solcher Projekte, dass sich beide als gleichberechtigte Partner verstehen, gemeinsam an Verbesserungen arbeiten und einen offenen Austausch pflegen.

**Danksagung**  Ein besonderer Dank gilt Frau Anna Krall von der HORNBACH Baumarkt AG für Ihren Beitrag und Ihre Unterstützung.

## Literatur

Gostrer G (2015) Chancenwerk e. V.: Studenten helfen Schülern, Schüler helfen Schülern – Lernen auf Augenhöhe. In: Kopf H, Müller S, Rüede D, Lurtz K, Russo P (Hrsg) Soziale Innovationen in Deutschland. Von der Idee zur gesellschaftlichen Wirkung. Springer, Wiesbaden

**Dr. Andrea Puschhof**  wurde 1983 in Wesel geboren und promovierte 2013 an der Ruhr-Universität Bochum in Elektrochemie. Anschließend wählte sie den Quereinstieg in das Sozialunternehmertum, um hauptamtlich für Chancenwerk e. V. zu arbeiten. Bereits seit 2008 ist sie ehrenamtlich und seit 2013 hautamtlich aktiv. Im Jahr 2016 übernahm sie die Leitung für Kooperationen und Partnerschaften und hat als solche fundiertes Know-how über alle Faktoren einer für alle Seiten gewinnbringenden Zusammenarbeit. Sie ist überzeugt, dass ihre Arbeit und das Wirken des Vereins einen Gewinn für die Gesellschaft darstellen.

# Co-Kreation zwischen Wirtschafts- und Sozialunternehmen: Eine Fallstudie über sektorübergreifende Zusammenarbeit

Katharina Hinze und Dennis Hoenig-Ohnsorg

Die Integration von Geflüchteten stellt eine nie gekannte Herausforderung dar. Zur Lösung dieser Herausforderung braucht es sowohl die Kreativität, neue lokale Lösungen zu entwickeln, als auch die Einsicht, dass wir das Rad nicht immer neu erfinden müssen. Oft gibt es schon etablierte, bis ins letzte Detail erprobte Ansätze, von denen wir lernen oder die wir übertragen können. Um erfolgreiche Ansätze der Integration Geflüchteter zu verbreiten, schloss sich Ashoka, das weltweit größte Netzwerk für Sozialunternehmer, und das MDax-Unternehmen Zalando gemeinsam mit über 30 Partnern aus allen Sektoren zu einer untypischen Corporate-Social-Responsibility-Maßnahme zusammen. Nachfolgend berichten wir vom Werdegang der Initiative, der gemeinsamen Umsetzung und was wir daraus über sektorübergreifende Kooperationen gelernt haben.

## 1 Zwei Partner finden zusammen

Erst zehn Jahre sind vergangen, seit zwei Freunde anfingen, Flip-Flops aus ihrer Wohnung heraus zu verkaufen. Wenige Jahre später ist Zalando zu einem MDax Unternehmen mit rund 15.000 Mitarbeitern gewachsen. Auch die unternehmerische Verantwortung wächst dabei mit, sowohl durch strategisches Engagement im Kerngeschäft als auch in der Gesellschaft.

K. Hinze
Ashoka Deutschland gGmbH
München, Deutschland
E-Mail: khinze@ashoka.org

D. Hoenig-Ohnsorg (✉)
Zalando SE
Berlin, Deutschland
E-Mail: dennis.hoenig-ohnsorg@zalando.de

© Springer-Verlag GmbH Deutschland, ein Teil von Springer Nature 2019
A. Kraemer und L. M. Edinger-Schons (Hrsg.), *CSR und Social Enterprise*,
Management-Reihe Corporate Social Responsibility,
https://doi.org/10.1007/978-3-662-55591-0_14

Als 2015 so viele Menschen wie nie zuvor nach Deutschland flüchteten, befand sich das Corporate-Responsibility-Team von Zalando gerade mitten in der Entwicklung der Nachhaltigkeitsstrategie. Im Herbst 2015 kündigte das Unternehmen an, seine Mitarbeiter künftig zwei Tage pro Jahr für ehrenamtliches Engagement freizustellen und 1 % seines Gewinns vor Steuern (EBIT) in soziale Innovationen und die Steigerung der Nachhaltigkeit in der Modeindustrie zu investieren. Das Corporate-Responsibility-Team stand eigentlich noch ganz am Anfang – und durch die sog. Flüchtlingskrise doch schon mittendrin.

In den ersten Monaten half Zalando v. a. mit Sach- und Zeitspenden. Noch während dieser aktivistischen Phase der Soforthilfe kam jedoch die Frage auf, wo der bestmöglichste strategische Beitrag liegen kann. Also lud das Unternehmen gemeinsam mit der Stiftung Bürgermut Vertreter von über 100 lokalen Flüchtlingsinitiativen ein, um von ihnen mehr über ihre Bedürfnisse zu erfahren und einen möglichst wirksamen eigenen Beitrag zu identifizieren. Sie lernten die Kreativität, den Mut und die starke Motivation der Engagierten schätzen. Die meisten Projekte waren noch am Anfang ihrer Lernkurven, allen fehlte jedoch die Zeit um von- und miteinander zu lernen.

Mitten in dieser Findungsphase wurde dann der Flughafen Tempelhof, der ursprünglich geplante Austragungsort von Zalandos Modemesse Bread&Butter, zur Herberge tausender Geflüchteter. Zalando entschied sich für die Verschiebung der ersten „Bread&Butter by Zalando" und nutzte stattdessen die Kompetenzen der verantwortlichen Teams, um statt den neuesten Modetrends den weltweit besten Integrationslösungen eine Bühne zu bieten. Ziel war es, den Satz „Wir schaffen das" am Beispiel erprobter und wirksamer Lösungen mit Leben zu füllen.

Auch Ashoka beschäftigte sich zur selben Zeit mit der Frage, worin der Beitrag der Organisation zur Bewältigung der Flüchtlingskrise liegen könnte. Als weltweit größtes Netzwerk für Social Entrepreneurship fördert Ashoka über 3200 herausragende Sozialunternehmer mit innovativen Ideen zur Lösung gesellschaftlicher Herausforderungen. In einem mehrstufigen, internationalen Prozess werden Sozialunternehmer als Ashoka-Fellows ausgewählt. Zentrale Kriterien sind die Neuartigkeit der Idee sowie die hohe gesellschaftliche Wirkung. Ashoka-Fellows vereint die Fähigkeit, Probleme an der Wurzel zu packen und Systeme nachhaltig zu verändern. Auch im Bereich Flucht und Integration können zahlreiche internationale Ashoka-Fellows langjährig erprobte Lösungen vorweisen. Ashokas Mission ist es, diesen Lösungen bei der Verbreitung zu helfen, denn auch hinter vielen sozialen Ideen verbergen sich ausgetüftelte Details – dieses Wissen und der Nutzen daraus bleiben aber oft nur an einem Ort.

Wir, Zalando und Ashoka, waren uns also in dieser Sache einig:

1. Sowohl in Deutschland als auch in vielen anderen Ländern wurden bereits wirksame Lösungen gefunden, um geflüchtete Menschen in der Mitte der Gesellschaft zu integrieren und beispielsweise in Arbeit bringen.
2. Wenn wir effizient helfen wollen, dürfen wir das Rad nicht neu erfinden. Wir müssen die besten Lösungen identifizieren und unsere Kernkompetenzen für deren Verbreitung einsetzen.

Aus diesem Ansatz heraus gründeten die beiden Partner die erste sektorübergreifende Initiative zur Skalierung der weltweit besten Integrationslösungen in und nach Deutschland. Die Bühne für diese Skalierungsinitiative war das HELLO Festival – ein von Zalando initiiertes Event, mit Ashoka, TEDx Berlin, streetfootballworld und betterplace.org als zentrale Umsetzungspartner. Zudem wurden noch weitere Partner wie z. B. die Robert Bosch Stiftung, die Malteser oder das Bundesministerium des Inneren für ideelle und finanzielle Unterstützung gewonnen.

► **Sozialunternehmer und Skalierung** Social Entrepreneurs treten mit dem Ziel an, innovative unternehmerische Lösungen für drängende soziale Probleme zu finden und umzusetzen. Um Missverständnissen vorzubeugen: Aus Sicht von Ashoka ist dabei das Geschäftsmodell zweitrangig, d. h. nicht jeder Sozialunternehmer muss sich ausschließlich über selbst erwirtschaftete Erträge finanzieren. Unternehmertum ist hier im weiteren Sinn der Unternehmung gemeint: als kreative Tätigkeit, als Aufbau eines innovativen, skalierbaren Konzepts. Die Wege zur Verbreitung von sozialen Innovationen sind dabei vielfältig: Von Open Source über Beratung bis hin zu Franchising. Einen guten Überblick über Skalierungsmodelle bietet die Webseite von „Ashoka Globalizer": http://www.ashokaglobalizer.org/scaling-resources.

## 2 Ein Pilotprojekt beginnt

Auf dem HELLO Festival präsentierten 13 internationale Sozialunternehmer ihre erfolgreichen Integrationslösungen. Gemeinsam erreichen diese weltweit jährlich schon jetzt hunderttausende Geflüchtete und bieten zehntausenden Ehrenamtlichen die Möglichkeit, sich wirksam einzubringen. Mit ihren Lösungen begeisterten sie 3000 Experten, Multiplikatoren, Helfer und Geflüchtete aus ganz Deutschland für wirksame Integration.

Der erste Tag des Festivals stand ganz im Zeichen von Wissenstransfer und Kooperation. Die 13 ausgewählten Sozialunternehmer wurden von Ashoka und dem Pro-Bono-Partner McKinsey über Wochen darauf vorbereitet, ihre jahrelange Erfahrung für deutsche Organisationen aufzubereiten und verschiedene Kooperationsmöglichkeiten zu skizzieren. Hunderte Experten aus allen Sektoren und Regionen Deutschlands arbeiteten dann beim HELLO Festival mit ihnen, um konkrete Kooperationen und damit einen Projekttransfer nach Deutschland anzubahnen. Am zweiten Tag des Festivals inspirierten die internationalen Sozialunternehmer gemeinsam mit lokalen Engagierten bei Europas größtem TEDx Event über 1500 Menschen, bevor am dritten Tag dann die persönliche Begegnung bei Musik, Streetfood und einem Straßenfußballturnier mit neuen und alten Berlinern im Vordergrund stand.

Um die Verbreitung der internationalen Projekte in Deutschland zu ermöglichen, sammelten Ashoka und Zalando gemeinsam mit Partnerunternehmen, Stiftungen und den Zalando-Mitarbeitern auf Betterplace fast 250.000 € für den Innovationsfond Integration.

Deutsche Organisationen, die mit einem der internationalen Sozialunternehmen kooperieren wollten, konnten sich auf Mittel aus dem Fonds bewerben. Zehn lokale Partnerorganisationen wurden mit einer Startfinanzierung aus dem Fonds ausgestattet, um die Ideen über ihre Strukturen zu skalieren.

Es ist das erste Mal, dass ein sektorübergreifendes Netzwerk gezielt versucht, Integrationslösungen aus aller Welt nach Deutschland zu holen; wir haben also noch viel zu lernen. Die deutschen Partnerorganisationen werden nun auch langfristig im Rahmen eines speziellen Begleitprogramms durch Ashoka und Zalando bei der Skalierung unterstützt. Die Erfahrung aus dieser Begleitung hilft uns hoffentlich, wichtige Kenntnisse über erfolgreichen Projekttransfer und die Skalierung gesellschaftlicher Innovationen zu sammeln. Diese möchten wir anschließend offen zugänglich machen, damit sie von möglichst vielen Akteuren kopiert und übernommen werden und sich Lösungen zukünftig schneller verbreiten, als es die Herausforderungen tun.

## 3  Warum sich Partnerschaft auf Augenhöhe lohnt

Zalando war nicht nur als Förderer, sondern als aktiver Mitgestalter des HELLO Festivals beteiligt. Anders als bei üblichen Corporate-Social-Responsibility-Maßnahmen wurden auch über das Corporate-Responsibility-Department hinaus zahlreiche Mitarbeiter über teilweise lange Zeiträume aktiv einbezogen. Neben Grafikern, Eventmanagern, Programmierern und Kommunikationsexperten haben sich zahlreiche Mitarbeiter ehrenamtlich bei der Veranstaltung oder inhaltlich im Anschluss z. B. als Berater für sozialunternehmerische Projekte eingebracht. Das gesellschaftliche Engagement des Unternehmens wird auf diese Weise zum erlebbaren Teil der Unternehmenskultur – ein zentraler Vorteil dieser Art der Zusammenarbeit.

Das gemeinsame Engagement wirkte sich positiv auf die Glaubwürdigkeit sowie die Gewinnung weiterer Partner und Förderer aus. Zum Erfolg des HELLO Festivals selbst trugen fast 30 Institutionen bei und auch darüber hinaus öffneten sich beiden Partnern weitere Türen zu wichtigen Kontakten oder Netzwerken. Und ganz nebenbei werden durch diese Form der Zusammenarbeit Brücken gebaut, die bei allen Beteiligten das Verständnis für die Funktionsweise, Kultur und Sprache des jeweils anderen Sektors stärken.

Aus der gemeinsamen Vision, guten Ideen zum Wachstum zu verhelfen, haben sich für beide Partner weitere Folgeprojekte ergeben. So haben beispielsweise auch andere europäische Ashoka-Büros Programme zur Skalierung von Integrationsprojekten in ihren Ländern aufgesetzt. Zalando unterstützt einige der deutschen Partnerorganisationen auch individuell, sowohl durch Sach- als auch Zeitspenden, beispielsweise als Mentoren. An allen größeren Standorten in Deutschland hat das Unternehmen zudem Pilotprogramme gestartet, um geflüchtete Menschen in Arbeit zu bringen.

**Erfolgsfaktoren für Co-Kreation – einfach, aber wirkungsvoll**

1. Gemeinsame Vision: Nicht der Geldgeber unterstützt den Geldnehmer bei der Erreichung der Vision! Beide Partner verbindet eine gemeinsame Vision, an der sie zusammenarbeiten.
2. Gemeinsame Prozesse: Es werden nicht nur Arbeitspakete geschnürt und vergeben, sondern es wird ein Arbeitsmodus vereinbart, der gemeinsame Treffen und Entscheidungsfindung vorsieht.
3. Konsequente Stärkenorientierung: Zur Erreichung der gemeinsamen Vision bringen die Partner jeweils das ein, was sie am besten können. Bei Unternehmen ist das mehr als Geld: Hier stehen z. B. auch die Expertise und das Engagement vieler Mitarbeiter als Ressourcen zur Verfügung.
4. Breite Netzwerke: Beide Partner haben üblicherweise komplementäre Netzwerke, die sie bei einer Öffnung ihrer Partnerschaft aktivieren können, um neue Ressourcen zu aktivieren und eigene Ressourcen noch wirksamer einzusetzen. Hier gilt: Viele starke Partner aus verschiedenen Sektoren sind oft stärker und glaubwürdiger als mehrere Partner aus dem gleichen Sektor.
5. Open Source: Die Partner schaffen vorab Klarheit, was sie in die Partnerschaft einbringen und was sie daraus mitnehmen wollen. Jeder hat die Freiheit, mit den Ergebnissen auch individuell weiterzuarbeiten. Aus viel wird so noch mehr.
6. Mut: Die Partner haben Mut loszulegen, selbst wenn noch nicht alle Details geklärt und nicht alle Umsetzungsressourcen gesichert sind.

## 4 Fazit

In klassischen Corporate-Social-Responsibility-Partnerschaften ist die Rollenverteilung klar: Es gibt einen Ressourcengeber und einen -nehmer. Gefördert wird meist die Pilotierung eines möglichst neuartigen und konkreten Projekts. Das hat seine Berechtigung, ist jedoch keine Co-Kreation in unserem Sinn. Unter Co-Kreation verstehen wir vielmehr, dass sich beide Partner mit Offenheit und Neugierde auf ein gemeinsames Zielbild verständigen und den Weg dorthin gemeinsam gestalten. Durch diese Form der Zusammenarbeit öffnen sich Türen in beide Richtungen, ein tieferes Voneinanderlernen, eine gemeinsame Wertschöpfung wird möglich.

Mit dem Thema „Skalierung wirksamer Lösungen" haben Ashoka und Zalando im vorliegenden Fallbeispiel ein Thema gefunden, das die Interessen und Kompetenzen beider Partner ideal verbindet. Damit war eine der wichtigsten Voraussetzungen für Co-Kreation von Anfang an gegeben. Zusammen mit weiteren starken Partnern wurde so der Erfolg der Initiative möglich gemacht.

**Katharina Hinze** leitet bei Ashoka Deutschland die Suche und Auswahl von Sozialunternehmern. Im Jahr 2016 war sie für Ashokas Aktivitäten im Bereich Migration verantwortlich. Zuvor war Katharina Hinze akademische Koordinatorin des Master of Public Policy an der Europa Universität Viadrina sowie freie Beraterin in der Entwicklungszusammenarbeit (GIZ). Sie studierte Diplom-Kulturwirtschaft und internationale Zusammenarbeit.

**Dennis Hoenig-Ohnsorg** verantwortet bei Zalando seit 2015 international den Bereich Nachhaltigkeit und Corporate Responsibility und stieß in diesem Rahmen auch die Kooperation mit rund 30 Institutionen aus allen Sektoren zum Hello Festival an. Zuvor leitete er als Mitglied der Geschäftsleitung von Ashoka Deutschland zahlreiche sektorübergreifende Programme und Partnerschaften. Dennis Hoenig-Ohnsorg studierte internationale BWL und gründete selbst bereits mehrere Sozialunternehmen.

# Zusammenarbeit mit öffentlichen Institutionen zum Aufbau von Reichweite für das Thema Social Entrepreneurship

## Die Social Start-up Night im Bundesministerium für Wirtschaft und Energie

Nils Dreyer und Jennifer Wilke

► Mit diesem Beitrag möchten wir einen Einblick in unsere Zusammenarbeit mit dem Bundesministerium für Wirtschaft und Energie (kurz BMWi) geben. Organisationen, die für ihr Thema und ihre Ideen die Reichweite öffentlicher Institutionen nutzen wollen, dürfen sich hierdurch inspiriert und ermuntert fühlen, ähnliche Wege einzuschlagen.

## 1 Wieso mit öffentlichen Institutionen zusammenarbeiten?

Sozialunternehmerinnen und Sozialunternehmer entwickeln innovative unternehmerische Lösungen für gesellschaftliche Fragen und die Verbreitung einer gesellschaftlich stärker verankerten Unternehmens- und Gründungskultur. Sie stellen zudem einen wichtigen Nachfragefaktor für die Entstehung eines Marktes für wirkungsorientierte Investitionen dar. Das macht sie auch für die Wirtschaftspolitik interessant (Marion Lemgau, BMWi).

Trotz der sehr wohlgesonnenen Einstellung von Marion Lemgau, der Referatsleiterin Grundsatzfragen der nationalen und europäischen Mittelstandspolitik im Bundesministerium für Wirtschaft und Energie (BMWi), zum Thema soziales Unternehmertum sieht der Status quo in Deutschland anders aus: Soziales Unternehmertum ist hierzulande als Alternative zu etablierten Unternehmensformen immer noch unterrepräsentiert. Dies liegt u. a. daran, dass nur wenige Universitäten Social Entrepreneurship als Thema aufgreifen. Auch potenziellen Gründerinnen und Gründern kommt neben monetären Erfolgen oftmals die

N. Dreyer (✉)
Hilfswerft
Bremen, Deutschland
E-Mail: nils@hilfswerft.de

J. Wilke
Hilfswerft
Hamburg, Deutschland
E-Mail: jennifer@hilfswerft.de

© Springer-Verlag GmbH Deutschland, ein Teil von Springer Nature 2019
A. Kraemer und L. M. Edinger-Schons (Hrsg.), *CSR und Social Enterprise*,
Management-Reihe Corporate Social Responsibility,
https://doi.org/10.1007/978-3-662-55591-0_15

Möglichkeit der Erzielung sozial-ökologischer Renditen nicht in den Sinn. Diese jedoch sind für die Zukunftsfähigkeit und die gesellschaftliche Akzeptanz von Unternehmertum wichtig. Die Hemmschwelle, als Social Entrepreneur aktiv zu werden, ist – bedingt durch mangelndes Wissen, unzureichende Unterstützung auf politscher Ebene und nur wenige Finanzierungsmöglichkeiten – enorm hoch.

Die gemeinnützige Hilfswerft GmbH mit Sitz in Oldenburg und Bremen greift hier ein. Als gemeinnütziges Unternehmen erfüllt sie auf diesem Gebiet einen Bildungsauftrag: Social Entrepreneurship und soziales Unternehmertum sollen bekannter, greifbarer und praxistauglich werden. Dafür bietet die Hilfswerft mehrtägige Workshops an Universitäten an oder organisiert Veranstaltungsformate, um eine Plattform für Interessierte, Unternehmer und Unterstützer zu schaffen. Die Beratung ausgewählter Social Entrepreneurs in Bezug auf Businessplanung und Geschäftsmodellentwicklung ist ebenfalls Bestandteil des Leistungsspektrums. Dabei wird auf ein Expertennetzwerk aus Wissenschaft und Wirtschaft zurückgegriffen, deren Mitglieder sich als Social Business Angels in den Dienst des sozialen Unternehmertums stellen. Die Hilfswerft gGmbH versteht sich folglich als glaubwürdiger, vertrauensvoller Vermittler, Kontaktthersteller, kompetenter Wissensbereitsteller und Kurator.

Eine Erkenntnis der noch jungen Unternehmenshistorie lautet, dass die Zusammenarbeit von Unterstützerinstitutionen – wie der Hilfswerft – mit der Politik verstärkt werden muss, wenn man soziales Unternehmertum in Deutschland etablieren will. Aber wie kann ein vergleichsweise kleiner Akteur, wie die Hilfswerft, die Reichweite und Relevanz der eigenen Tätigkeit vergrößern?

Eine Möglichkeit besteht darin, mit etablierten Institutionen zusammenzuarbeiten – beispielsweise Ministerien. Das BMWi unterstützt Unternehmen bei der Ausübung ihrer wirtschaftlichen Tätigkeit. Dies äußert sich z. B. darin, dass das Ministerium Fachkonferenzen zu aktuellen Fragestellungen der unternehmerischen Praxis veranstaltet. Damit ist es der ideale Partner sowohl für viele Unternehmen und Verbände als auch für die Hilfswerft zur Darlegung aktueller Herausforderungen, zur Vernetzung und Aufmerksamkeitsgenerierung. So kam es, dass die Hilfswerft zusammen mit dem Bundesverband Deutsche Startups e. V. (BVDS) die Veranstaltung „Social Start-up Night – Vom Social Thinking zum Social Entrepreneurship" organisierte und am 27. September 2016 in Kooperation mit dem BMWi einen spannenden Themenabend zu den Herausforderungen des sozialen Unternehmertums durchführte.

Um die Potenziale von Sozialunternehmen und die für ihre Entfaltung notwendigen Rahmenbedingungen näher zu untersuchen, hatte das Bundesministerium für Wirtschaft und Energie ein Gutachten („Herausforderungen bei der Gründung und Skalierung von Sozialunternehmen. Welche Rahmenbedingungen benötigen Social Entrepreneurs?") in Auftrag gegeben, das 2016 veröffentlicht wurde. Danach wünschen sich Sozialunternehmer*innen in erster Linie ein besseres Informations- und Beratungsangebot bei der Umsetzung und Entwicklung ihrer Ideen. Zudem sei es notwendig, Sozialunternehmertum in der Öffentlichkeit noch bekannter zu machen und die Vernetzung mit etablierten Akteuren wie klassischen Unternehmen, Verbänden und Multiplikatoren zu fördern (Marion Lemgau, BMWi).

## 2   Die Social Start-up Night

Worum ging es bei dieser Veranstaltung? Der Schwerpunkt der Veranstaltung lag darauf, zu zeigen, dass sozial orientierte Start-ups interessante Kooperationen mit etablierten Unternehmen eingehen können, sodass beide Parteien voneinander profitieren. Um dies unter Beweis zu stellen, wurde unmittelbar vor der Abendveranstaltung die Social-Start-up-Challenge durchgeführt. Dieses Pre-Event zielte darauf ab, Social Entrepreneurs und Unternehmensvertreter zusammenzubringen, um Problemstellungen („challenges") aus verschiedenen Perspektiven zu bearbeiten. Im Ergebnis wurden drei Teams ausgewählt, die ihre Lösungsansätze und weitere Ideen bei der Social Start-up Night in Form von kurzen Pitches vorstellen durften.

Die Social Start-up Night begann mit einer Eröffnungsrede der parlamentarischen Staatssekretärin beim BMWi, Frau Brigitte Zypries. In ihrer Begrüßung machte sie deutlich, dass soziales Unternehmertum wichtig für eine funktionierende, gesunde Gesellschaft ist und deshalb auch innerhalb der Wirtschaftspolitik ein Thema sei. Die soziale Marktwirtschaft neu mit Leben zu füllen, nachhaltigen Fortschritt zu sichern und den sozialen Zusammenhalt in Deutschland zu stärken, zählt zu den zentralen Anliegen des BMWi.

> Mit innovativen Veranstaltungen wie der „Social Start-up Night" am 27. September 2016 und der KMU-Konferenz „Soziales Unternehmertum" im Juni 2016 Jahres wollten wir Sozialunternehmen sichtbarer machen und ihre Vernetzung mit etablierten Unternehmen fördern. Damit wollen wir zugleich Innovationen neue Impulse geben (Marion Lemgau, BMWi).

Nach der Eröffnungsrede ergriff Manuela Pastore von Boehringer Ingelheim das Wort für die Keynote zum Thema „Social Thinking und Social Entrepreneurship für Unternehmen". Frau Pastore machte v. a. deutlich, dass sich Mitarbeiterinnen und Mitarbeiter von Unterstützerunternehmen gern mit den Themen, die an sie herangetragen werden, identifizieren und dass ihnen die Chance gegeben werden sollte, ihren eigenen sozialen Impact im Projekt beizusteuern. Darauffolgend stellten sich im Tandemformat bereits laufende oder erfolgreich abgeschlossene Kooperationen vor (Tab. 1).

Nach dieser Vorstellung berichtete Nils Dreyer, Geschäftsführer der Hilfswerft gGmbH, von der Arbeit der Hilfswerft und seinen Eindrücken während der vorausgegangenen Social Start-up Challenge. Wie angekündigt, durften die Gewinner des Formats, MentorMe, Diakonie Güterlohe e. V. und Querstadtein, ihre Ergebnisse präsentieren.

Markus Sauerhammer vom Mitveranstalter BVDS hatte das Schlusswort. Er richtete den Blick auch auf politische Dimensionen des Social Entrepreneurship und fragte, wie die Politik dessen weitere Entwicklung positiv beeinflussen kann. Sein Fazit: Deutschland müsse im Bereich Social Entrepreneurship noch einiges aufholen und beginnen, sich mit den großen Akteuren wie den Vereinigten Staaten oder Großbritannien zu messen.

Beim abschließenden Get-Together am Buffet gab es die Möglichkeit, sich zu vernetzen und auszutauschen. Dies nahmen alle Gäste gern wahr, sodass sich wertvolle Kontakte und spannende Gespräche ergaben.

**Tab. 1** Vorstellung gelungener Kooperationen von Social Start-ups und etablierten Unternehmen

| Annette Wolter von der Innatura gGmbH und Bettina Brown von MINGA BERLIN Apparel GmbH & Co. KG | Katherin Kirschenmann von der The DO School Innovation Lab GmbH und Dirk Hoffmann, Messe Berlin GmbH | Claudia Schluckebier von Proboneo und Simone A. Meyer METRO AG |
| --- | --- | --- |
| Sachspenden aus dem Einzelhandel und der Industrie werden professionell und effektiv an Bedürftige weitergeleitet | Unternehmen stellen angehenden Entrepreneuren ihr Netzwerk und Know-how zur Verfügung und diese können Praxiserfahrungen sammeln und innovative Ideen entwickeln | Vermittlung von hoch qualifizierten Mitarbeitern an soziale Projekte, um diesen unterstützend und beratend zur Seite zu stehen |

## 3  Erfahrungen und abgeleitete Erkenntnisse

Aus der Anbahnung, Konzeption und Durchführung der Social Start-up Night wurden Erkenntnisse generiert, die im nachfolgenden Abschnitt in Form als persönliche „lessons learned" des Hilfswerft-Teams dargestellt werden. Hierbei wird aufgezeigt, was die grundsätzlichen Herausforderungen sind und wie man sich diesen in Form von Leitfragen annähern kann.

### 3.1  Identifiziere den richtigen Partner

**Leitfragen**

Welche Zielgruppe möchte ich mit meiner Veranstaltung, Kampagne oder Maßnahme erreichen?

Welche Akteure haben einen Zugang zu der Zielgruppe, die ich erreichen möchte?

Wer genießt das notwendige Vertrauen, um eine Empfehlung aussprechen zu können?

Wer passt zum eigenen Anliegen (Brand-Fit)?

Wer zieht seinerseits einen Nutzen aus einer möglichen Kooperation und würde sich sehr wahrscheinlich dafür gewinnen lassen?

Für uns war von Anfang an klar, dass wir mittelständische Unternehmen erreichen wollen, die ein Interesse haben, sich gesellschaftlich zu engagieren. Die Herausforderung dabei ist, dass man den meisten Unternehmen nicht von außen ansieht, womit sie sich gerade intern beschäftigen. Insofern war es für uns von großer Bedeutung, einen Partner zu finden, der eine Resonanz erzeugt, wenn er unser Anliegen platziert. Neben einigen Verbänden fiel unser Augenmerk schnell auf das BMWi, das mit seinem schon etablierten Format Start-up Night über ein anschlussfähiges Konzept verfügte. Nachdem bereits

Start-up Nights zu anderen Themen durchgeführt wurden, fassten wir den Entschluss, dem BMWi eine Konzeption für eine Social Start-up Night vorzustellen.

## 3.2 Nutze Mediatoren (Mittler), die bereits eine Beziehung zu der gewünschten Organisation haben

**Leitfragen**

Welcher Akteur verfügt über gute Kontakte zur gewünschten Zielorganisation?

Welcher Akteur genießt Vertrauen und Gehör?

Zu wem habe ich gegebenenfalls bereits eine Beziehung oder kann diese schnell aufbauen?

Mittler zum BMWi war in unserem Fall der BVDS. Im ersten Schritt sondierten wir unsere bestehenden Kontakte (Xing, LinkedIn bzw. unsere interne Kontaktverwaltung), um herausfinden, ob gegebenenfalls bereits ein passender Kontakt existierte. Teilweise ist es so, dass Altkontakte den Job wechseln und plötzlich genau in der Organisation arbeiten, zu der eine Beziehung aufgebaut werden soll. In unserem Fall fanden wir schnell heraus, dass zwei Mitarbeiter des BVDS gute Beziehungen ins BMWi haben. Als Verbandsmitglied war es für uns leicht, mit ihnen Kontakt aufzunehmen und sie von unserem Vorhaben zu begeistern. Wichtig war, dass es ab diesem Zeitpunkt unser gemeinsames Projekt wurde. Der BVDS war also nicht nur das verbindende Element von Hilfswerft und BMWi, sondern wurde zum Mitinitiator des Konzepts. Somit waren sie auch von Beginn an persönlich involviert.

## 3.3 Verstehe, wie die Zielorganisation funktioniert und entscheide

**Leitfragen**

Wie sehen die internen Strukturen der Zielorganisation aus?

Wer ist der (für unsere Anfrage) relevante Entscheider?

Wie werden Entscheidungen getroffen?

Wie kommt man an diese Informationen?

Grundsätzlich es gibt zwei Wege, ein Anliegen in Ministerien zu platzieren. Zum einen auf politischer Ebene, wo es darum geht, einzelne Personen für ein Thema zu begeistern. Letzteres muss dabei sowohl dem Zeitgeist entsprechen, als auch (politisch) zur Position der Person passen. Zum anderen gibt es die operative Ebene, die sich im Gegensatz zur politischen Ebene durch personelle Kontinuität auszeichnet – größtenteils auch über Legislaturperioden hinweg. Hier geht es somit weniger darum, positions- und zeitgeistgemäße Themen zu positionieren, sondern darum, Anschluss zu nehmen an bestehende

Initiativen, Programme oder Vorhaben. Auf beiden Wegen muss zunächst eine Beziehung zu den handelnden Akteuren geknüpft und dann schrittweise weiter ausgebaut werden.

Für eine erste Recherche eignen sich Plattformen wie Xing und LinkedIn, auf denen i. d. R. ein Großteil der Mitarbeiter gelistet ist. Fachliche Ansprechpartner können teilweise auch über die Publikationen der Institution (z. B. Studien, Vorträge, Stellenausschreibungen) ausfindig gemacht werden. Im Fall des BMWi interviewten wir Personen aus unserem Netzwerk, die in der Vergangenheit Projekte für das Ministerium gemacht hatten. Zudem wurden wir innerhalb der Organisation schrittweise zum richtigen Ansprechpartner vermittelt.

Da die politischen Akteure bekannt und z. B. auf Veranstaltungen kontaktierbar sind, können sie einfacher gewonnen werden als Mitarbeiter der operativen Ebene. Eine gute Möglichkeit für ein Beziehungsangebot ist eine Schirmherrschaft (für ein Projekt oder ein Event). Diesen Weg ging auch die Hilfswerft. Im Februar 2016 war die parlamentarische Staatssekretärin Brigitte Zypries Schirmherrin der Veranstaltung Social Startup Pitch in Berlin. Im Rahmen eines Abendevents wurden zehn Projekte zur besseren Integration von Flüchtlingen vorgestellt und prämiert. Der initiale Kontakt zu Frau Zypries wurde wie oben beschrieben durch den BVDS vermittelt, bei dem die Hilfswerft Mitglied ist.

## 3.4 Plane großzügig mit genügend (finanziellen und personellen) Puffern

**Leitfragen**

Wie viel Zeit und finanzielle Mittel ist man gewillt, in das Vorhaben zu investieren?

Welchen Output, d. h. welches Ergebnis, erhofft man sich daraus?

Gibt es eine natürliche Deadline oder ein „window of opportunity" für das Format?

Welche anderen Projekte muss ich gegebenenfalls aufgeben, um den Anforderungen gerecht zu werden?

Entscheidungsprozesse in öffentlichen Institutionen dauern aufgrund der Anzahl der involvierten Personen deutlich länger als in Unternehmen. In der Zusammenarbeit mit dem öffentlichen Sektor mussten wir daher lernen, dass Entscheidungsprozesse häufig intransparent und schwerer zu planen sind, als wir es bisher in unserer Arbeit mit Unternehmen gewohnt waren. Anzumerken ist jedoch, dass das BMWi in Anbetracht der Komplexität unseres Anliegens (parallele Einbindung verschiedener Fachabteilungen) stets verhältnismäßig schnell entschied. Grundsätzlich gilt es aber, lieber mehr Zeit einzuplanen, rechtzeitig anzufangen und im Zweifel lieber einmal häufiger nachzufassen.

Der vergleichsweise hohe Formalisierungsgrad (u. a. durch Gesprächsprotokolle und Checklisten) erschien uns anfänglich übertrieben. Mit fortschreitendem Verlauf sicherte dies jedoch, dass alle Aufgaben zeitnah erledigt wurden. So kam es nicht (wie schon oft erlebt) zu einem Anstieg der Arbeitsbelastung unmittelbar vor der Veranstaltung. Auch die Durchführung des Events verlief reibungslos.

## 4 Fazit

Als auf Social Entrepreneurship ausgerichtete Organisation erfolgt unsere Bewertung der Veranstaltung auf zwei Ebenen: auf der Ebene der finanziellen Rendite und auf der des gesellschaftlichen Nutzens – dem Social Impact.

Unser Engagement im Rahmen der Social Start-up Night und der Social Start-up Challenge erfolgte pro bono. Dies war nicht unser Wunsch, sondern Anforderung des BMWi. Je nachdem, welche Aufgaben mit einberechnet werden, lag unser zeitlicher Aufwand bei etwa 30 bis 40 Personentagen. Das mag wenig erscheinen, ist für eine Organisation unserer Größe aber ein durchaus relevantes Projekt.

Aus der Social Start-up Night und der vorgelagerten Social-Start-up Challenge haben sich bisher (acht Wochen nach der Durchführung) keine quantifizierbaren Kundenbeziehungen ergeben, die eine zeitnahe Amortisation des Investments als wahrscheinlich erscheinen lassen würden. Mit fünf dieser Kontakte besteht heute ein intensiver Austausch, aus dem eine zukünftige Kundenbeziehung erwachsen kann. Wahrscheinlich ist es angemessen, das Investment dem Bereich Marketing zuzuordnen: Der Bekanntheitsgrad der Hilfswert hat sich durch die Veranstaltung und den damit verbundenen Interaktionen (s. unten) stark erhöht. Die Zusammenarbeit mit dem BMWi als Testimonial wird es uns in Zukunft leichter machen, Organisationen von unserer Leistung zu überzeugen.

Der gesellschaftliche Nutzen der Social Start-up Night ist typischerweise schwer abschätz- und berechenbar. Er zeigt sich sowohl auf der Makro- als auch auf der Mikroebene:

- Positive Signalwirkung: Dass sich das BMWi mit dem Thema soziales Unternehmertum auseinandersetzt, bestärkt (neue) Akteure, den Weg des sozialen Unternehmertums weiterzuverfolgen.
- Bestätigung der Relevanz des Themas durch die hohe Teilnehmernachfrage: Erhöhung der Wahrscheinlichkeit weiterer Initiativen durch das BMWi
- Die Interaktion (persönlich oder medial) mit
  - über 10.000 Menschen im Zuge der vor- und nachgelagerten Berichterstattung
  - über 1000 Unternehmensvertretern im Rahmen der Einladungen
  - über 300 angemeldeten Teilnehmern und Referenten

Mit jeder Interaktion steigt die Wahrscheinlichkeit, einen Menschen oder eine Organisation für sozialunternehmerisches Handeln (im Großen wie im Kleinen) zu begeistern.

Infolge der Veranstaltung entstanden sowohl für die Hilfswert als auch für die Referenten der beteiligten Unternehmen, die ihre Modelle und Ansätze vorstellten, neue Kontakte zu potenziellen Kunden und Partnern.

Eine Veranstaltung dieses Ausmaßes zu organisieren und zu verantworten, war sehr herausfordernd und motivierend für das Team der Hilfswert. Bei uns und den anderen engagierten Beteiligten hatte die Veranstaltung eine positive Wirkung, insbesondere durch die persönliche Wertschätzung und das positive Feedback von allen Seiten, das wir für das Engagement erhalten haben. Unsere Schirmherrin, Frau Brigitte Zypries, hat eine noch größere Begeisterung für das Thema entwickelt, weshalb sie u. a. auch ein Vorwort für diesen Sammelband verfasste und weitere Aktivitäten der BMWi im Bereich Social Entrepreneurship ankündigte. Im Februar 2018 schaffte es Social Entrepreneurship erstmalig in den Koalitionsvertrag der neuen Bundesregierung.

Unter dem Strich bleibt es eine individuelle unternehmerische Entscheidung, eine Kooperation dieser Art einzugehen und durchzuführen. Auch wenn ein finanzieller Nutzen für uns nicht gegeben war und der gesellschaftliche Impact nur schwer berechenbar bleibt, ist letzterer aber definitiv vorhanden. Wir als Hilfswerft haben diese uns gebotene Chance wahrgenommen und sind glücklich mit unserer Entscheidung.

## Anhang

Für weitere Informationen, Downloadmöglichkeiten und Kontaktdaten stehen auf unserer Homepage www.hilfswerft.de unter der Kategorie Presse und Veröffentlichungen ausführliche Ergänzungen zu diesem Beitrag bereit. Wir stehen bei Rückfragen natürlich auch gern persönlich zur Verfügung.

**Nils Dreyer** zählt zu den ersten Internetunternehmern seines Jahrgangs. Begonnen hat er mit einer Online-Quiz-Community, die bereits Ende der 1990er-Jahre einen Crowdsourcing-Ansatz verfolgte. Das Quizportal wurde zu einem Tool für interne Weiterbildung weiterentwickelt. Im Jahr 2008 startete er mit netjobbing eine Online-Expertenvermittlung im Business-to-Business-Bereich. Daraus wurde später die Contentmarketing-Agentur Textprovider und wenige Jahre später die Agenturgruppe Collective IQ. Seit Ende 2014 ist Nils Dreyer hauptberuflich als geschäftsführender Gesellschafter der Hilfswerft gGmbH aktiv.

**Jennifer Wilke** studierte Kulturwissenschaften und BWL an der Leuphana Universität Lüneburg. In ihrer Bachelorarbeit befasste sie sich mit dem Führungsstil von Sozialunternehmern. Daraufhin folgt ein Masterstudium in Sustainability Economics and Management an der Carl von Ossietzky Universität Oldenburg, wo sie derzeit ihre Masterarbeit schreibt. Sie ist studentische Mitarbeiterin bei der Hilfswerft gGmbH in Bremen.

# Engagement leicht gemacht

## Wirkungsvolle Angebote für mehr Gemeinwohl

Philipp Hof

*Denn Engagement fängt immer bei einem selbst an ...*

## 1 Einleitung

Jeder kann sich sozial engagieren und zum Gemeinwohl beitragen, für den Zweck seiner Wahl und entsprechend seiner Vorstellungen und Möglichkeiten – egal ob als Privatperson, engagierter Freiberufler, Unternehmer, Firma oder Konzern. Das klingt selbstverständlich und ist es doch nicht. Denn individuelles und effektives Engagement benötigt Know-how, ein gutes Netzwerk und effektive Abwicklungsstrukturen.

Dies hat vor über 20 Jahren der mittelständische Unternehmer Alexander Brochier erkannt und damit als Mitinitiator den Grundstein für die heutige Haus des Stiftens gGmbH gelegt. Sie will – auf den Punkt gebracht – wirkungsvolles Engagement erleichtern. In den letzten zehn Jahren vermehrt auch das Engagement von Unternehmen, die weder auf eine Corporate-Social-Responsibility(CSR)-Abteilung zurückgreifen können noch eigene Fachleute haben oder nicht jedes Mal das Rad neu erfinden wollen.

So nutzen kleine bis große Unternehmen, Firmeninhaber, Geschäftsführer und Vorstände die unterschiedlichen Funktionen des Sozialunternehmens, das sich als Begleiter von Engagierten versteht. Einerseits erhalten sie kostenlose Orientierung und nehmen als Stifter oder Förderer Beratungs- und Serviceleistungen der Haus des Stiftens gGmbH in Anspruch, um ihr gemeinnütziges Engagement in die Tat umzusetzen. Andererseits können sie als Unternehmenspartner finanziell, personell oder infrastrukturell verschiedene Angebote für Non-Profits gemeinsam mit Haus des Stiftens ermöglichen.

P. Hof (✉)
Haus des Stiftens gGmbH
München, Deutschland
E-Mail: Petra.Roehrl@haus-des-stiftens.org

© Springer-Verlag GmbH Deutschland, ein Teil von Springer Nature 2019
A. Kraemer und L. M. Edinger-Schons (Hrsg.), *CSR und Social Enterprise*,
Management-Reihe Corporate Social Responsibility,
https://doi.org/10.1007/978-3-662-55591-0_16

Sie können die Angebote, die ihnen Haus des Stiftens bietet, ihrer Situation und ihren Wünschen entsprechend nutzen. Wie ihr Engagement aussieht, soll anhand der vier Angebotsbereiche von Haus des Stiftens dargestellt werden. Diese sind: Orientierung, Service, Fonds, IT-Portal.

## 2  Unternehmerisch gemeinnützig

Der Grundstein für die heutige Haus des Stiftens gGmbH wurde im Jahr 1995 gelegt. Hauptmitwirkender war dabei der 68-jährige Nürnberger Alexander Brochier, der ein mittelständisches Traditionsunternehmen in vierter Generation führt.

Dieser gründete 1992 die rechtsfähige und gemeinnützige Brochier Stiftung, um benachteiligte Kinder und Jugendliche zu fördern. Sowohl die Gründung als auch die weitere Arbeit der Stiftung bedeutete einen immensen zeitlichen, nervlichen und finanziellen Aufwand für den Unternehmer, da ihm sowohl das nötige Know-how als auch das Netzwerk und die Strukturen im gemeinnützigen Bereich fehlten. Um genau diesen Aufwand und auch manche Fehlentscheidungen Stiftungswilligen – egal ob Privatpersonen oder Unternehmen – künftig zu ersparen, rief er mit zwei weiteren Initiatoren eine zweite Stiftung, die Stiftung Kinderfonds, als Dachstiftung für treuhänderische Kinderstiftungen ins Leben.

Diese sollte es Stiftungsinteressierten ermöglichen, rechtlich unselbstständige Stiftungen zugunsten von Kinderhilfsprojekten weltweit einfach zu gründen und professionell betreuen zu lassen. Darauf aufbauend entstand die heutige Haus des Stiftens gGmbH. Diese entwickelte zunächst Beratungs- und Serviceangebote rund um die Stiftungsarbeit für kleinere Stiftungen. Dies reichte von kostenlosen Informationsangeboten über die Gründungsberatung bis hin zum Jahresabschluss.

Warum ein Unternehmer wie Alexander Brochier zum Stifter und Wohltäter wird, ist durchaus exemplarisch. Alexander Brochier steht einem Traditionsunternehmen mit mehr als 500 Mitarbeitern und über 50 Mio. € Jahresumsatz vor, das sich nach dem Ersten Weltkrieg zum Spezialisten für Gebäudetechnik entwickelte. Doch Unternehmertum und Wohlstand waren ihm nicht genug, sodass er im Jahr 1992 seine Brochier Stiftung mit einem Vermögen von 5 Mio. D-Mark gründete. Der Anstoß dafür kam von einem Manager-Seminar Anfang der 1980er-Jahre, auf dem er seine eigene Grabrede schreiben sollte. Dort wurde er mit der Frage konfrontiert, wie er den Menschen nach seinem Tod in Erinnerung bleiben möchte. Die Antwort war für ihn klar: Er wollte nicht nur als Geschäftsmann und Familienvater im Gedächtnis bleiben, sondern auch als ein Mensch, der sich um andere kümmert. Dass Engagement immer bei einem selbst anfange, wurde zu seinem Credo.

Der 68-jährige Unternehmer wurde zum Wohltäter, der mit seiner Stiftung nicht nur benachteiligte Kinder und Jugendliche fördert, sondern auch Menschen durch verschiedene marktgerechte Angebote unterstützt, die sich bürgerschaftlich engagieren wollen – ganz so, wie man es von einem Unternehmer erwartet.

Die heutige Haus des Stiftens gGmbH hält eine ganze Angebotspalette in den vier Bereichen Orientierung, Service, Fonds und IT-Portal für ein effektives Engagement von Unternehmen, Privatpersonen und Non-Profit-Organisationen bereit.

## 3  Angebote entwickeln sich

In den letzten 10–15 Jahren engagieren sich Unternehmer und Unternehmen unterschiedlicher Größenordnung zunehmend über und mithilfe der Haus des Stiftens gGmbH für das Gemeinwohl. Oft aber wissen sie nicht, welche Gestaltungsmöglichkeiten es gibt, ob sie Vermögen, Know-how, Produkte, Ideen oder Strukturen einbringen möchten, welches Thema das richtige ist, welche Rechtsstruktur sie für die Umsetzung ihres Engagements brauchen, welche steuerlichen Aspekte es zu berücksichtigen gilt, ob und welche Partner sie für ihr Unterfangen benötigen und viele andere Dinge mehr. Viele haben zu wenig Know-how im gemeinnützigen Bereich, haben keine eigenen Strukturen für ihr Engagement, sind im sozialen Sektor ungenügend vernetzt, wollen nicht eine Heerschar von Experten unterschiedlichster Gebiete beschäftigen und wollen auch nicht das Rad jedes Mal neu erfinden.

Für Unternehmen heißt das beispielsweise, dass das Thema und das Format ihres Engagements zu ihnen bzw. zum Firmeninhaber passen müssen. So ist es gerade bei kleineren und mittleren inhabergeführten Unternehmen oft wichtig, dass sich der Firmenchef oder die Firmenchefin mit dem Thema voll und ganz identifiziert. Manchen (Familien-)Unternehmen, die in einer Region verwurzelt sind, ist es häufig wichtig, sich gesellschaftlicher Probleme vor Ort anzunehmen und sich dort langfristig zu engagieren. So sind sie zum einen an ihrem Engagement nah dran, erleben direkt die Wirksamkeit und die Ergebnisse dieses Engagements und tragen zur Lösung eines gesellschaftlichen Problems in ihrer Region bei. Dadurch zeigen sie ihre tiefe lokale Verwurzelung, sind ein attraktiver Arbeitgeber, auf den die Mitarbeiter stolz sind, und genügen als Unternehmen nicht nur Gesetzen oder Compliance-Regeln, sondern tun etwas für die Gesellschaft, in der sie agieren und die ihnen den unternehmerischen Erfolg möglich gemacht hat.

Größere Unternehmen binden ihr soziales Engagement oft in ihre Unternehmensziele ein. Es muss zum Unternehmen passen. So versuchen große Technologiekonzerne häufig, das Thema Mathematik-Informatik-Naturwissenschaften-Technik(MINT)-Bildung oder die Medien- und IT-Kompetenz von Kindern und Jugendlichen zu fördern. Oft binden die Unternehmen – und das ist unabhängig von der Größe – bei ihrem Engagement Mitarbeiter oder Geschäftspartner ein, z. B. durch Spendenaktionen, Mitarbeiter-Volunteering-Programme, Firmenveranstaltungen für einen bestimmten Förderzweck etc.

Die kleinen bis großen Unternehmen, Firmeninhaber, Geschäftsführer und Vorstände, die sich mithilfe Haus des Stiftens für das Gemeinwohl engagieren, nutzen dabei ganz unterschiedliche Funktionen des Sozialunternehmens – angefangen von Beratung und Expertise für gemeinnütziges Engagement über Verwaltung von Stiftungen und anderen gemeinnützigen Rechtsformen bis hin zu Bindeglied und Mittler zwischen Non-Profit-

Welt und Unternehmen. Sie nutzen die Möglichkeiten, die ihnen Haus des Stiftens bietet, sich ihrer Situation und ihren Wünschen entsprechend für das Gemeinwohl zu engagieren. Wie sie sich engagieren, soll anhand der vier Angebotsbereiche von Haus des Stiftens dargestellt werden. Diese sind: Orientierung, Service, Fonds, IT-Portal.

## 4   Orientierung

Der Bereich Orientierung für Engagierte ist das gemeinnützige Angebot der Haus des Stiftens gGmbH. Dort gibt es einen ersten Überblick, allgemeine Informationen und Orientierung rund um gemeinnütziges Engagement. Die Themen reichen von Recht, Steuer und Finanzen über IT-Wissen bis hin zu Fundraising, Kommunikation und vieles mehr, die in unterschiedlichen Formaten wie etwa traditionelle Printmedien über Online-Seminare bis hin zu Veranstaltungen oder kostenlosen Erstgesprächen aufbereitet werden. Auf Wunsch erhalten die Engagierten hier auch Impulse und Starthilfen, wie die einfache Gründung von Treuhandstiftungen oder einen kostenlosen Gremienberufungsservice.

Bei allen Orientierungsangeboten arbeitet Haus des Stiftens mit Partnern zusammen, die kostenlos ihr Know-how in verschiedenen Formaten zur Verfügung stellen oder einzelne Angebote durch ihre finanzielle, personelle oder infrastrukturelle Unterstützung erst ermöglichen.

Das pro bono zur Verfügung gestellte Wissen stammt u. a. von Beratungsunternehmen, IT-Firmen, Rechtsanwaltskanzleien, Steuerberatungsgesellschaften, Verlagen, Social-Media-Agenturen sowie auch Stiftungen und anderen Non-Profit-Organisationen. Sie alle wollen mit ihren Wissensspenden, ihrer Erfahrung und ihrer Expertise den gemeinnützigen Sektor stärken, zu dessen Professionalisierung beitragen und damit letztlich das Gemeinwohl fördern.

Insbesondere das Webinarprogramm erfreut sich seit seinem Start 2014 großer Beliebtheit. Was als Pilotprojekt 2012 mit Online-Schulungen für IT-Produkte startete, zählte im September 2018 weit über 36.000 Teilnehmer aus Non-Profit-Organisationen. Die Palette der Themen reicht mittlerweile von A wie Apps für Non-Profits über G wie Gemeinnützige Organisationen und Finanzaufsicht bis zu Z wie Zahlungsmethoden im Online-Fundraising. Die mehr als 60 Referenten kommen fast ausnahmslos aus Unternehmen verschiedener Größenordnung und Branchen. Die Experten geben ihr Wissen pro bono an gemeinnützige Organisationen weiter und werden dafür von ihren Unternehmen freigestellt.

Außerdem gibt es kostenlose Infobroschüren, die einen Überblick geben über wichtiges Grundwissen rund ums Stiften, über steuerliche Aspekte beim Spenden und Stiften oder die Möglichkeiten der Testamentsgestaltung für den guten Zweck. Darüber hinaus bietet Haus des Stiftens zahlreiche Praxistipps von Experten oder Vorträge und Veranstaltungen zu unterschiedlichen Themen. Zu den weiteren Angeboten unter Orientierung fallen auch Publikationen wie der „IT-Report für Non-Profits 2015"oder der „Plan B" für mehr gemeinnütziges Engagement in der Gesellschaft.

# 5 Serviceleistungen

Das Haus des Stiftens betreut Stand November 2018 über 1400 Stiftungen mit einem Vermögen von rund 500 Mio. € – darunter zahlreiche Stiftungen von selbstständigen Freiberuflern oder mittelständischen Unternehmern bis hin zu internationalen Konzernen. Durch die Unterstützung von Haus des Stiftens können sie effektiv nach ihren Wünschen helfen. Sie nutzen dabei seit ihrer Gründung – in unterschiedlichem Ausmaß – das Beratungsangebot, verschiedene Dienstleistungen, das Netzwerk und die Infrastruktur von Haus des Stiftens. Einige Beispiele:

- Der Beck Kinderfonds Stiftung: Gezielte Unterstützung für hilfsbedürftige und sozial benachteiligte Kinder und Jugendliche aus der Region Erlangen-Nürnberg-Fürth: Dieses Ziel verfolgt die Der Beck Kinderfonds Stiftung. Sie wurde 1998 durch Petra Beck ins Leben gerufen, weil ihr die Kinder und Jugendlichen aus der Region besonders am Herzen liegen. Der Beck ist eine familiengeführte Großbäckerei mit über 100-jähriger Geschichte und derzeit 1300 Mitarbeitern. Die Stiftung ermöglicht beispielsweise das langjährige Projekt „Beckwheel" bei Don Bosco in Nürnberg. Die Kooperation mit Don Bosco entstand mithilfe von Haus des Stiftens.
- Stiftung – Ärztehaus Harlaching: Die Stiftung wurde 2007 vom Team des Ärztehauses Harlaching, ein Münchner Stadtteil, gegründet. Anlass war das 30-jährige Bestehen des Ärztehauses. Alle im Haus tätigen Ärztinnen und Ärzte beteiligten sich gemeinsam am Stiftungskapital. Die Stiftung fördert seither benachteiligte Jugendliche in Deutschland, die selbst keine guten Startbedingungen haben.
- Active Help Kinderfonds Stiftung: Die Stiftung wurde im März 2000 von der Belegschaft der Siemens Management Consulting ins Leben gerufen. Die Stiftung soll notleidenden Kindern schnell, konkret und unbürokratisch helfen. Seit Gründung konnte die Stiftung genau für diesen Zweck mehr als eine Million Euro an Spenden einnehmen und damit Projekte in Deutschland und im Ausland fördern. Der Schwerpunkt der Stiftungsarbeit liegt in sog. Aktivprojekten, bei denen die Mitarbeiter der Siemens Management Consulting oder anderer Unternehmen bei Kinderhilfsprojekten direkt vor Ort mit anpacken und umfangreiche Bauten und Anlagen erstellen. Die Teilnehmer erleben dabei intensives Sozialengagement und herausragende Teamerlebnisse. Haus des Stiftens hilft bei der Planung und Umsetzung der Aktiv-Projekte.
- Stiftung Allianz Direct Help: Ziel der Stiftung ist es, das gemeinsame Engagement von Mitarbeitern und Unternehmen der Allianz Gruppe im Katastrophenfall zu organisieren. Gegründet drei Tage nach den Terroranschlägen am 11. September 2001 wurde die Stiftung bereits in zahlreichen Katastrophenfällen aktiv. Bei allen Projekten ist es Ziel, gemeinsam wirkungsvoll und nachhaltig zu agieren. Während die Spenden der Mitarbeiter für Soforthilfe in den betroffenen Gebieten genutzt werden, wird die Spende der Allianz vornehmlich für nachhaltige Problemlösungen und Katastrophenprävention eingesetzt.

Die Serviceleistungen reichen von der Verwaltung und der Stiftungsberatung über Kommunikationsleistungen bis hin zu einem Büro- und Veranstaltungsservice. Die Basisverwaltung wird von allen 1400 Stiftungen genutzt, die bei Haus des Stiftens verwaltet werden, und umfasst Kontoführung, Finanzbuchhaltung, Anlagebuchhaltung sowie die Erstellung des Jahresabschlusses. Auf Wunsch übernimmt Haus des Stiftens die Betreuung von Zweckbetrieben und wirtschaftlichen Geschäftsbetrieben, genauso wie die Wertpapierbuchhaltung oder ein individuelles Controlling.

Außerdem können engagierte Unternehmen wie auch Privatpersonen auf eine Rechtsberatung durch eine dem Haus verbundene und auf Gemeinnützigkeit spezialisierte Rechtsanwaltsgesellschaft zurückgreifen. Sie berät Unternehmen und Privatpersonen bei allen rechtlichen Fragen im Zusammenhang mit gemeinnützigem Engagement – angefangen bei der passenden Rechtsform bis hin zu den steuerlichen Auswirkungen eines Sponsoring-Vertrags.

## 6  Vermögenspooling

Mithilfe von drei Vermögenspoolings-Fonds können kleinere und mittlere Stiftungen und andere Non-Profit-Organisationen Vorteile bei der Vermögensanlage nutzen, die bislang großen Stiftungen vorbehalten waren. Auch hier engagieren sich Finanzexperten und Unternehmen der Finanzbranche ehrenamtlich oder zu Sonderkonditionen. So sind diese Experten mit ihrem Know-how, Netzwerk und ihrer Erfahrung ehrenamtlich im Anlageausschuss oder im Vermögensbeirat tätig. Einige Unternehmen der Finanzbranche stellen ihre Leistungen zu Sonderkonditionen oder pro bono zur Verfügung.

Drei unabhängige Gutachter – langjährige Experten aus dem Bereich der Vermögensanlage – prüfen und beurteilen die Vermögenspooling-Fonds einmal im Jahr in Bezug auf Nachhaltigkeit, Risiko und Kosten. Im ehrenamtlichen Beirat finden sich geschäftsführende Gesellschafter oder Vorstände von unabhängigen Finanzberatern und Vermögensverwaltern, die ihre Expertise interessierten Stiftern oder Non-Profit-Vertretern zur Verfügung stellen. Die Mitglieder haben auch die Aufgabe, die Leistung der Vermögensverwalter regelmäßig zu beurteilen. Zu Sonderkonditionen übernehmen sowohl Vermögensverwalter, Kapitalverwaltungsstelle und Depotbank ihre jeweiligen Aufgaben.

Die Ausgangssituation für die Vermögenspooling-Fonds war das schon seit Jahren anhaltende Niedrigzinsumfeld. Stiftungen und andere Non-Profit-Organisationen haben es dadurch schwer, Erträge aus ihrem Vermögen ohne sehr riskante Anlagen zu erzielen. Aus diesem Grund entwickelte Haus des Stiftens die Vermögenspooling-Fonds, die wie folgt funktionieren.

Größere gemeinnützige Stiftungen legen zusammen Fonds auf und beauftragen Vermögensverwalter damit, diese professionell und zu Sonderkonditionen zu verwalten. Kleinere und mittlere Stiftungen und andere Non-Profits können sich zu gleichen Konditionen an diesen Fonds beteiligen. Jede kleine Organisation profitiert beim Vermögenspooling damit von den besseren Konditionen, die sie selbst nicht erhalten würde.

Außerdem kümmern sich jeweils zwei Vermögensverwalter um einen Vermögenspoo-ling-Fonds. Dadurch verringert sich das Risiko, da jeder Vermögensverwalter zwar die gleichen Vorgaben hat, aber seine Entscheidung selbstständig trifft. Stellt sich heraus, dass einer der beiden Vermögensverwalter dauerhaft schlechter arbeitet, wird dieser ausge-tauscht. Dadurch kann die Qualität der Anlage verbessert werden, ohne dass die einzelnen Stiftungen den Fonds verkaufen und einen neuen kaufen müssen.

Durch das Bündeln der Kräfte summieren sich die Vermögen auf eine Masse, die auch für nationale und internationale Banken und Vermögensverwalter interessant wird: Aus vielen kleinen Non-Profit-Organisationen und einzelnen Ansprechpartnern entsteht ein Großvermögen mit zentraler Steuerung, dementsprechend geringeren Kosten und einem klugen Risikomanagement.

# 7  IT-Portal

Damit gemeinnützige Organisationen mit moderner IT ausgestattet und so für das digitale Zeitalter gerüstet sind, startete Haus des Stiftens im Oktober 2008 in Partnerschaft mit dem amerikanischen Sozialunternehmen TechSoup ein IT-Portal speziell für Non-Profits. Das Portal ist dabei Mittler zwischen gemeinnütziger Welt und IT-Unternehmen. Auf dem Portal erhalten Vereine und andere Organisationen in Deutschland, Österreich und der Schweiz Produktspenden sowie Sonderkonditionen verschiedener Unternehmenspartner.

Im Bereich IT-Spenden stellen Unternehmen ihre Produkte, Services und Tools für Non-Profits gegen eine geringe Verwaltungsgebühr zur Verfügung. Für die Unternehmen ist ein Produktspendenprogramm dabei mehr als eine einmalige Geste oder punktuelle Aktion. Sie engagieren sich auf längere Sicht mit ihrer Kernkompetenz – ihren Produkten.

Haus des Stiftens übernimmt dabei je nach Wunsch der Unternehmen die reine Prüfung der Gemeinnützigkeit der Non-Profits oder wickelt – für die meisten – das IT-Spenden-programm komplett ab. Die Unternehmen sparen sich so die Bearbeitung, Prüfung und Qualifizierung von individuellen Spendenanträgen.

Mithilfe des Portals können die Unternehmen außerdem das IT-Spendenprogramm ihren CSR-Zielen anpassen. So gibt es verschiedene Steuerungsmöglichkeiten, wie bei-spielsweise Budgetgrenzen, Förderzwecke, Förderzeiträume oder Lizenzvolumen. Damit können Unternehmen beispielsweise gezielt kleine Organisationen oder ausgewählte Tä-tigkeitsschwerpunkte wie Kinder- und Jugendhilfe fördern. Seit Bestehen des Portals in Deutschland, Österreich und der Schweiz haben die mittlerweile mehr als 40 IT-Unter-nehmen etwa 1,4 Mio. Produkte mit einem Marktwert von über 440 Mio. € gespendet (Stand Oktober 2018).

Durch die IT-Spenden können gemeinnützige Organisationen – ebenso wie Unter-nehmen – mit moderner Informationstechnologie besser arbeiten. Gleichzeitig haben sie mehr finanzielle Mittel für ihren eigentlichen gemeinnützigen Zweck zur Verfügung. Das kommt letztendlich wieder der Gesellschaft zugute.

Im Bereich Sonderkonditionen erhalten gemeinnützige Organisationen vergünstigte IT-Produkte. So werden im Programm „Hardware wie Neu" seit 2011 generalüberholte Laptops, Drucker und andere Hardware zum Selbstkostenpreis abgegeben. Partner hier sind drei IT-Systemhäuser – zwei davon gemeinnützig. Insgesamt erhielten Non-Profits auf diesem Wege über 45.000 Geräte. Die Geräte stammen von gesellschaftlich engagierten Unternehmen aus Branchen wie IT, Telekommunikation, Finanzdienstleistungen etc., die damit den gemeinnützigen Sektor stärken wollen. Außerdem gibt es spezielle Sonderaktionen oder Preisnachlässe von Unternehmen für Non-Profits.

Darüber hinaus ist Haus des Stiftens mit dem IT-Portal Prüfungspartner für Unternehmen, die sicherstellen möchten, dass ihr CSR-Programm auch tatsächlich nur gemeinnützige Organisationen erreicht. Dies ist beispielsweise bei Amazon und seinem Programm AmazonSmile in Deutschland und Österreich der Fall. AmazonSmile ist eine einfache Möglichkeit für Amazon-Kunden, mit jedem Einkauf eine Non-Profit-Organisation ihrer Wahl mit 0,5 % des Kaufpreises zu unterstützen.

Überschüsse aus den wirtschaftlichen Aktivitäten des Hauses werden in gemeinnützigen Angeboten wie dem Webinarprogramm eingesetzt.

**Philipp Hof,** geb. 1967, ist Initiator und Geschäftsführer der Haus des Stiftens gGmbH. Der Diplom-Kaufmann ist 1995 – gemeinsam mit Alexander Brochier – Mitgründer der Stiftung Kinderfonds und Geschäftsführer der 1995 eigens für den Kinderfonds errichteten Verwaltungsfirma, die heutige Haus des Stiftens gGmbH. Seither hat Philipp Hof das Angebot für Stiftungen, Non-Profit-Organisationen und Unternehmen kontinuierlich ausgeweitet. Das Sozialunternehmen verwaltet aktuell mehr als 1.400 gemeinnützige Stiftungen mit einem Vermögen von rund 500 Millionen Euro. Es betreibt in Partnerschaft mit TechSoup das IT-Portal Stifter-helfen in Deutschland, Österreich und der Schweiz, auf dem gemeinnützige Organisationen Produktspenden, Sonderkonditionen und Know-how rund um moderne Technologien erhalten. Außerdem bietet das Sozialunternehmen ein kostenloses Webinarprogramm für Non-Profits sowie offene Publikumsfonds für kleinere Stiftungen. Alleiniger Gesellschafter ist die gemeinnützige Brochier Stiftung des Nürnberger Unternehmers Alexander Brochier.

# Vattenfall und AfB: Partnerschaftliches Engagement für Gesellschaft und Umwelt

Thomas Richter und Beate Märtin

## 1 Gesellschaftliche Verantwortung der Unternehmen

In vielen Firmen wurde bis vor einigen Jahren unternehmerische Verantwortung noch vorwiegend als Verantwortung gegenüber den eigenen Mitarbeitern begriffen, in Form gerechter Bezahlung oder des Erhalts von Arbeitsplätzen. Dieser Blickwinkel hat sich seitdem spürbar erweitert, was sich im Umfang der als relevant betrachteten Akteure und Interessen widerspiegelt, sei es als Verantwortung gegenüber der Umwelt, der eigenen Region oder den Nachhaltigkeitsansprüchen an die Zulieferbetriebe.

Einen nicht unbedeutenden Anteil am Siegeszug des Corporate-Social-Responsibility(CSR)-Gedankens hat die Erkenntnis, dass Unternehmen dadurch substanziell profitieren. Während die Motivation für sozial verantwortliches Unternehmertum anfangs noch primär innerbetrieblich begründet wurde (motivierte Belegschaft, Weiterführung der Unternehmenstradition), wird CSR heute stärker als ein Instrument begriffen, das sich sowohl positiv auf die Reputation als auch die Attraktivität des Unternehmens als Arbeitgeber auswirkt.

Auch Vattenfall hat in den zurückliegenden Jahren dem Thema Nachhaltigkeit wachsende Aufmerksamkeit gewidmet, um seiner Verantwortung für Umwelt und Gesellschaft stärker gerecht zu werden. Umweltbewusste Lösungen für operative Geschäftsprozesse, eine konsequente $CO_2$-Minderungsstrategie sowie der schrittweise Umbau des Unternehmens zu einer Energieerzeugung ohne fossile Brennstoffe sind heute gelebte Wirklichkeit.

T. Richter (✉)
AfB gemeinnützige GmbH
Sömmerda, Deutschland
E-Mail: thomas.richter@afb-group.eu

B. Märtin
Vattenfall GmbH
Berlin, Deutschland
E-Mail: beate.maertin@vattenfall.de

© Springer-Verlag GmbH Deutschland, ein Teil von Springer Nature 2019
A. Kraemer und L. M. Edinger-Schons (Hrsg.), *CSR und Social Enterprise*,
Management-Reihe Corporate Social Responsibility,
https://doi.org/10.1007/978-3-662-55591-0_17

## 2    Gemeinsame Verantwortung für soziale und ökologische Ziele

Zum Abschluss eines Kooperationsvertrags mit der AfB gemeinnützigen GmbH zur Weiterverwertung gebrauchter IT-Hardware hat sich Vattenfall vor mehr als zehn Jahren entschieden. Seitdem bestehen die gemeinsamen Ziele darin, Arbeitsplätze für Menschen mit Behinderung zu schaffen und zugleich Umwelt und Ressourcen zu schonen.

Die Integration von Menschen mit Behinderung in die Berufswelt ist ein wichtiger Aspekt des Geschäftsmodells vom deutschlandweit ersten gemeinnützigen IT-Unternehmen AfB. Ein anderer ist der ökologische Aspekt. Die gemeinnützige GmbH hat sich darauf spezialisiert, ausgemusterte IT-Hardware von großen Konzernen, Unternehmen, öffentlichen Einrichtungen, Versicherungen und Banken zu übernehmen, die Daten darauf in einem zertifizierten Verfahren zu löschen, die Geräte aufzubereiten und sie anschließend wieder zu verkaufen. Ziel der AfB-Gruppe ist es, europaweit 500 Menschen mit Behinderung einen Arbeitsplatz zu geben. An 18 Standorten in Deutschland, Österreich, Frankreich und der Schweiz arbeiten heute bereits über 320 Mitarbeiterinnen und Mitarbeiter mit einem unterschiedlichen Grad an Beeinträchtigung. Alle Arbeitsschritte sind barrierefrei gestaltet und je nach Leistungsstärke werden die Tätigkeiten gemeinsam mit nicht behinderten Kolleginnen und Kollegen verrichtet. Darüber hinaus wird durch die Aufbereitung gebrauchter Hardware Energie und $CO_2$ eingespart, Ressourcenabbau vermieden und die Umwelt geschont.

Vattenfall ist einer der größten Strom- und Wärmeerzeuger Europas mit Hauptsitz in Stockholm. Gegründet wurde Vattenfall im Jahr 1909. Das Unternehmen befindet sich zu 100 % in schwedischem Staatsbesitz und beliefert rund 6,3 Mio. Stromkunden, 3,3 Mio. Stromnetzkunden und 2,2 Mio. Gaskunden. Als engagierter Partner der Gesellschaft steht Vattenfall für zuverlässige und innovative Energielösungen. Vattenfall hat sich das Ziel gesetzt, innerhalb einer Generation eine Energieversorgung ohne fossile Quellen zu erreichen und seine Kunden dabei zu unterstützen, ihr Leben zunehmend klimafreundlicher zu gestalten. Um dieses Ziel zu erreichen, setzt Vattenfall auf Wind- und Sonnenenergie und treibt den Ausstieg aus der Kohle voran. Im September 2016 wurden die Braunkohleaktivitäten in der Lausitz verkauft und die Nutzung von Braunkohle im Berliner Kraftwerk Klingenberg im Mai 2017 eingestellt. In Berlin soll bis spätestens 2030 auch der Ausstieg aus der Steinkohle vollzogen werden.

Vattenfalls gesellschaftliches Engagement ist breitgefächert, von Kooperationen mit sozialen Institutionen bis hin zu Umweltprojekten, die durch die Vattenfall Umweltstiftung gefördert werden. Um Eltern die Vereinbarkeit von Familie und Beruf zu erleichtern, hat das Unternehmen Eltern-Kind-Büros eingerichtet. Für junge Mitarbeiter wurden diverse Mentoring-Programme eingeführt, bei denen sich junge Mentees von Erfahrungen langjähriger Mitarbeiter begleiten lassen. Neben Fairness besitzt Diversität ebenfalls einen hohen Stellenwert für Vattenfall. Unter anderem wird mit externen Partnern wie Diversity Charter und Pride Festivals kooperiert. Des Weiteren unterstützt Vattenfall mit seinen Teamevents lokale Vereine, die soziale und gesellschaftliche Arbeit leisten. Mitarbeiter und Auszubildende organisieren Sammelaktionen für den Kältebus Berlin e. V.

Für die sozialen und ökologischen Folgen seines Handelns will Vattenfall stets Verantwortung übernehmen. Daher ist das Unternehmen bemüht, die Wahrung der Menschenrechte in seine Geschäfte und in seine Kooperationen mit Versorgern zu integrieren und ihre Umsetzung in allen Stadien der Wertschöpfungs- und Lieferkette regelmäßig zu überwachen. Mithilfe des Code of Conduct for Suppliers (CoCfS) legt das Unternehmen Ansprüche und Erwartungen an Lieferanten hinsichtlich Menschenrechte, fairer Arbeitsbedingungen, verantwortlicher Ressourcenbeschaffung und Umweltschutz fest. Dazu ist Vattenfall permanent im Dialog mit lokalen Akteuren aus Politik, Verbänden und Wirtschaft.

## 3    Was machte das Konzept von AfB so erfolgreich und warum ist es interessant für Kooperationspartner?

AfB-Unternehmensgründer Paul Cvilak wollte beweisen, dass wirtschaftlicher Erfolg und soziales Engagement sowie Umweltschutz vereinbar sind. Aufgrund seiner Erfahrungen wollte er Unternehmen eine Lösung für ihr Hardwareproblem bieten und zugleich Mehrwerte schaffen. Die nötigen IT-Dienstleistungen, wie die Wiederaufbereitung ausgemusterter Hardware und das unwiderrufliche Löschen der Daten, werden hochprofessionell erbracht. Menschen mit einer Behinderung können genauso in der IT-Branche arbeiten wie solche ohne Behinderung. Dies entspricht demnach einer klassischen Win-win-Situation.

Bei der Entscheidung für AfB waren für Vattenfall die nötigen IT-Dienstleistungen, wie die Wiederaufbereitung ausgemusterter Hardware und das unwiderrufliche Löschen der Daten, ausschlaggebend. Die Tatsache, dass ihr Kooperationspartner AfB durch seine Arbeit auch noch soziale und ökologische Ziele verfolgt, war für das Energieunternehmen das Alleinstellungsmerkmal gegenüber anderen Remarketern und Recyclern auf dem Markt.

## 4    Wie macht sich die Partnerschaft bei Vattenfall bemerkbar?

Die Partnerschaft zwischen Vattenfall und AfB besteht seit über 10 Jahren. In dieser Zeit wurden bereits mehr als 66.000 Elektrogeräte von Vattenfall repariert, recycelt bzw. nachhaltig entsorgt. Der Kreislauf von Beschaffung, Nutzung, Reparatur und schließlich Entsorgung der Geräte durch AfB ist bereits in den allgemeinen – nicht sichtbaren – Kernprozess übergegangen. Lediglich die Vor-Ort-Verkäufe lassen die Partnerschaft wieder sichtbar werden.

## 5   Wie wird die Kooperation aktiv gelebt?

Während des Vor-Ort-Verkaufs gibt es Einblicke in den AfB-Vattenfall-Kreislauf, um den eigenen Mitarbeitern das Thema näher zu bringen und das Bewusstsein für den Umgang mit Elektrogeräten im Allgemeinen zu stärken, inklusive Einladung zum Besuch der AfB-Werkstatt und des AfB-Ladens in Berlin-Schöneberg. Auch soll die Kooperation auf die anderen Standorte im In-und Ausland ausgedehnt werden. Ziel ist es, 100 % der Geräte der gesamten Vattenfall-Gruppe von AfB aufbereiten zu lassen.

## 6   Fazit und Ausblick

Die Zusammenarbeit zwischen AfB und Vattenfall hat sich im Lauf der Jahre fest etabliert. Sie ist ein Beispiel für eine Win-win-Situation mit konkreten sozialen Auswirkungen, bei der einerseits das Unternehmen profitiert und andererseits benachteiligte Menschen einer wertschätzenden Tätigkeit nachgehen, die es ihnen ermöglicht, ein auskömmliches Einkommen zu erzielen und am gesellschaftlichem Leben teilzuhaben.

**Thomas Richter**  ist seit Mai 2017 als Leiter der neu gegründeten AfB-Niederlassung im thüringischen Sömmerda und als Partnermanager für die Region Ostdeutschland tätig. In dieser Funktion betreut er Vattenfall als Kooperationspartner der AfB.

Thomas Richter absolvierte ein Studium der Elektrotechnik an der Friedrich-Schiller-Universität in Jena. Anschließend begann er seine berufliche Laufbahn im technischen Support der ASI Computer GmbH, die später in die Fujitsu Siemens Computers GmbH und dann in die Fujitsu Technology Solutions GmbH überging. Vor seinem Wechsel zur AfB gemeinnützigen GmbH war er bei Fujitsu als Vice President für den Technischen 2nd Level Support in der Region EMEA verantwortlich und entwickelte Strategien für die Nutzung des Internets der Dinge (IoT) in Fujitsu's Produkten und Services.

# Dialoge auf Augenhöhe – Ein Beispiel

Klara Kletzka

Das DialogMuseum in Frankfurt und das Dialoghaus in Hamburg gehören zu den seit Jahren etablierten Referenzausstellungen der Gruppe DIALOG IM DUNKELN in Deutschland. Zusammen ziehen sie jährlich rund 200.000 Besucher an.

Ende der 1980er-Jahre ahnte niemand, auch nicht der Gründer von DIALOG IM DUNKELN, Dr. Andreas Heinecke, dass die Idee des Perspektivenwechsels einmal ein über Jahrzehnte wirtschaftlich tragfähiges Unternehmenskonzept hervorbringen würde – mit weltweiter Anerkennung. Aber seine Vision sollte Schule machen. Und sie sollte zu einem der ersten erfolgreichen Beispiele für Social Entrepreneurship in Deutschland werden.

## 1 Was macht das Konzept von DIALOG IM DUNKELN so erfolgreich?

Ausschlaggebend waren zwei innovative Herangehensweisen:

- Ein Ansatz, der nicht auf das Defizit, sondern auf die Kompetenz der Menschen mit Behinderungen – in diesem Fall – blinder Menschen setzte und der sie dadurch nicht zum Objekt, sondern zu Experten machte.
- Der Versuch, ein soziales Problem mit unternehmerischen Mitteln zu lösen und nach Franchise-Methode international zu vertreiben.

Das war zukunftsweisend, aber auch riskant, besonders am Anfang. Wurden doch zu dieser Zeit die meisten blinden Menschen noch vornehmlich als Zielgruppe karitativer Dienste und Einrichtungen wahrgenommen. Für eine Vielzahl von Menschen mit Behinderungen blieb der sog. Erste Arbeitsmarkt unerreichbar. Dies alles ereignete sich zu der

K. Kletzka (✉)
DialogMuseum gGmbH
Frankfurt, Deutschland
E-Mail: klara.kletzka@dialogmuseum.de

© Springer-Verlag GmbH Deutschland, ein Teil von Springer Nature 2019
A. Kraemer und L. M. Edinger-Schons (Hrsg.), *CSR und Social Enterprise*,
Management-Reihe Corporate Social Responsibility,
https://doi.org/10.1007/978-3-662-55591-0_18

Zeit, in der in den Vereinten Nationen die Menschenrechte diskutiert wurden. Das Thema Chancengleichheit für Menschen mit Behinderungen war noch nicht auf der Tagesordnung. Inklusion hieß damals noch Integration. Der Paradigmenwechsel war noch nicht vollzogen.

In der Ausstellung DIALOG IM DUNKELN fanden plötzlich behinderte Menschen nicht nur eine Beschäftigung, sondern übernahmen die Rolle der Botschafter ihrer eigenen Mission. Wer könnte das glaubhafter als die Betroffenen selbst? Ein Dialog wurde angestoßen in einem lichtlosen Raum, der Alltagssituationen nachbildet, aber weit mehr als eine Simulation von Blindheit darstellt. Mit DIALOG IM DUNKELN wurde zudem ein vorurteilsfreier Raum geschaffen, in dem Hautfarbe, Alter, oder Religionszugehörigkeit keine Rolle spielten.

Viele blinde und sehbehinderte Guides der Ausstellung fühlten sich im Dialog mit sehenden Besuchern erstmals wertgeschätzt und ernst genommen. Der Rollentausch und die Teilhabe am gesellschaftlichen Leben stärkten ihr Selbstwertgefühl enorm und eröffneten neue Perspektiven für die eigene berufliche Entwicklung. Die von dem Londoner Service Provider SHM erstellte Studie „I'm here!" gibt darüber eindrücklich Auskunft (SHM 2009).

Auch dem sehenden Besucher eröffnete der Rollentausch vollkommen neue Einsichten und Erfahrungen. Aus der anfänglichen Angst vor der Dunkelheit entwickelt sich dank der Hilfestellung seitens der blinden Experten rasch Vertrauen. Hartnäckige Vorurteile gegenüber Menschen mit Behinderungen weichen im Verlauf der Führung einem tiefen Respekt. Dieser stark emotional aufgeladene Lerneffekt, der mit einem Besuch von DIALOG IM DUNKELN einhergeht und nachhaltig wirkt, ist der Erfolgsgarant der Ausstellung. Weltweit haben dies alle Evaluationen von Besucherumfragen anschaulich ergeben.

Dank neuartiger analytischer Methoden der Wirkungsmessung – in unserem Fall entwickelt von PricewaterhouseCoopers – ist es inzwischen sogar möglich, die gesellschaftliche Wirkung von DIALOG IM DUNKELN in den Bereichen Bildung, Inklusion, Beschäftigung oder Tourismus nicht nur nachzuweisen, sondern zu beziffern (Price Waterhouse-Coopers 2015).

Der sog. Social Return on Investment (SROI) – eine Kennzahl, die bemisst, welchen gesellschaftlichen Gewinn die Investition eines einzigen Euro zeitgt, lag im Frankfurter DialogMuseum bei 3,39 € und damit weit über unseren Erwartungen. Konkret heißt das: Rund 40.000 Schüler pro Jahr machen eine einzigartige Erfahrung, die kein Lehrer im Unterricht besser vermitteln könnte. Sie erhalten bei einem durchschnittlichen Eintrittspreis von 11 € laut der genannten Analyse Bildung im Bereich Inklusion im Wert von 19 € und sind als Entscheider von morgen bestens für das Thema vorbereitet. Etwa 180 behinderte Menschen fanden durch diese Aktivitäten einen Job, was dem Staat rund 320.000 € an Transferleistungen pro Jahr erspart. Nicht zu unterschätzen ist außerdem der Wert des DialogMuseums als touristische Attraktion Frankfurts. Es rangiert seit vielen Jahren stets unter den zehn bestplatzierten Museen der Stadt. Und es gibt einen weiteren Gewinn: Der Ansatz machte Schule.

## 2   Wie wirkt DIALOG IM DUNKELN in die kooperierenden Unternehmen hinein?

Die wirtschaftliche Tragfähigkeit eines sozialen Unternehmens wie der DialogMuseum gGmbH in Frankfurt basiert auf einem komplexen Finanzierungsmix. Da seine stärkste Zielgruppe mit rund 60 % Schulklassen ganz klar im Bildungsbereich angesiedelt ist, d. h. im Bereich der ermäßigten Preisgruppen, kann das Unternehmen selbst bei einer durchschnittlich 90%igen Auslastung mit den Eintrittseinnahmen allein nicht kostendeckend arbeiten, denn das Setting der Ausstellung ist enorm personalintensiv und verlangt ausgesuchte Experten. Somit bestand von Beginn an die Notwendigkeit, zusätzliche Finanzierungsquellen zu erschließen. Zum Fundraising gehört u. a. auch das Sponsoring, das in erfolgreichen Jahren bis zu 15 % der Gesamteinnahmen generiert und eine unverzichtbare Einnahmequelle darstellt.

Die Unternehmen der Rhein-Main-Region waren daher lange Zeit v. a. Adressaten von Fundraising-Aktivitäten des Museums im Bereich Sponsoring. Aber dabei blieb es nicht. Es ergaben sich nicht selten weiterreichende Kooperationen, in unserem Fall mit einem der größten ortsansässigen Unternehmen der Dienstleistungsbranche.

Der Mensch lernt durch Begegnung (Martin Buber 1973).

Die Zusammenarbeit begann mit einem kleinen Sponsoring-Projekt, das bei besagtem Partner im Bereich der Unternehmenskommunikation angesiedelt war. Ein soziales Unternehmen wie das Dialogmuseum, das nicht nur gute Schlagzeilen bringt, sondern auch noch in Zusammenhang mit sozialer Verantwortung zu einem Imagetransfer beiträgt, ist für die Kommunikation nach innen und außen interessant.

Dank dieser Sponsoring-Aktivitäten wurden natürlich auch viele Mitarbeiter auf das Museum aufmerksam. So auch eines Tages die Verantwortlichen für das Qualitätsmanagement, deren Aufgabe es war, den Weg in eine neue Service-Ära zu ebnen. Sie erkannten, welches Potenzial der Perspektivenwechsel (er wurde zu diesem Zeitpunkt bereits in drei verschiedenen Ausstellungen vollzogen: Dialog im Dunkeln, Dialog im Stillen und Dialog mit der Zeit) für die Schulung und Sensibilisierung ihres Servicepersonals besaß.

Das in der Folge gemeinsam mit dem Kunden konzipierte Angebot stellt einen Mix aus Workshop, Belohnung für die Mitarbeiter und halbtägiger Mitarbeiterschulung dar. Es ist auf die Bedürfnisse des Kunden maßgeschneidert worden. Das so entwickelte kundenbasierte Workshop-Format mit blinden und gehörlosen Trainern ist äußerst erfolgreich, hat einige hundert Mitarbeiter aus den unterschiedlichsten Unternehmensebenen erreicht und geht inzwischen ins dritte Jahr.

Damit war der entscheidende Schritt vollzogen. Denn hier war nicht länger die soziale Botschaft (Mission) des Museums als Imagefaktor gefragt, sondern ein unternehmerisches Produkt. Oder wenn man so will: Die Position wechselte vom Social- zum Businessansatz. Es entstand damit eine neue Qualität von Beziehung – eine auf Augenhöhe.

Und das Sponsoring-Projekt? Es ist nach wie vor ein fester Bestandteil des jährlichen Partnerprogramms geblieben. Es zeigt sich, dass beides durchaus nebeneinander bestehen bzw. sich sogar befruchten kann.

Betrachtet man das obige Beispiel unter dem Gesichtspunkt des „social impact value", also sowohl „social return" als auch „financial return", dann wird in der wirtschafts-theoretischen Diskussion sehr schnell daraus ein Gegensatzpaar. Fragen wie: „Zeigt ein kommerzielles Unternehmen soziales Engagement, wenn es ein soziales Unternehmen unterstützt?" oder umgekehrt „Wie wirtschaftlich darf ein soziales Unternehmen arbeiten, ohne die eigene Mission zu verletzen?" sind sicher von wissenschaftlichem Interesse, aber hier wenig zielführend.

Entscheidend ist doch, dass die Workshop-Teilnehmer blinde und/oder gehörlose Experten in der Rolle der Trainer erleben und gemeinsam an den gesetzten Inhalten arbeiten. Die soziale Wirkung ist nach jedem Workshop sichtbar und macht den zusätzlichen Wertbeitrag aus: Sie heißt Wertschätzung und ist ein nachhaltiger Beitrag zu mehr Toleranz im Umgang mit Menschen mit Behinderungen.

Tatsächlich ist mein persönlicher Eindruck, dass diese Kooperation erst den idealen Boden für die Verankerung der sozialen Botschaft des DialogMuseums geschaffen hat. Sie wirkt dadurch viel effizienter ins kooperierende Unternehmen hinein. Die Bedeutung von Inklusion oder das Thema Barrierefreiheit versteht nur, wer im praktischen Austausch mit Menschen mit Handicap steht. Ganz egal welches Thema sie zusammenbringt. Deshalb unterstützen Behindertenbeauftragte den Workshop innerbetrieblich ebenso wie Verantwortliche im Bereich CSR. Und Vertreter aller Führungsebenen sind zu Gast, wenn ein Workshop startet. Die Mission wird Teil des Marketingkonzepts.

## 3   Was macht das mit dem Social Enterprise?

Für das DialogMuseum bedeutet eine derartig tiefe und langfristige Partnerschaft zunächst eine wichtige und verlässliche Einnahmequelle, die es von Sponsoring unabhängiger macht.

Daneben wird ein weiterer unternehmerischer Mehrwert generiert: Unternehmen sind als Zielgruppe und Adressat neuer Produkte stärker in den Fokus gerückt.

Heute, da viele Unternehmen dazu übergegangen sind, eigene soziale Projekte zu entwickeln, in denen sie gesellschaftliche Verantwortung medial wirkungsvoll demonstrieren können, geht es längst nicht mehr um Unterstützung sozialer Projekte allein.

Heute liefern Think-Tanks den Unternehmen innovative Impulse. Gründerportale verbinden junge Talente mit Investoren für ihre Geschäftsideen. Dadurch entstehen wunderbare Projekte. Aber erst eine Zusammenarbeit von Social Enterprises mit klassischen Businesspartnern auf allen Unternehmensebenen bringt neue Impulse für alle Beteiligten und kann damit gesellschaftliche Veränderungen anstoßen. Oft passiert das nur in kleinen Schritten: Beispielsweise wurden erstmals behinderte Kollegen im Unternehmen in neue

Entwicklungsprozesse einbezogen oder eingeladen, an Weiterbildungsformaten aktiv teilzunehmen. Das erzeugt ein anderes – von Respekt getragenes – Arbeitsklima.

Und das entsteht nur im DIALOG – auf Augenhöhe.

## 4  Fazit

Wer signifikante gesellschaftliche Veränderungen anstoßen möchte und soziale Probleme lösen will, muss bereit sein, neue Wege einzuschlagen, neuartige Verbindungen, Allianzen und Kooperationen einzugehen.

Die Stärken der großen Player sind hier ebenso erforderlich wie die Innovationskraft der jungen sozialen Unternehmer. Die unterschiedlichen Unternehmenskulturen und Arbeitsweisen der Akteure können in kraftvollen neuen Allianzen im Dienst der Mission synchronisiert werden.

Darin besteht in Zukunft – nach meiner Meinung – die größte Herausforderung im Bereich des Social Entrepreneurship. Am Ende gewinnen beide Seiten und damit die Gesellschaft.

## Literatur

Buber M (1973) Das Dialogische Prinzip. Gütersloher Verlagshaus, Gütersloh
Price WaterhouseCoopers (2015) Valuation & Strategy. DialogMuseum Frankfurt. Wertbeitrag für Gesellschaft und Frankfurt am Main
SHM (Hrsg) (2009) I'm here – the impact of dialogue in the dark. SHM Production, Verein zur Förderung der sozialen Kreativität, Hamburg

**Klara Kletzka,** geboren in Polen, startete nach ihrem Studium (Romanistik, Politik, Pädagogik) an der Johann Wolfgang Goethe-Universität Frankfurt am Main ihre berufliche Laufbahn 1988 als Gründungsmitglied des Künstlerhauses Mousonturm in Frankfurt. Später machte sie sich als Kulturmanagerin selbstständig. Als Wegbereiterin der Ausstellung „Dialog im Dunkeln" 1990 blieb sie bis heute dem Gründer geschäftlich und freundschaftlich verbunden, entwickelte und realisierte zahlreiche Dialog-Ausstellungen in In- und Ausland und berät heute als Senior Partnerin der Dialogue Social Enterprise GmbH Franchisenehmer weltweit. Im Jahr 2005 gründete sie die DialogMuseum gGmbH in Frankfurt, die sie bis heute leitet (www.dialogmuseum.de, www.dialogue-se.com).

# Lass uns ein Social Business starten!

## Wie ROCK YOUR LIFE! von Spendern zu Kunden kam

Alisa Wieland und Jan Boskamp

► Engagement für Chancengleichheit und Bildungsgerechtigkeit ist längst zur gesamtgesellschaftlichen Aufgabe geworden. Das Sozialunternehmen ROCK YOUR LIFE! stellt sich dieser Herausforderung und schafft zugleich Synergien mit Unternehmen, die in die Zukunft junger Menschen investieren möchten. Am Beispiel von ROCK YOUR COMPANY! beschreibt der folgende Beitrag eine Möglichkeit, wie diese Synergien auch für einen Weg hin zu mehr Wirksamkeit und finanzieller Unabhängigkeit genutzt werden können.

In Deutschland hängt Bildungserfolg nach wie vor stark von der sozialen Herkunft ab. Insbesondere Kinder und Jugendliche aus bildungsfernen Milieus oder mit Migrationshintergrund erfahren häufig Benachteiligungen. Sie erhalten nicht den gleichen Zugang zu individueller Förderung durch das Bildungssystem und das persönliche Umfeld. So stellt der Übergang auf eine weiterführende Schule oder in das Berufsleben oftmals eine große Herausforderung dar (Chancenspiegel 2017, Bildungsbericht 2018, PISA 2015). Um für mehr Bildungsgerechtigkeit und Chancengleichheit einzutreten, gründeten Studierende der Zeppelin Universität in Friedrichshafen im Jahr 2009 die Organisation ROCK YOUR LIFE!. Unser Lösungsansatz basiert auf dem Konzept, ein individuelles Eins-zu-eins-Mentoring-Programm zwischen bildungsbenachteiligten Schülern und Studierenden zu etablieren. Unter dem Motto „Wir bauen Brücken zwischen Schülern, Studierenden und Unternehmen" kooperieren wir dazu auch mit Unternehmen, die durch die Zusammenarbeit mit ROCK YOUR LIFE! soziale Verantwortung auf lokaler Ebene übernehmen.

A. Wieland (✉) · J. Boskamp
ROCK YOUR LIFE! gGmbH
München, Deutschland
E-Mail: wieland@rockyourlife.de

J. Boskamp
E-Mail: jan.boskamp@rockyourcompany.de

© Springer-Verlag GmbH Deutschland, ein Teil von Springer Nature 2019
A. Kraemer und L. M. Edinger-Schons (Hrsg.), *CSR und Social Enterprise*,
Management-Reihe Corporate Social Responsibility,
https://doi.org/10.1007/978-3-662-55591-0_19

Gleichzeitig erhalten Unternehmen durch den Kontakt mit Jugendlichen Zugang zu motivierten und zielstrebigen potenziellen Arbeitnehmern.

Das Netzwerk von ROCK YOUR LIFE! erstreckt sich über aktuell über rund 50 Standorte in ganz Deutschland, der Schweiz und den Niederlanden. Weitere Standorte, die jeweils als eigenständige Vereine gegründet werden, sind im Aufbau. Überall dort, wo Bedarf und Engagement zusammenfallen, kann das Programm im Rahmen unseres Social-Franchise-Konzepts umgesetzt werden. Ein ROCK YOUR LIFE! Verein kann innerhalb weniger Monate in jeder Hochschulstadt von engagierten Studierenden ehrenamtlich aufgebaut werden. Unsere Standorte bilden zusammen ein großes studentisches Netzwerk, in dem bisher rund 7500 Studierende und über 6000 Schüler erreicht und durch Mentoring begleitet wurden.

Die im Jahr 2010 gegründete ROCK YOUR LIFE! gGmbH mit Sitz in München ist dafür verantwortlich, dieses dezentral aufgestellte Netzwerk zu organisieren und zu betreuen. Hauptaufgabe ist es dabei, die Qualität des Mentoring-Programms zu gewährleisten und dessen Weiterentwicklung sicherzustellen. Außerdem wird durch diese Organisationsform das einheitliche Auftreten der Marke ROCK YOUR LIFE! in ganz Deutschland gewährleistet. Aktuell arbeiten mehr als ein Dutzend Mitarbeiter in Vollzeit daran, die Ehrenamtlichen an den Standorten bei der Umsetzung unserer Vision zu unterstützen: Der Vision von einer Gesellschaft, in der soziale Mobilität, Bildungsgerechtigkeit und Chancengleichheit Realität für alle Menschen sind.

Wie ROCK YOUR LIFE! wirkt, zeigt das Beispiel von Umut und Tim. Im Jahr 2010 starteten der Mittelschüler und der Student ihre Mentoring-Beziehung beim Berliner ROCK YOUR LIFE! Verein. Die beiden haben sich über zwei Jahre regelmäßig getroffen, um Ausflüge zu machen, gemeinsam zu lernen oder sich einfach nur auszutauschen. ROCK YOUR LIFE! ermöglichte dem Mentoring-Paar die Teilnahme an drei qualifizierenden Trainings zu Themen wie Berufsorientierung oder erfolgreicher Lebensgestaltung. Als ein Highlight seiner Beziehung beschreibt Umut die Gelegenheit, dass er BILD-Chefredakteur Kai Diekmann im Rahmen eines Projekts an seinem Arbeitsplatz besuchen konnte. Seit dem Ende der Mentoring-Beziehung 2012 hat es Umut nicht nur geschafft, seinen mittleren Schulabschluss zu bestehen, er hat sein Abitur in der Tasche und studiert. Er sagt über ROCK YOUR LIFE!: „Ohne Tim wäre ich diesen Weg nie gegangen." Umut und Tim treffen sich auch heute – sechs Jahre später – noch regelmäßig: Aus der Mentoring-Beziehung ist eine Freundschaft entstanden.

Allerdings steht auch ein erfolgreiches und etabliertes Bildungsunternehmen wie ROCK YOUR LIFE! immer noch vor der Herausforderung, auf finanzielle Unterstützung von Geldgebern zählen zu müssen. Durch das Social-Franchise-Modell tragen die rund 50 lokalen Vereine zwar zur Finanzierung der Dachorganisation bei, allerdings bei Weitem nicht in dem notwendigen Ausmaß. Daher ist die ROCK YOUR LIFE! gGmbH zum Großteil auf die Förderung von Stiftungen angewiesen, wobei häufig durch ein- oder zweijährige Förderzeiträume eine langfristige finanzielle Planung erschwert wird. Um also die Qualität unserer Arbeit sicherzustellen und unsere Mentoring-Programme auch zukünftig wirkungsvoll umsetzen zu können, haben wir uns bereits 2014 Gedanken zu weiteren Finanzierungswegen gemacht. Dabei entstand die Idee, ein Social Business zu gründen, durch das die Finanzierung der ROCK YOUR LIFE! gGmbH diversifiziert und eine nachhaltige Entwicklung ermöglicht wird. Im Folgenden erläutern wir die Entstehungsgeschichte dieses Programms und beschreiben unsere Erfahrungen auf dem bisherigen Weg.

## 1 Von der Schulbank ins Unternehmen

Zunächst gilt es, wesentliche gesellschaftliche Problemlagen zu identifizieren und herauszufinden, welche Anknüpfungspunkte es für die bestehende Initiative gibt. Mit einer Marktanalyse wird somit das Umfeld, in dem sich die soziale Organisation bewegt, untersucht. Die Herangehensweise sollte dabei darauf abzielen, gesellschaftlich relevante Bereiche zu identifizieren, in denen ein hohes Wirkpotenzial besteht. Eine Nähe zum ursprünglichen Wirkungsfeld der Initiative ist dabei von Vorteil. Das wird im Fall von ROCK YOUR LIFE! deutlich: In einer Reihe von Gesprächen mit Personalverantwortlichen und Geschäftsführern lernten wir, dass Herausforderungen, wie geringe soziale und personale Kompetenzen oder wenig Wissen über die eigenen Stärken und Talente, nicht nur bei Schülern, also der bisherigen Zielgruppe, sondern auch beim Einstieg in das Berufsleben bestanden. Zugleich liegt die Vertragslösungsquote von Ausbildungen in Deutschland seit 2011 bei über 20 %, im Jahr 2018 gar bei 25,8 %, was ein erneuter leichter Anstieg ist (Berufsbildungsbericht 2018). Hinzu kommen Trends wie demografischer Wandel und Fachkräftemangel, sodass sich insgesamt von einer geringer werdenden Quantität – aber auch Qualität – von Bewerbern sprechen lässt. Einerseits haben häufig nur noch Abiturienten eine Chance auf einen Ausbildungsplatz, was wiederum ein gesellschaftlich relevantes Thema darstellt, andererseits können Unternehmen Ausbildungsplätze oftmals gar nicht besetzen. Das liegt mitunter auch daran, dass der Weg in die Ausbildung bei vielen jungen Menschen an Attraktivität verloren hat. Allerdings haben sich auch die Erwartungen eben dieser jungen Generation an Unternehmen verändert, beispielsweise bezogen auf Themen wie Wertschätzung, Kreativität und Eigeninitiative oder Sicherheit (17. Shell Jugendstudie 2015). Blickt man auf die bisher von ROCK YOUR LIFE! adressierte Bildungskette, besteht der nächste Schritt für die Zielgruppe der Schüler aus der Wahl zwischen einer weiterführenden Schule und einer Ausbildung. Eine Ausweitung des Wirkungsradius unseres Sozialunternehmens auf den Ausbildungsmarkt mit all seinen Herausforderungen war somit naheliegend.

## 2 Ein Blick in den Vorratsschrank

Der nächste Schritt lässt sich mit einem Blick in den Vorratsschrank vergleichen: Über welche Zutaten verfügen wir und wie können wir diese einsetzen? Es geht dabei nicht darum, eine neue, bahnbrechende Lösung für die zuvor identifizierten Probleme zu finden, sondern bestehende Ressourcen sinnvoll und wirkungsvoll einzusetzen. Man könnte sagen, es geht darum, ein Matching zwischen Angebot und Bedarf vorzunehmen. ROCK YOUR LIFE! stiftet seit über neun Jahren Mentoring-Programme für Schüler und Studierende. Somit verfügen wir über viel Erfahrung und Wissen, wenn es darum geht, Mentoring-Prozesse und Trainings aufzusetzen und durchzuführen. Sowohl Struktur als auch Inhalte der Programme sind, kombiniert mit einem breiten Pool an Expertise und Know-how, eine gute Voraussetzung für die Ausweitung der Arbeit auf weitere Zielfelder. Um bei der Metapher zu bleiben: Diese Zutaten haben wir bis dato dafür verwendet, die Potenziale von Schülern zu entfalten und sie in ihrer Persönlichkeitsentwicklung zu unterstützen. Um eine nachhaltige Wirkung im Ausbildungsmarkt zu erzielen und die identifizierten Herausforderungen anzugehen, lag es nahe, unser Angebot auf junge Mitarbeiter in Unternehmen auszuweiten. Die Auswahl dieser Zielgruppe rührte daher, dass es neben einer klaren Marktlücke – ein ebenfalls sehr wichtiger Punkt – einen eindeutigen Bedarf gab und gibt: Junge Mitarbeiter werden häufig nicht individuell und bedarfsgerecht gefördert. Zumeist fehlt es dazu an entsprechenden Strukturen in Unternehmen bzw. an Berufsschulen.

Fundierte Erfahrung, worauf bei Kooperationen zwischen Non-Profits und Unternehmen zu achten ist, war bei unserem Vorhaben sehr wichtig. Diese Erfahrung stammt hauptsächlich aus der bisherigen Zusammenarbeit mit Unternehmen, die ein wichtiger Bestandteil des Programms von ROCK YOUR LIFE! ist. Ziel ist es, in diesem Rahmen Schülern von Beginn an praktische Einblicke ins Berufsleben zu ermöglichen. Jeder der 50 Standorte kooperiert mit lokalen Unternehmen in der jeweiligen Stadt. Diese bieten den Schülern u. a. Unternehmensbesichtigungen und Praktikumsplätze. Mit strategischen, deutschlandweiten Kooperationen ergänzt die ROCK YOUR LIFE! gGmbH diese Angebote. Starbucks unterstützt beispielsweise die Mentoring-Paare an 10 Standorten bei der Berufsorientierung durch sehr praxisorientierte Einblicke ins Unternehmen. Bei Airbus bekommen die Schüler dagegen in drei Städten einen zweiten Mentor aus dem Unternehmen für sechs Monate an die Seite gestellt. Gesteuert und betreut wird diese Zusammenarbeit aus den jeweiligen Zentralen der Partner. Kooperationen wie die hier beschriebenen, zahlen nicht nur auf das Motto von ROCK YOUR LIFE! ein, sondern bieten zugleich eine Finanzierungsmöglichkeit und nicht zuletzt den für die Weiterentwicklung wichtigen Austausch mit Wirtschaftsunternehmen samt ihrer eigenen Logik.

Der hier beschriebene Vorratsschrank bot zum Zeitpunkt der Entwicklung unseres Social Business somit einen breiten Fundus an Wissen und Erfahrungen, die im nächsten Schritt zu einem marktreifen Produkt entwickelt werden mussten.

## 3   Der Business Case ROCK YOUR COMPANY!

Wie wird nun aus den bestehenden Ressourcen ein fertiges Produkt? Es gilt, die einzelnen Komponenten so zusammenzusetzen, dass sie eine logische Antwort auf die identifizierten Herausforderungen darstellen. Es findet also das bereits beschriebene Matching statt.

Dieser Prozess ist im Übrigen v. a. zu Beginn eines solchen Vorhabens nie vollständig abgeschlossen, was dazu führt, dass auch nach der Gründung verschiedene Komponenten verändert oder neu zusammengestellt werden müssen. In einem Projektstudium, das in Kooperation mit der Technischen Universität München durchgeführt wurde, entwickelten zwei Studierende einen Businessplan für die Idee zu ROCK YOUR COMPANY! Anschließend wurden ein Gründerteam rekrutiert sowie verschiedene Finanzierungskonzepte, u. a. mit der Finanzierungsagentur für Social Entrepreneurship (FASE), erarbeitet und durchgespielt. Mit diesen Komponenten gelang es schließlich im Frühjahr 2015 die aqtivator gGmbH als einen starken Partner für die Umsetzung des Vorhabens zu gewinnen. Ab April wurden die Inhalte der Qualifizierungsstruktur von ROCK YOUR LIFE! in Workshops auf den Unternehmenskontext und die Bedarfe von Auszubildenden und jungen Mitarbeitern angepasst. Dabei ist auch aus gemeinnützigkeitsrechtlicher Perspektive wichtig zu erwähnen, dass keine neuen Inhalte entwickelt wurden, sondern lediglich bestehende Methoden und Prozesse entsprechend der veränderten Zielgruppe angepasst wurden. In den Workshops wurden verschiedene Module auf Basis des bestehenden Konzepts von ROCK YOUR LIFE! entwickelt und neu zusammengestellt. So entstand ein Produkt, das aus mehreren Bausteinen besteht: Qualifizierung der Mentoren, Matching der Paare, Trainings für Mentees sowie Supervisionen für die Mentoren. Damit war im April 2015 der Grundstein für ROCK YOUR COMPANY! bereits kurz nach der Gründung, integriert in die ROCK YOUR LIFE! gGmbH, gelegt. Seitdem können wir Mentoring-Programme für Auszubildende und junge Mitarbeiter in Unternehmen anbieten.

## 4 Fünf Erkenntnisse: Worauf auf dem Weg von der Gründung bis zur Kooperation zu achten ist

**1. Klare Ziele setzen und verfolgen** Vor allem in einer frühen Phase, in der es unglaublich viele Optionen gibt, ist eine klare Zielsetzung wichtig, auch aufgrund der begrenzten Ressourcen sowie der Verantwortung, die man als gemeinnützige Initiative trägt. Mit Klarheit ist allerdings auch gemeint, regelmäßig Zeit zum Reflektieren und Innehalten einzuplanen. Auch bei Kooperationen mit Unternehmen ist dies zu beachten: Zahlt ein geplantes Projekt auf die Ziele des Sozialunternehmens ein und wird dadurch ein (strategischer) Mehrwert geschaffen?

**2. Raus auf die Straße!** Die wenigsten Ideen reifen im Stillen. Persönliche Mentoren, Netzwerke und Förderprogramme, Wettbewerbe, Konkurrenten, potenzielle Kunden, die Zielgruppe selbst, all das sind wertvolle Inputgeber. Netzwerken war und ist für uns ein essenzieller Bestandteil unserer Arbeit. Dabei ist Geduld gefordert, da es häufig keinen direkten Return gibt. Sofern – wie in unserem Fall – ein Produkt für Unternehmen entwickelt wird, ist ein frühes Pilotieren mit genau dieser Zielgruppe essenziell. Dabei muss klar sein, was beide Seiten von einem Pilotprojekt erwarten.

**3. Die Haltung entscheidet** Es hat uns viel gebracht, ständig neugierig zu sein, den Status quo zu interfragen und mit viel Leidenschaft zu arbeiten. Zudem ist unsere Identität als ein klar auf Wirkung fokussiertes Sozialunternehmen bei allem was wir tun erkennbar. Das macht uns authentisch und begeistert auch andere. Dabei ist die vollste Überzeugung von dem Produkt und dem Weg, für den man sich entschieden hat, essenziell, denn der Aufbau eines Social Business ist mit so mancher Durststrecke verbunden, für die es viel Durchhaltevermögen braucht. Gleichzeitig schätzen Kooperationspartner genau diese Haltung und Überzeugung, was zu einer gesteigerten Wahrnehmung als Experte im jeweiligen Bereich führt.

**4. Testen, testen, testen** Der Ratschlag ist in aller Munde und hat sich auch für uns bewahrheitet: mit einem Minimum „viable product" so früh wie möglich auf den Markt gehen und die Resonanz testen. Dann heißt es lernen, anpassen und weiter testen. Dahinter steckt für uns auch, dass wir mit sehr schlanken Strukturen arbeiten: Unsere Trainer sind bereits seit vielen Jahren für ROCK YOUR LIFE! tätig und stehen ROCK YOUR COMPANY! nach einer vorherigen Weiterbildung als Freelancer zur Verfügung. Auch bei Leistungen abseits der Kerntätigkeit macht Outsourcing Sinn. Hier können übrigens spannende Felder für Kooperationen mit Unternehmenspartnern entstehen, die das Social Business in einem klar definierten Bereich z. B. pro bono unterstützen.

**5. Ambivalenzen und Unklarheiten aushalten** Aufgrund der Tatsache, dass es zu Beginn eines solchen Vorhabens v. a. Pilotprojekte gibt und viel getestet und ausprobiert wird, muss man sich von der Vorstellung eines klaren, geradlinigen Wegs verabschieden. Der Schritt aus dem zivilgesellschaftlichen in den kommerziellen Sektor ist nicht leicht und hat häufig mit Kompromissen zu tun. In unserem Fall stand die Qualität der Programme von Beginn an im Fokus und dies hat in Kombination mit der allgemeinen Knappheit an Ressourcen dazu geführt, dass beispielsweise weniger Zeit für Marketing und PR-Aktivitäten blieb.

## 5 Halbzeit auf dem Weg zur finanziellen Unabhängigkeit

Wie bereits zuvor beschrieben, ist das Produkt nie fertig und v. a. zu Beginn erst recht nicht marktreif oder perfekt. Nichtsdestotrotz war von Anfang an klar, dass wir mit ROCK YOUR COMPANY! möglichst schnell in die Pilotierungsphase mit Unternehmen starten mussten. So konnten wir bereits im Sommer 2015 ein Pilotprojekt mit Accor Hotels in München starten. Dabei wurde ein Mentoring-Programm für 15 Auszubildende im ersten Lehrjahr aus insgesamt drei Häusern (Novotel und Ibis) gestartet. Die ersten Resultate, wie beispielsweise die Senkung der Vertragslösungsquote von über 25 % auf 0 %, zeigten das große Potenzial der Programme. Parallel hierzu arbeiteten wir an der Wirkungslogik und Evaluationsstruktur sowie an Themen wie Pricing und Vertriebsmodelle. Bereits bei unserem zweiten Kunden, der KUKA AG, wurde außerdem deutlich, dass es durchaus noch mehr Potenzial im beschriebenen Vorratsschrank gab und wir unser Angebot dahingehend anpassen konnten. Unsere Trainings waren zunächst fester Bestandteil des Mentoring-Angebots. Nun bieten wir für die Zielgruppe zusätzlich vom Mentoring losgelöste Trainingscurricula an. Während der sog. Flüchtlingskrise ab Herbst 2015 wurde zudem klar, dass unsere Expertise auch dort wirkungsvoll eingebracht werden kann. Allerdings nicht, indem wir ein neues Produkt entwickeln, sondern indem wir – immer gemeinsam mit erfahrenen Partnern – unsere bestehenden Programme für Unternehmen entsprechend anpassen und das Mentoring zum Berufseinstieg für Geflüchtete nutzen. Aktuell bietet ROCK YOUR COMPANY somit drei Produkte an: Inhouse-Mentoring für Auszubildende und junge Mitarbeiter, Trainingscurricula für dieselbe Zielgruppe sowie ein Mentoring-Programm zur Integration von Geflüchteten und Menschen mit Migrationshintergrund in den Arbeitsmarkt. Wir haben die Pilotierungsphase mit einer Vielzahl an sehr unterschiedlichen und dadurch für uns sehr wertvollen Programmen abgeschlossen. Dabei wurden bei Teilnehmern der Programme die intendierten Steigerungen im Bereich personaler und sozialer Kompetenzen, wie beispielsweise Kommunikationsfähigkeit, Stresskompetenz, Selbstmanagement oder Teamfähigkeit erreicht und auch in einem Fall die Vertragslösungsquote in der Ausbildung auf Null gesenkt.

## 6 Unser Fazit

Mittlerweile setzen wir im Rahmen von ROCK YOUR COMPANY! gemeinsam mit 12 Partnern verschiedene Programme aus den beschriebenen Bereichen um und sind dadurch unserem anfangs beschrieben Ziel, zu einer nachhaltigen Finanzierung der ROCK YOUR LIFE! gGmbH beizutragen, einen großen Schritt nähergekommen. Mit ROCK YOUR COMPANY! haben wir nicht nur ein aus unserer Perspektive und bisherigen Erfahrung spannendes Experiment gestartet, das neben den beschriebenen Vorteilen für die ROCK YOUR LIFE! gGmbH und die Zielgruppen von ROCK YOUR COMPANY! auch für Unternehmen interessante Perspektiven bietet: So ist neben einer reinen Personalentwicklungsmaßnahme für gleich zwei Mitarbeitergruppen (und den bekannten Vorteilen von Mentoring in Unternehmen) auch eine indirekte Übernahme von sozialer Verantwortung möglich, da die mit ROCK YOUR COMPANY! erzielten Gewinne in die ROCK YOUR LIFE! gGmbH und dadurch auch an die Mentoring-Paare in den lokalen Vereinen fließen. Unternehmen investieren somit gleich mehrfach in die Zukunft.

Wir haben erkannt, dass die Zusammenarbeit zwischen Sozialunternehmen und traditionellen Unternehmen großes Potenzial für nachhaltige und wirkungsvolle Partnerschaften birgt, von denen beide Seiten profitieren. Der Mehrwert einer Kooperation mit Unternehmen ist für ein Social Business nicht nur im monetären Bereich zu finden. Durch den Zugang zu weitreichenden Erfahrungen etablierter Unternehmen, einem großen Netzwerk sowie Know-how und Expertenwissen profitiert das Social Business auf sehr vielfältige Art und Weise und kann beispielsweise so auch etwas für die eigene Organisationsstruktur lernen. Dies ist gerade für junge Social Businesses ein entscheidender Faktor, da sie so u. a. ein neues Level ihres Professionalisierungsgrads erreichen können.

Auch Unternehmen profitieren durch eine Partnerschaft in vielfältigerer Weise, als vielleicht auf den ersten Blick angenommen werden kann. Sozialunternehmen verfügen über großes Innovationspotenzial sowie über eine an vielen Stellen fundamental andere Denkweise und Herangehensweise an Herausforderungen. Eine Kooperation kann traditionellen Unternehmen beispielsweise dabei helfen, Erfahrungen mit neuen Zielgruppen oder in neuen Märkten zu sammeln und dabei gleichzeitig gesellschaftliches Engagement möglichst effizient und effektiv zu gestalten. Dies beeinflusst nicht nur die öffentliche Wahrnehmung des Unternehmens zum Positiven und bietet Mitarbeitern eine sinnvolle Möglichkeit des Engagements, sondern führt zu weitreichenden Spill-over-Effekten, die je nach Umfang der Kooperation auch einen entsprechenden Durchdringungsgrad erreichen.

Damit auch wirklich beide Seiten von einer Zusammenarbeit profitieren, muss ein fundiertes Verständnis für den jeweiligen Partner geschaffen, die Erwartungshaltung aufgezeigt und der jeweilige Kontext (beispielsweise die Sprache und Logik) verdeutlicht werden, in dem sich der Kooperationspartner befindet. Nur so kann ein Zusammenarbeiten auf Augenhöhe gewährleistet werden. Unterschiedliche Denk- und Arbeitsweisen von Sozialunternehmern und Unternehmen stellen einen Stolperstein für erfolgreiche Kooperationen dar. Ein sorgfältiges Onboarding vor dem Start der eigentlichen Kooperation ist also fundamental. Damit eng verbunden ist auch Klarheit darüber, welcher Mehrwert geschaffen werden soll. Über eine transparente Kommunikation, den offenen Umgang mit Fehlern und Herausforderungen, aber auch über das tatsächlich Leistbare wird dabei das notwendige Vertrauen aufgebaut. Deswegen ist es wichtig, Rahmenbedingungen und Kapazitäten gleich zu Beginn abzustecken und somit mögliche Einschränkungen transparent aufzuzeigen und Lösungen zu finden. Dabei sollte sich ein Social Business nicht übernehmen oder verbiegen, nur um eine Kooperation eingehen zu können. Wenn schließlich die besagte Augenhöhe zwischen Unternehmen und Sozialunternehmen geschaffen ist, entstehen gemeinsam effektive und kreative Lösungen für Herausforderungen unterschiedlichster Couleur. Auf diesem Weg erreichen wir gemeinsam mehr und schaffen Veränderung.

## Literatur

Autorengruppe Bildungsberichterstattung (2018) Bildungsbericht 2018. https://www.bildungsbericht.de/de/bildungsberichte-seit-2006/bildungsbericht-2018/pdf-bildungsbericht-2018/bildungsbericht-2018.pdf. Zugegriffen: 11. Okt. 2018

Bertelsmann Stiftung et al (2017) Chancenspiegel 2017. https://www.chancen-spiegel.de/chancenspiegel/. Zugegriffen: 11. Okt. 2018

Bundesministerium für Bildung und Forschung (2018) Berufsbildungsbericht 2018. https://www.bmbf.de/pub/Berufsbildungsbericht_2018.pdf. Zugegriffen: 11. Okt. 2018

OECD (2015) PISA 2015. https://www.oecd.org/berlin/themen/pisa-studie/PISA_2015_Zusammenfassung.pdf. Zugegriffen: 11. Okt. 2018

Shell Deutschland (2015) 17. Shell Jugendstudie, Jugend 2015. https://www.shell.de/ueber-uns/die-shell-jugendstudie/multimediale-inhalte/_jcr_content/par/expandablelist_643445253/expandablesection.stream/1456210165334/d0f5d09f09c6142df03cc804f0fb389c2d39e167115aa86c57276d240cca4f5f/flyer-zur-shell-jugendstudie-2015-auf-deutsch.pdf. Zugegriffen: 11. Okt. 2018

**Alisa Wieland** ist als Geschäftsführerin der ROCK YOUR LIFE! gGmbH u. a. für die Bereiche Qualitätsmanagement, Wirksamkeitsmessung und Kooperationen zuständig. Sie hat in München und Passau Kommunikationswissenschaft studiert und mit einem Master of Arts abgeschlossen. Neben ihrem Studium sammelte sie bereits Erfahrung im Corporate-Social-Responsibility-Bereich mehrerer großer Unternehmen.

**Jan Boskamp** – 2009–2012: Bachelorstudium der Politikwissenschaft und Geschichte an der Universität Trier (Fokus auf internationale Beziehungen und politische Ökonomie)
– 2012–2015: Mehrjährige Berufserfahrung in verschiedenen Tätigkeiten bei H&M Hennes und Mauritz Deutschland in den Bereichen Human Resources und Corporate Social Responsibility
– 2013–2015: Masterstudium der Politikwissenschaft an der Friedrich-Alexander Universität Erlangen-Nürnberg (Fokus auf Human Rights, International Relations und Business Ethics)
– 2015: Gründer und Programmdirektor ROCK YOUR COMPANY! bei ROCK YOUR LIFE! gGmbH in München

# Alle für Einen – Partizipative Rekrutierung bei der Organisation Wikimedia

Carola von Peinen, Tim Moritz Hector und Annika Behrendt

Wikipedia ist eine Online-Enzyklopädie, die von Millionen von Menschen geschrieben, erweitert und bearbeitet wird. Die dahinterstehende Organisation Wikimedia lebt ebenso die Idee, viele Menschen, am besten die ganze Community, in Unternehmensentscheidungen mit einzubeziehen. Beteiligung und Transparenz sind Grundwerte dieser Bewegung.

Personalentscheidungen werden klassischerweise alles andere als transparent und partizipativ getroffen. Wenige Menschen entscheiden darüber, welche Person für welchen Posten geeignet ist – im besten Fall können Mitarbeiterinnen und Mitarbeiter zumindest nachvollziehen, welche Gründe dafür ausschlaggebend waren. So oder so bleibt für alle Beteiligten danach zu hoffen, dass die Zusammenarbeit mit dem bestehenden Team reibungslos und erfolgreich verläuft.

Wikimedia Deutschland wollte nicht nur hoffen müssen. Die Organisation wollte für die Neubesetzung der Geschäftsführung nach einer Phase des Umbruchs größtmögliche Legitimation und Akzeptanz schaffen, um Ruhe und Klarheit für die weitere Entwicklung des Vereins zu erlangen. Damit die neue Person mit Rückenwind starten könnte, entschied man sich dafür, bei der Besetzung sowohl die 80 Mitarbeiterinnen und Mitarbeiter als auch die Online-Community miteinzubeziehen.

C. von Peinen · A. Behrendt (✉)
Talents4Good GmbH
Berlin, Deutschland
E-Mail: carola.vonpeinen@talents4good.org

A. Behrendt
E-Mail: annika.behrendt@talents4good.org

T. M. Hector
Wikimedia Deutschland – Gesellschaft zur Förderung Freien Wissens e. V.
Berlin, Deutschland
E-Mail: tim-moritz.hector@wikimedia.de

© Springer-Verlag GmbH Deutschland, ein Teil von Springer Nature 2019
A. Kraemer und L. M. Edinger-Schons (Hrsg.), *CSR und Social Enterprise*,
Management-Reihe Corporate Social Responsibility,
https://doi.org/10.1007/978-3-662-55591-0_20

# 1 Der Case

Zu Beginn stand die Bildung eines Gremiums aus Vertretern des ehrenamtlichen Präsidiums und Vertreterinnen und Vertretern der Freiwilligen, Mitglieder und der Mitarbeiterinnen und Mitarbeiter – die sog. Übergangskommission (Abb. 1). Sie war das wichtigste Entscheidungsorgan für den Besetzungsprozess und leitete diesen selbstständig.

Die Übergangskommission traf die Entscheidung, sich für das professionelle Prozessmanagement und die Moderation externe Hilfe zu suchen. In der Personalberatung Talents4Good fand Wikimedia einen Partner, der offen für das partizipative Verfahren war und Erfahrungen im Non-Profit-Umfeld einbringen konnte.

In einem ganztägigen Workshop erarbeitete Talents4Good mit der Übergangskommission das Anforderungsprofil für die Vorstandsposition. In diesem Kontext traten an unterschiedlichen Stellen Konfliktlinien auf. Welche Rolle sollte die Person haben? Sollten nicht doch zwei Personen gesucht werden? Sollte es einen bestimmten inhaltlichen Schwerpunkt geben und welchen? Viele Fragen waren vorab schon besprochen worden, kamen nun aber noch einmal auf. Auch hatten die Kommissionsmitglieder je nach Blickwinkel unterschiedliche Vorstellungen, die es über offene Gespräche und Priorisierungsmethoden zu integrieren galt.

Zuvor hatten auch alle Mitarbeiterinnen und Mitarbeiter die Möglichkeit erhalten, ihre Vorstellungen, welche Fähigkeiten die neue Person mitbringen sollte, schriftlich und anonym einzureichen. Erstaunlicherweise gab es hier eine sehr hohe Übereinstimmung und die Prioritäten waren quasi deckungsgleich mit den Wünschen der Übergangskommission.

Am Ende des Workshops herrschte Klarheit über Aufgaben und notwendiges Profil der Position. In einer Kleingruppe wurde die Ausschreibung finalisiert und im Anschluss veröffentlicht.

Talents4Good übernahm von hier an das Management des Bewerbungsprozesses, verbreitete die Ausschreibung und führte nach den im Workshop definierten Prioritäten die Vorauswahl durch. Von der Papierlage her geeignete Kandidatinnen und Kandidaten wurden von Talents4Good in einem leitfadengestützten Interview geprüft. Wer im Interview als passend für die Stelle identifiziert wurde, kam auf die Kandidaten-Shortlist, die Wiki-

**Abb. 1** Zusammensetzung
Übergangskommission

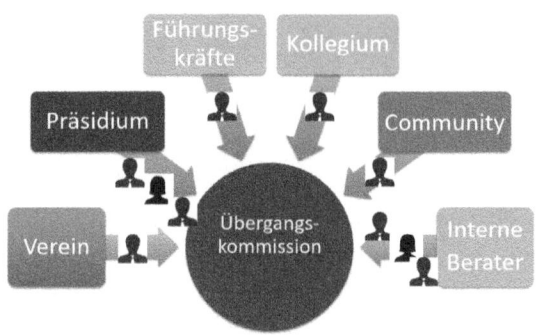

media sechs Wochen nach Beginn der Ausschreibung präsentiert wurde. In einem mehrstündigen Vor-Ort-Termin präsentierte Talents4Good die passendsten Kandidatinnen und Kandidaten. Über die Einladung wurde nicht nur abgestimmt, sondern intensiv diskutiert. Zur Entscheidungsfindung war eine stringente Moderation nach passenden Methoden („gradients of agreement") sinnvoll und notwendig.

Die Kommission entschied, fünf Kandidatinnen und Kandidaten zum persönlichen Kennenlernen einzuladen. Dieses Kennenlernen sollte einerseits den Kandidatinnen und Kandidaten einen realistischen Eindruck der Organisation und ihrer vielfältigen Berührungsgruppen geben und andererseits der Kommission einen fundierten Einblick in die Persönlichkeiten der Kandidaten und deren Fähigkeiten ermöglichen.

In enger Abstimmung zwischen Talents4Good und Vertreterinnen und Vertretern der Kommission wurde ein Bewerbungsablauf kreiert, bei dem die Bewerber vier Phasen durchliefen:

Zu Beginn hielt jeder Bewerber und jede Bewerberin eine Präsentation vor dem gesamten Plenum. Im Anschluss teilten sich die Kommissionsmitglieder auf und es gab drei Gruppen, die jeweils unterschiedliche Themen (Freiwilligenmanagement und Personalführung, inhaltliche und methodische Kompetenz, Finanzplanung und Strategieentwicklung) im Fokus hatten.

Mithilfe von detaillierten Bewertungsbögen konnte im Anschluss jedes Kommissionsmitglied seine Einschätzung festhalten. Es wurde lange diskutiert. Am Ende entschied sich die Kommission einstimmig für einen Top- und einen Alternativkandidaten. Die Empfehlung wurde präzise begründet an das Präsidium weitergegeben, das der Kommissionsentscheidung folgte. Der neue Geschäftsführer ist seit Mai 2016 im Amt.

Der komplette Prozess wurde – soweit datenschutzrechtlich möglich – online dokumentiert und von der Community aktiv und interessiert verfolgt. Dabei wurden auch die jeweils nächsten Schritte angekündigt. Sofern Informationen – wie etwa Namen von Bewerberinnen und Bewerbern – vertraulich bleiben mussten, wurde dies transparent und proaktiv kommuniziert.

## 2 Vorteile des Verfahrens

Der wichtigste Grund für das partizipative Rekrutierungsverfahren war der Wunsch, eine von allen akzeptierte Person für diese Schlüsselposition zu finden. Dies ist zweifelsfrei gelungen: Nicht nur startete der neue geschäftsführende Vorstand mit einem beeindruckenden Rückhalt und Vertrauensvorschuss in allen Teilen der Organisation und bei den relevanten Stakeholdern. Dieser Effekt ist noch bis heute spürbar. Auch trug dieser Prozess erheblich dazu bei, verschiedene bestehende Konflikte aufzulösen und in vielen anderen Fragen Klarheit zu erlangen. Nicht zuletzt stärkte der Prozess die Identität von Wikimedia als transparente und partizipativ arbeitende Organisation.

## 3  Notwendigkeiten und Wissenswertes

Ein partizipativer Prozess läuft selten reibungslos und erfordert an einigen Stellen Umwege und zusätzliche Ressourcen. Werden verschiedene Parteien in die Personalentscheidung mit einbezogen, ist vorprogrammiert, dass unterschiedliche Sichtweisen konträr sein können und integriert werden müssen. So wertvoll ein klärender Prozess für eine Organisation ist, so anstrengend und zeitaufwendig ist es, diese Klärung zu vollziehen. Besonders in Prozessen mit vielen Beteiligten braucht es geeignete Moderationsmethoden und ein geteiltes Verständnis, auf welche Weise Entscheidungen getroffen werden (Mehrheit vs. Einstimmigkeit etc.). Die Moderation sollte von einer geübten und neutralen Person – in der Praxis also meist von einer oder einem Externen – durchgeführt werden.

Mehr als sonst braucht es ein klares und akzeptiertes Prozessmanagement sowie eine verlässliche Timeline. Termine müssen v. a. bei vielen Beteiligten frühzeitig und verbindlich ausgemacht werden. Informationen müssen an alle Beteiligten gleichermaßen ausgespielt werden. Es sollte antizipiert werden, an welchen Punkten Raum für Diskussionen notwendig ist, und dieser Raum sollte auch gegeben werden bzw. die Möglichkeit bestehen, überraschend entstehende Debatten in angemessener Zeit auszutragen.

Dies alles bedeutet i. d. R. einen deutlich höheren Bedarf an finanziellen Mitteln sowie der Ressource Zeit.

Daten und Fakten im Vergleich:

|  | Wikimedia Case | Durchschnittlicher Case | Besonderheit |
|---|---|---|---|
| Dauer des gesamten Verfahrens | Acht Monate | Vier bis sechs Monate | |
| Finalisieren des Anforderungsprofils und Briefing-gespräch | Ein Monat Vorlauf | | Befragung aller Berührungsgruppen im Vorfeld (individuell und online) |
| | Ein Tag Workshop | Zwei Stunden Briefinggespräch | |
| | Ein bis zwei Wochen Nachbearbeitung und finale Abstimmung | Eine Woche Nachbearbeitung und finale Abstimmung | |
| Vorstellung der Shortlist | Ein Tag Workshop | Zwei Stunden Gespräch | Im ersten Durchlauf anonyme Vorstellung der Kandidaten |
| | Vier Wochen Vor- und Nachbereitung | | |
| Bewerbertag mit fünf Kandidaten | Zwei Tage Zwei Wochen Vorbereitung | Ein bis zwei Tage | Vier Parts/drei Interviews mit insgesamt acht verschiedenen Vertretern von Wikimedia |

## 4   Grenzen der Transparenz

Zu Beginn des Prozesses stand bei Wikimedias Entscheidern sowie der Community der Anspruch, jeden Schritt im Prozess online zu dokumentieren. Früh zeigte sich aber, dass dies aus verschiedenen Gründen nicht möglich oder nicht sinnvoll war: So konnte keine öffentliche Diskussion über das (Anforderungs-)Profil der Stelle geführt werden, zum einen, da diese sehr mühsam zusammenzuführen und in Hinblick auf eine prägnante und knappe Stellenausschreibung auch nicht sinnvoll gewesen wäre. Zum anderen bestand die Befürchtung, dass die späteren Kandidatinnen und Kandidaten sich nicht authentisch hätten zeigen können, wenn das gewünschte Profil bis ins kleinste Detail öffentlich kommuniziert würde. Auch konnte aufgrund von Datenschutz- und Persönlichkeitsrechten nicht veröffentlicht werden, wer sich beworben hatte. Stattdessen machte Wikimedia verstärkt den aktuellen Stand und die Beweggründe für Entscheidungen gegen die Veröffentlichung transparent und gab anonymisierte, demographische Daten als Zwischenstand heraus.

## 5   Gedanken zur Übertragbarkeit

Nicht jede Organisation hat die Prämissen Transparenz und Partizipation so tief in seiner Unternehmenskultur verankert. Die partizipative Rekrutierung ist aber auch für andere Organisationen ein spannender Ansatz, um die breite Mehrheit der Mitarbeiterinnen und Mitarbeiter, Kundinnen und Kunden, Spenderinnen und Spender, Netzwerkpartnerinnen und -partner etc. von Anfang an hinter das neue Führungspersonal zu bringen und einen konfliktfreien Start zu gestalten – auch und gerade in einer krisenhaften Ausgangssituation. Unbedingter Erfolgsfaktor ist, dass ein klares Regelwerk für den Prozess ausgehandelt wird und die Bereitschaft besteht, ein breit getragenes Ergebnis zu akzeptieren, auch wenn es anders ausfallen sollte als die Entscheidung von wenigen.

Ursprünglich für die Besetzung einer Geschäftsführung konzipiert, lässt sich das Verfahren auch für andere, vielleicht weniger zentrale Positionen, abwandeln und gegebenenfalls auch verschlanken, wie sich auch bei Wikimedia bei der Besetzung anderer Positionen gezeigt hat. Nicht immer ist die Gruppe der Stakeholder so groß und divers, nicht immer braucht es genau austarierte Abstimmungsverfahren. Manchmal reicht es auch, die Wünsche eigener Mitarbeiterinnen und Mitarbeiter abzufragen und herauszufinden, welche Eigenschaften an einer neuen Person wichtig sind, oder Entscheidungskriterien rückzukoppeln, um alle Beteiligten mitzunehmen und größere Akzeptanz zu erreichen. Nicht zuletzt sollten vorhandene Strukturen (z. B. Betriebsrat) genutzt und dadurch gestärkt werden.

## 6   Fazit

Partizipative Rekrutierung bedeutet die gleichberechtigte Einbeziehung von Vertreterinnen und Vertretern verschiedener Anspruchsgruppen (z. B. Mitarbeiterinnen und Mitarbeiter und/oder Ehrenamtliche, Partnerinnen und Partner, Kundinnen und Kunden, Communities usw.) in die Personalentscheidung. Das Ziel ist, dass die letztendlich eingestellte Person von Anfang an eine breite Mehrheit der relevanten Anspruchsgruppen hinter sich hat und mit Rückenwind und einem Vertrauensvorschuss agieren kann.

Bedingungen für den Erfolg eines solchen Verfahrens ist die Bereitschaft, verschiedene Perspektiven zu akzeptieren und den Raum für die Klärung eventuell auftretender Konflikte, für Aushandlungsprozesse und Diskussionen zu schaffen. Dazu braucht es geeignete Moderationsmethoden, idealerweise externe Moderation, ein klares Prozessmanagement und i. d. R. mehr Zeit und Budget als bei nicht partizipativen Prozessen. Denn Partizipation bedeutet auch Umwege, Diskussionen und längere Entscheidungswege.

Doch abgesehen davon birgt der Ansatz ein unheimliches Potenzial für eine Organisation: Zunehmend werden (demokratische) Gestaltungsmöglichkeiten, Transparenz und wertschätzende Beteiligung wichtige Pluspunkte im Kampf um die besten Fachkräfte. Innovative Konzepte (Stichwort Arbeitswelt 4.0) werten das Image auf, wirken identitätsstiftend und verstärken die öffentliche Berichterstattung und Wahrnehmung. Partizipative Formate der Zusammenarbeit sind heute ein zunehmender Garant für Innovation und wirtschaftlichen Erfolg.

Es lohnt sich also, der Erkenntnis aller Beteiligten zu vertrauen – anstelle auf die richtige Entscheidung Weniger zu hoffen.

Anmerkung: Aufgrund einer Berufung in ein politisches Amt ist der gefundene Kandidat mittlerweile nicht mehr bei Wikimedia tätig. Die Nachbesetzung erfolgte intern.

**Prozessdokumentation**

https://meta.wikimedia.org/wiki/Wikimedia_Deutschland/Transition_Team/Executive_transition_report

**Carola von Peinen** ist Gründerin und Geschäftsführerin der Personalberatung Talents4Good.

**Tim Moritz Hector** ist Vorsitzender des Wikimedia Deutschland – Gesellschaft zur Förderung Freien Wissens e. V.

**Annika Behrendt** ist Senior-Projektmanagerin bei der Personalberatung Talents4Good.

# Think Global, Adapt Local

## Innovativ-partizipative Wertschöpfungsketten in einer ökosozialen Wirtschaft

Anne-Kathrin Kuhlemann und Markus Haastert

Der Trend unter Verbrauchern scheint unumkehrbar: nicht nur nachhaltig, auch lokal sollen Produkte heute sein. Zunehmend wird dabei auch wirklich hinterfragt, was das tatsächlich bedeutet, z. B. wird „lokales Fleisch" aus halb Europa als Mogelpackung abgestraft. Verbraucher bringen sich mehr ein, und das nicht nur mit ihrem Geldbeutel: Sie wollen mitgestalten und übernehmen z. T. die unternehmerische Initiative (s. auch Begriff der nutzerinitiierten nachhaltigen Unternehmung (NNU) des Bundesministeriums für Bildung und Forschung (BMBF) aus dem Jahr 2014), um Produkte und Dienstleistungen zu ermöglichen, die sie gern kaufen würden. Konzerne spielen hier bislang nur selten eine treibende Rolle, ihre Corporate-Social-Responsibility(CSR)-Abteilungen sind häufig noch mit Public-Relations(PR)-Spezialisten besetzt; doch einmal jährlich den örtlichen Spielplatz zu erneuern, bringt kein langfristiges Verbrauchervertrauen mehr.

Hinzu kommt eine drängende Thematik im ländlichen Raum: Immer mehr Menschen ziehen in städtische Strukturen, in Deutschland leben mittlerweile 75 % in Städten. Dort findet Wandel und Modernisierung statt, fühlt man sich innovativ und vermeintlich tolerant. Im ländlichen Raum gehen die wirtschaftlichen Impulse zurück, es fehlen Arbeitsplätze und Zukunftsperspektiven. Die Infrastruktur schwindet, täglich schließen Bankfilialen, Bäckereien oder Ärzte und Apotheken in den Dörfern. Vor allem Schulen werden zusammengelegt, Kinder pendeln schon ab der ersten Klasse – Eltern, deren Arbeitgeber ohnehin schon lange Fahrtwege bedingen, beschließen irgendwann entnervt, in die Stadt zu wechseln; 27 % der deutschen Bevölkerung pendelt 10–25 Kilometer je

A.-K. Kuhlemann (✉)
ZERAP Germany e.V.
Berlin, Deutschland
E-Mail: a-k.kuhlemann@zerap-germany.de

M. Haastert
BE Solutions & Blue Systems Design GmbH
Berlin, Deutschland
E-Mail: m.haastert@besolutions.gmbh

© Springer-Verlag GmbH Deutschland, ein Teil von Springer Nature 2019
A. Kraemer und L. M. Edinger-Schons (Hrsg.), *CSR und Social Enterprise*,
Management-Reihe Corporate Social Responsibility,
https://doi.org/10.1007/978-3-662-55591-0_21

Richtung zur Arbeit, weitere 17 % fahren mehr als das (Wingerter 2014). Die gesellschaftlichen Folgen lassen sich mittlerweile weltweit auch an den Wahlurnen ablesen.

Doch die Lösung für eine positive ländliche Entwicklung liegt nicht in der Hand eines Einzelnen. Nur in Kooperation können Themen identifiziert werden, die Menschen begeistern, ihr Engagement mobilisieren und zum Bleiben bewegen, können hinreichend Impulse gesetzt werden, dass v. a. junge Familien sich für ein Leben im ländlichen Raum entscheiden. Einer der wesentlichen Bausteine ist die Schaffung von neuen wirtschaftlichen Impulsen, die mehr Wertschöpfung in die Regionen bringen und Gewinne generieren, mit denen in soziale Projekte investiert werden kann. Zahlreiche Unternehmen sind im ländlichen Raum tätig und als Teil dieser Lösungen gefragt.

Das rückt zwei wesentliche Themen in den Mittelpunkt von unternehmerischen Chancen:

1. Lokale Stoffströme und Ressourcen (inklusive des Humankapitals sowie der lokalen Kultur und Historie) sind Bausteine und Ausgangspunkt für
2. die Lösung lokaler Herausforderungen, die Innovationen nicht von der Stange beziehen, sondern individuell auf den lokalen Standort anpassen.

Im Kern steht dabei die Überzeugung, dass jeder Abfall eine Ressource ist und jeder Mensch einen Beitrag leisten kann (Cascading Economy). Wirtschaft ist in diesem Kontext wieder mehr Mittel als Selbstzweck; sie dient als Impulsgeber, um Dynamik und Zukunftsperspektiven zu schaffen. Lokale Kreisläufe und Nutzer sind Basis der Wertschöpfung, die so in Regionen entsteht. Unternehmen können und sollten sich hier als regionale Stakeholder verstehen, die sich mit einbringen und Kooperationen schließen, statt wie gewohnt Prozesse allein zu steuern. Was heißt das konkret?

Es gibt zwei grundsätzlich unterschiedliche Ausgangssituationen: Ein Unternehmen bringt sich in den bereits durch Dritte initiierten Wandel vor Ort mit ein oder (notwendiger) Wandel wird sogar durch das Unternehmen selbst angestoßen.

## 1   Beispiel Finanzierung: vom Spender zum Gesellschafter

Ein typisches Beispiel sind partizipativ gebaute Windparks. Damit meinen wir jedoch nicht die Durchführung einiger Feigenblattveranstaltungen zur Beantwortung von Fragen aus der Bevölkerung und das „großzügige" Angebot an die Bürger, mit eigenem Geld eines der Windräder selbst zu finanzieren. Nehmen wir das Dorf Schlalach in Brandenburg mit seinen gut 300 Einwohnern. Als 2002 ein Windeignungsgebiet in der zugehörigen Gemarkung ausgewiesen wurde, formierte sich schnell Widerstand. Dennoch war klar: Den Windpark würde man nicht dauerhaft verhindern können und Konflikte unter Nachbarn wollte man ebenfalls vermeiden. So entstand eine Arbeitsgruppe aus Freiwilligen, die sich intensiv mit dem Thema auseinandersetzte und das Ziel hatte, den Nutzen des Windparks für den Ort zu maximieren. Aus dem Buhlen zehn unterschiedlicher Betreibergesellschaften um Pachtverträge mit den 135 Flurstückeigentümern des Windeignungsgebiets wurde so ein koordinierter Prozess, bei dem die Bürger die Führung übernahmen, den künftigen Windparkbetreiber auswählten und die Bedingungen der Verträge verhandelten (Arbeitsgruppe Windkraft 2013). Beim Bau wurden mehr Aufträge als sonst üblich lokal vergeben, und 2010 wurde durch den Windparkbetreiber Enercon eine Bürgerstiftung gegründet, die von Schlalacher Bürgern geleitet wird und der ein Teil der Erlöse aus dem 2010 eröffneten Windpark zufließt (0,75 % der jährlich erwirtschafteten Nettostromeinspeiseerlöse des Windparks, hälftig als Zustiftung – somit wächst das Vermögen der Stiftung und kann künftig mehr Zinsen erwirtschaften – und hälftig als Spende; Bürgerstiftung Schlalach 2009). Seit 2014 können mit den Geldern zahlreiche Vereine und Initiativen vor Ort unterstützt werden (Dorf Schlalach 2015). Das Engagement, unter lokaler Führung Projekte umzusetzen, hat sich durch den Erfolg verstetigt.

Enercon als Windparkbetreiber hat sich auf die Zusammenarbeit mit den Bürgern eingelassen und gilt den Schlalachern als verlässlicher Partner. Die vermeintlichen Mehrkosten für besondere Ausgleichsmaßnahmen, die von den Bürgern für den Zuschlag verlangt wurden, oder die Gewinnausschüttungen an die Bürgerstiftung dürften sich an anderer Stelle mehr als bezahlt machen – und sind nicht zuletzt gemessen am Gesamtumfang des Windparks sicher gut zu verkraften. Letztlich profitiert Enercon mit dieser gemeinnützigen Tätigkeit von der medialen Aufmerksamkeit für das Projekt.

Doch auch eine deutlich aktivere Rolle für vor Ort tätige Unternehmen ist denkbar, um sich auch strategisch relevant einzubringen. Zudem sind Windparks nun wirklich kein Beispiel dafür, wie brachliegende Ressourcen besser genutzt werden können.

Bürger profitieren nicht nur als Lenker von Stiftungen von den Aktivitäten eines vor Ort tätigen Konzerns. Und sie bringen sich nicht nur im Bereich erneuerbarer Energien in die Gestaltung ihrer Regionen ein. Vielmehr entstehen immer mehr Unternehmen, die von Bürgern finanziert und geführt werden, gerade auch in den Bereichen Lebensmittel und Landwirtschaft. Community Supported Agriculture (CSA)[1] ist ein bereits gut etabliertes Konzept; die Wertschöpfung verlängern Unternehmen wie die Regionalwert AG (vom Feld über Verarbeitung bis zum Verkauf).

In Niedersachsen wurde 2013 die Ostewert AG gegründet, eine Bürgeraktiengesellschaft, deren Ziel es ist, „innovative und nachhaltige Wirtschaftszyklen dauerhaft in der Region zu etablieren und damit das Osteland als attraktives Lebensumfeld zu stärken. Die wichtigsten Lebensgrundlagen der Region sind Ernährung, Energie und Dienstleistungen. Diese sollen in erweiterten Wertschöpfungsketten zukunftsfähig gestaltet werden. Bereits vorhandene Ressourcen – auch vermeintliche Abfälle – werden genutzt, um wirtschaftliche Potenziale zu heben" (Zitat Satzung). Im Fokus steht die Nutzung von Ressourcen, die bisher brachliegen. Die höchste Wertschöpfung wird erzielt, wenn Ressourcen kaskadierend genutzt werden, wenn also jeder Abfall aus einem Prozess zu dem Rohstoff des

---

[1] Community Supported Agriculture – Kunden finanzieren Landwirte, indem die Jahresernte im Voraus abgenommen und bezahlt wird.

nächsten Produkts wird. Solch kaskadierende Wertschöpfungsketten zu bauen, ist eine Herausforderung: Technologien müssen über Schnittstellen miteinander verbunden werden, Mitarbeiter müssen lernen, ein deutlich komplexeres Konstrukt im Blick zu haben, wenn sie Änderungen vornehmen. Es braucht eine Kultur des Vertrauens, der Ermächtigung und der Verantwortung, die von allen gegenseitig getragen wird.

Das erste Projekt, das sich die ostewert vornahm, war gleich ein langwieriges: Gülle ist in der Milchregion ein ernsthaftes Umweltproblem, die das Grundwasser stark belastet. Aber auch Gülle ist letztlich eine Ressource, also warum nicht daraus eine Lösung bauen? Heute speisen bis zu 5000 t Gülle jährlich eine Biogasanlage, wobei nur der Feststoff der Gülle eingebracht wird, die flüssige Phase verbleibt bei den Partnerlandwirten und erleichtert ihnen so das Ausbringen der restlichen Gülle – die nach wie vor als Dünger benötigt wird – nur eben in verträglicheren Mengen. Die Biogasproduktion erzeugt Abwärme, die hier für die Trocknung der Gärreste zu Düngerpellets genutzt wird. Die dann verbleibende Wärme speist eine Aquakultur, deren Wasser vollständig im Kreislauf gefahren wird. Fisch und Dünger werden mitunter über einen Hofladen direkt vermarktet, wobei viele Kunden bereits bestellt haben, bevor der erste Fisch überhaupt geschlachtet war. Künftig sollen an die Aquakultur Gewächshäuser angeschlossen werden, um Gemüse bis hin zu Bananen zu züchten und so das Wasser – das derzeit über eine Pflanzenklärung gereinigt wird – vom Fischkot (Dünger) zu befreien.

Die Technologien, die in dem Projekt zum Einsatz kommen, sind allesamt am Markt etabliert – neu ist die Art, wie sie über Schnittstellen miteinander verbunden werden. So konnte auch die Bank davon überzeugt werden, dass sie hier keine völlig neue Erfindung finanziert, sondern eine gesunde Mischung aus Bewährtem und Innovation.

Die Biogasanlage wurde im Bauherrenmodell errichtet, sprich: 70 % der Wertschöpfung konnten vor Ort bleiben, bei lokalen Betrieben. Manche davon haben sich auch als Aktionäre eingebracht, weil sie davon überzeugt sind, dass man sich in einer Region gegenseitig unterstützen sollte. Aber natürlich haben sich auch Unternehmen, die nicht unmittelbar durch Aufträge profitieren, als Finanziers an der Aktiengesellschaft beteiligt. Sie alle sind von dem Konzept lokal revolvierenden Geldes überzeugt: der gleiche Euro kann, mehrfach lokal ausgegeben[2], viel mehr bewirken als ein Euro, der die Region verlässt. Sie wissen: wenn die regionale Wirtschaft davon gestärkt wird, Arbeitsplätze entstehen, Familien dadurch bleiben – dann haben auch sie ein größeres Potenzial für Mitarbeiter, wächst die Wirtschaftskraft insgesamt auch für Aufträge von anderer Seite.

Die Ostewert AG profitiert von den Erfahrungen, die ihre Aktionäre mit an den Tisch bringen. In monatlichen informellen Treffen tauscht man sich aus, egal ob Aufsichtsrat, Vorstand oder Aktionär. Wo einzelnen Bürgern z. T. die Erfahrung bei der Führung und Verwaltung einer Aktiengesellschaft fehlt, bringen pensionierte Konzernlenker wie aktive

---

[2] Man spricht hier auch vom Geldkreislauf: Bauer A bekommt ein Darlehen und vergibt einen Auftrag an Unternehmen B. B nutzt das Geld, um seine Mitarbeiter zu bezahlen. Diese wiederum geben es für den Babysitter aus. Der Babysitter geht mit dem Geld zum Friseur, der wiederum kauft Lebensmittel von Bauer A, der damit das Darlehen zurückbezahlt usw.

Unternehmer und Investoren ihr Wissen ebenso wie ihre Kontakte ein. Kein einzelner Investor kann in der Ostewert AG mehr als 20 % der Stimmrechte ausüben, egal wie viele
Aktien gehalten werden; so ließ sich die anfängliche Skepsis der Kleinaktionäre unter den
Bürgern gegen den Einstieg von größeren Unternehmen oder deren Eigentümern besänf-
tigen.

Die involvierten Mittelständler und Konzerne können die Prozesse daher nicht steuern
und kontrollieren. Sie können dafür beobachten und jede Menge lernen: über partizipative Bottom-up-Prozesse (wichtige Aufträge werden schonmal von 20 bis 30 Aktionären
in der Dorfkneipe diskutiert) genauso wie darüber, was viele ihrer Mitarbeiter im ländlichen Raum tatsächlich bewegt und was sie sich für die Zukunft ihrer Dörfer und Region
wünschen. Anders als bei klassischen CSR-Maßnahmen steht hier keine PR im Vordergrund[3], sondern ein Lernprozess, mit dem große Unternehmen sich zudem dauerhaft das
Vertrauen der Menschen in der Region erhalten können.

## 2  Beispiel Impulsgeber: Netzwerke und Kooperationen

Variante zwei lautet: Den Wandel selbst anstoßen. Bei einem mittelständischen Kranken-
haus sollte eine neue Nachhaltigkeitsstrategie frische Impulse setzen. Aus den ursprünglichen Plänen, den neuen Anbau mit erneuerbaren Energien zu versorgen, wurde ein Anstoß
für ein ganzes Netzwerk.

Ab dem Jahr 2018 wird umgesetzt: die Energieversorgung des Krankenhauses soll
künftig mit nachwachsenden Rohstoffen erfolgen, die ein Blockheizkraftwerk (BHKW)
speisen. Die Rohstoffe dazu, z. B. Baumschnitt und Restholz, liefert die kommunale Ab-
fallwirtschaft, deren Entsorgungsstrukturen bei der Kompostierung ohnehin an Grenzen
stoßen. Als Abnehmer für die Wärme wurden aber auch die umliegenden Gebäude der
Wohnungsbaugenossenschaft ins Gespräch gebracht, ebenso wie die Gewächshäuser der
angrenzenden Agrarbörse. Die wiederum soll mehr Frischware bei den Zutaten für das Catering des Krankenhauses liefern. Durch die Umstellung auf einen höheren Frischeanteil
beim Catering soll die Gesundheit der Patienten, für die Krankenhäuser eigentlich stehen
sollten, auch in der Ernährung wieder stärker in den Fokus rücken.

Ein Teil der Lebensmittel soll sogar direkt im Klinikum gezüchtet werden: Pilze. Diese
sollen auf einem Reststoff wachsen: auf Kaffeesatz. Im Klinikum werden mehrere Ton-
nen Kaffeepulver jedes Jahr verarbeitet – und bislang entsorgt. Jetzt soll der Kaffeesatz
frisch eingesammelt und zur Zucht von Austernpilzen verwendet werden, ein Lieferant
von hochwertigen, bioverfügbaren Proteinen und Cobalamin (Vitamin B12). Die Mitar-

---

[3] Die Entstehung der ostewert AG bis zur Inbetriebnahme ihrer ersten Produktion, samt den Dorf-
entwicklungsprozessen, die über drei Jahre stattfanden, wurden in dem Dokumentarfilm „Von
Bananenbäumen träumen" von Antje Hubert festgehalten, der Ende 2016 Premiere auf mehreren
Filmfestivals feierte und ab Frühjahr 2017 bundesweit in die Kinos kam. Da im Film Menschen,
nicht Firmen im Vordergrund stehen, entsteht keine PR-Wirkung für die beteiligten Akteure.

beiter sollen aus befreundeten Integrationsbetrieben stammen und die Abfälle sollen durch die Agrarbörse kompostiert werden.

Auch das Klinikum setzt bei seinem Vorhaben auf eine Mischung aus bewährten Methoden und Technologien, die für die Bedürfnisse vor Ort angepasst werden. So ist die Pilzzucht auf Kaffeesatz bislang v. a. in der Großstadt erprobt, ein kleinstädtischer Integrationsbetrieb wird Neuland sein. Nahwärmenetze sind ebenfalls keine Neuerfindung, die Einbindung so unterschiedlicher Nutzer in einem Modell und der Einsatz möglichst unterschiedlicher Substrate im BHKW müssen sorgfältig abgewogen und Interessen austariert werden. Beim Catering gar soll wirklich innoviert werden: Mobile All-you-can-eat-Buffets von hoher Qualität auf jeder Station verlangen, dass bestehende Free-Flow-Systeme für Schulen u. ä. neu gedacht und in die Abläufe des Klinikalltags eingepasst werden.

Seit die Nachricht von der Neuausrichtung des Küchenbetriebs die Runde macht, mehren sich die Anfragen an das Klinikum, auch Catering anzubieten, nicht zuletzt für benachbarte Schulen, deren Mensa vor Jahren abgeschafft wurde.

So geht von einer eigentlichen Inhousestrategie ein Impuls durch den ganzen Ort oder Landkreis, sich mit Nachhaltigkeit zu beschäftigen. Für das Unternehmen ist dies ein großer Imagegewinn; dafür bedarf es aber auch eines guten Kooperationsmanagements. Die Interessen der unterschiedlichen Beteiligten müssen in Balance gehalten werden, und insbesondere bei Führungswechseln bei einem wichtigen Partner ist es ratsam, frühzeitig den Kontakt zu suchen, um die Relevanz der Kooperation für beide Seiten zu erörtern.

Netzwerke und Kooperationen müssen handhabbar bleiben. Aus diesem Grund wurde eine noch komplexere Lösung abgelehnt: das BHKW als vollständige Müllverbrennung zu konzeptionieren und dafür die Windeln nicht nur des eigenen Betriebs, sondern von Pflegebetrieben der Region zu nutzen, bis hin zur Anlieferung durch Eltern, die sich dafür die Entsorgungskosten sparen. Ein solches Modell funktioniert sehr erfolgreich am Bodensee. Doch auf mehrere dutzend Zulieferer angewiesen zu sein, um das Kraftwerk betreiben zu können, hat bis heute jeden Nachahmer letztlich zurückschrecken lassen. Die Betreiberin der Anlage am Bodensee, die Stiftung Liebenau, hat zur Sicherung eines stetigen Inputs eine eigenständige Entsorgung aufgebaut und holt die Windeln selbst ab, kontrolliert also auch die Entsorgungskosten für die beteiligten Partner. Prinzipiell ist eine derartige Wertschöpfungstiefe stabilisierend für das Geschäftsmodell. Und dennoch trauen sich mögliche Nachahmer nicht zu, neben ihrem ursprünglichen Kerngeschäft ein Entsorgungsunternehmen aufzubauen.

Das Klinikum hat seine Nachhaltigkeitsstrategie ursprünglich als internen Prozess gestartet und ist erst im Lauf der Konzeptentwicklung in die Rolle des Vernetzers hineingewachsen – allerdings mit einer Historie starken Kooperations- und Netzwerkmanagements. Einige Ideen sind erst in Gesprächen mit verschiedenen Stakeholdern entstanden. Dafür waren mehrere Dinge essenziell: Die Gespräche wurden sehr frühzeitig geführt, lange bevor eine Entscheidung für oder gegen spezielle Lösungen gefallen war. Dies verhinderte, dass die Gespräche als Verhandlung geführt wurden, um zu klären, wie sich die andere Seite einbringen darf – was sonst zu der üblichen Show führt, lediglich die eigenen

Stärken zu präsentieren um sich eine vermeintlich gute Verhandlungsposition zu sichern. Es wurde eine Vertrauensatmosphäre geschaffen, sodass offen über Probleme gesprochen werden konnte, für die Lösungen gesucht werden – auch wenn in diesem Gespräch völlig andere Bereiche relevant waren. Und die Gespräche wurden ergebnisoffen geführt, sodass Themen und Synergien identifiziert werden konnten, die anfangs keine Seite im Blick gehabt hatte. Es herrschte Offenheit, gemeinsam die Win-win-Situation zu identifizieren. Auf eine solche Gesprächsführung müssen sich beide Seiten einlassen und oft bedarf es mehrerer Anläufe, die gewohnte Verhandlungskultur zu verlassen. Der Nutzen für alle Beteiligten ist ungleich größer und entschädigt daher für die Mühen.

## 3 Fazit

Unternehmen können an ihren Standorten weit mehr bewegen, als über gemeinnützige Schecks zu Weihnachten für Dankbarkeit bei den Empfängern zu sorgen. Echte CSR zu leben bedarf eines deutlich höheren Engagements und Aufwands. Auch wenn globale Märkte das Tagesgeschäft sind: Die Bedürfnisse der Region müssen erfragt, Kontakte zu engagierten Menschen gepflegt werden, um relevante Projekte und Prozesse überhaupt zu erkennen und sich dann als Partner unter vielen in neue Wertschöpfungsketten einzubringen.

Dabei kommen völlig neue Herausforderungen auf die Unternehmen zu:

- Partizipation und Kooperation erfordern ständige Moderation und Anstrengung, denn konstruktiver Dialog und Kommunikation sind keine Selbstverständlichkeit (Gesellschaft). Es braucht Geduld und Vertrauen, denn Menschen brauchen Zeit, stellen Fragen und suchen ihre Rolle in Projekten, verlangen Mitsprache bei Themen, die sie etwas angehen.
- Geschäftsmodelle müssen intelligent aufgesetzt werden, da eine Öko-Prämie[4] immer seltener bezahlt wird und eine traditionelle Skalierung nur begrenzt möglich ist, denn lokal angepasste Lösungen sind nur mit Anpassungsaufwand übertragbar, wenn weiterhin regionale Stoffströme genutzt und Menschen lokal eingebunden werden sollen (Eco Social Enterprise).

Spenden im Rahmen von CSR sind nach wie vor wichtig als Unterstützung für viele gemeinnützige Vorhaben vor Ort. Doch Unternehmen sollten genauer hinschauen und fragen, welche Initiativen von vielen Bürgern getragen und geschätzt werden und sich dabei nicht mit einer online-Umfrage begnügen.

Der Aufwand lohnt sich. Eine tiefe gesellschaftliche Verankerung bietet Unternehmen weit mehr Loyalität unter Arbeitnehmern wie Kunden sowie einen Wissensvorsprung

---

[4] Traditionell wird nach wie vor davon ausgegangen, dass die Internalisierung von zuvor externalisierten Effekten Kosten verursacht; moderne Geschäftsmodelle vermeiden dies oder kompensieren über mehr bzw. andere Wertschöpfung statt über einen höheren Preis.

gegenüber der Konkurrenz. Und innovativ angepasste Geschäftsmodelle, die lokale Ressourcen und v. a. Abfälle (wie in unseren Beispielen Gülle oder Restholz) kaskadierend in einer mehrstufigen Wertschöpfung nutzen, können sehr profitabel sein.

## Literatur

Arbeitsgruppe Windkraft Schlalach (2013) Windpark Schlalach. Erfahrungsbericht der Arbeitsgruppe Windkraft in Schlalach. http://www.kf-land-brandenburg.de/dokumente/Arbeitsgruppe_Windpark_Schlalach.pdf. Zugegriffen: 2. Okt. 2018

Bürgerstiftung Schlalach (2009) Stiftungsgeschäft. http://www.prignitz-oberhavel.de/fileadmin/dateien/dokumente/REM/B%C3%BCrgerEnergieProjekt/5a_Stiftungsgeschaeft_genehmigte_Version.pdf. Zugegriffen: 2. Okt. 2018

Dorf Schlalach (2015) Frist Einreichung Förderanträge Bürgerstiftung. http://www.schlalach.com/index.php/wat-war-leser/items/frist-einreichung-foerderantraege-buergerstiftung.html. Zugegriffen: 2. Okt. 2018

Wingerter C (2014) Berufspendler: Infrastruktur wichtiger als Benzinpreis. https://www.destatis.de/DE/Publikationen/STATmagazin/Arbeitsmarkt/2014_05/2014_05Pendler.html. Zugegriffen: 2. Okt. 2018

**Anne-Kathrin Kuhlemann** (1979) ist Mitgründerin der Initiative „Dörfer im Aufbruch" des ZERAP Germany e. V. Dort werden Menschen die notwendigen Instrumente und Inspirationen an die Hand gegeben, um aus ihren Ideen erfolgreiche Projekte im ländlichen Raum zu schaffen. Als Vorstand der BE Food AG gestaltet sie eine nachhaltige Ernährung für die Städte von morgen (smart urban farming). Zudem engagiert sie sich als Lehrbeauftragte für General Management und ist Vorsitzende des Ausschusses für Wirtschaftspolitik der IHK Berlin. 2010 wählte die Zeitschrift Capital sie zu den „Top 40 unter 40" der deutschen Gesellschaft.

**Markus Haastert,** (1966) ist geschäftsführender Gesellschafter der BE Solutions & Blue Systems Design GmbH, die Kunden bei der Umsetzung von nachhaltigen Innovationen begleitet – und Gemeinden darin berät, wie sie ihre Stoff- und Abfallströme in Wirtschaftimpulse umsetzen können. Der serielle Unternehmer und Systems Designer hat mehrere StartUps initiiert, die Ressourceneffizienz in kreativen Geschäftsmodellen realisieren. Er war UNESCO-Preisträger für das Green-University-Konzept und Finalist als „Social Entrepreneur of the Year" der Schwab Foundation. Der Dokumentarfilm „Von Bananenbäumen träumen" (D, 2016) begleitet ihn drei Jahre lang beim Aufbau der ostewert AG und hat als Kinofilm tausende Menschen inspiriert.

# Premium Cola – Wir hacken die Wirtschaft

## Veränderung aus dem System heraus

Laura-Marie Edinger-Schons, Uwe Lübbermann und Bienja Kaya

Auch in klassischen Märkten wie dem Getränkemarkt lässt sich in den letzten Jahren ein Trend dahingehend beobachten, dass sich neue Anbieter mit innovativen Geschäftsmodellen (viele darunter Sozialunternehmen) erfolgreich behaupten. Diese neuen Mitspieler stellen nicht selten die Regeln des Spiels infrage, indem sie die Art und Weise, wie gewirtschaftet werden kann, neu erfinden. Dies führt häufig dazu, dass sie die klassischen Unternehmen, mit denen sie in Lieferketten und Netzwerken zusammenarbeiten, dazu inspirieren, sich nachhaltiger oder sozial verantwortlicher zu verhalten. Ein sehr anschauliches Beispiel für ein solches Unternehmen ist Premium Cola, das vor über 17 Jahren von Uwe Lübbermann „aus Versehen" gegründet wurde. In dieser Fallstudie wird das innovative Geschäftsmodell des Premium-Cola-Kollektivs kurz umrissen. Darüber hinaus wird eine Kooperation mit einem Getränkeunternehmen vorgestellt, das die Interaktion mit Premium Cola als gewinnbringend und inspirierend für die eigene Geschäftstätigkeit empfunden hat – Getränke Mölle aus Nördlingen.

L.-M. Edinger-Schons (✉)
University of Mannheim
Mannheim, Deutschland
E-Mail: schons@bwl.uni-mannheim.de

U. Lübbermann
Hamburg, Deutschland

B. Kaya
Premium Cola
Mannheim, Deutschland

© Springer-Verlag GmbH Deutschland, ein Teil von Springer Nature 2019
A. Kraemer und L. M. Edinger-Schons (Hrsg.), *CSR und Social Enterprise*,
Management-Reihe Corporate Social Responsibility,
https://doi.org/10.1007/978-3-662-55591-0_22

203

# 1 Die Geschichte hinter dem Premium-Cola-Kollektiv

Die Geschichte des Premium-Kollektivs startete 1999 vor über 19 Jahren in einer Badewanne, wo Uwe Lübbermann sich seine geliebte Afri Cola gönnte. Doch an diesem Oktoberabend war alles anders: der Geschmack der Afri Cola war unerwartet anders und auch die geliebte Koffeinwirkung wollte sich nicht recht einstellen. Was hatte sich verändert? Was von Afri Cola weder auf der Flasche noch an die Kunden kommuniziert wurde: Afri Cola war aufgekauft worden und hatte die Rezeptur verändert (weniger Koffein und mehr Zucker). Uwe Lübbermann gründete daraufhin zusammen mit einigen verärgerten Afri-Cola-Fans die Interessensgruppe Premium. Gemeinsam versuchten sie von Dezember 1999 bis November 2001 die neue Mineralbrunnen AG davon zu überzeugen, wieder nach dem alten Rezept zu produzieren. Das Kollektiv von 780 Personen erfreute sich großer Medienresonanz. Dies führte zwar dazu, dass die Mineralbrunnen AG einen Krisenmanager einstellte; zu einem wirklichen Dialog mit ihren Stakeholdern war das Unternehmen allerdings nicht bereit und eine Veränderung an der Rezeptur nahm es auch nicht vor.

# 2 Aus Versehen ein Unternehmen gegründet

Die Krise nahm bald eine interessante Wendung: Im Zuge der Verhandlungen um die Rezeptur traf die Interessensgruppe Premium einen ehemaligen Afri-Cola-Abfüller und ließ 1000 Flaschen nach Originalrezeptur produzieren. Die Flaschen waren schnell verkauft und mit diesen stieg die Nachfrage nach mehr. Plötzlich stellte sich die elementare Frage, wie man dauerhaft Getränke produziert – und damit – wie man ein Unternehmen betreibt. Das Netzwerk um den Gründer Uwe Lübbermann begab sich daraufhin auf eine interessante Reise, auf der sie viele Grundsätze aus wirtschaftswissenschaftlichen Lehrbüchern hinterfragten und eine Art Unternehmen neu erfanden, das den Gedanken des Unternehmens als Netzwerk aus Stakeholdern, die auf Augenhöhe kommunizieren, maximal realisiert.

# 3 Das Unternehmen Premium Cola als konsensdemokratisches Stakeholdernetzwerk

Premium Cola funktioniert seit der Gründung als Stakeholdernetzwerk oder Kollektiv, zu dem nicht nur Mitarbeiter, sondern auch Lieferanten und Kunden als vollwertige Mitglieder zählen. Alle Belange werden mit jedem aus dem Kollektiv diskutiert- und zwar konsensdemokratisch. Jede Kundin und jeder Kunde, die oder der mal eine Flasche Premium Cola getrunken hat, ist eine Beteiligte oder ein Beteiligter und kann mitlesen sowie mitreden. Das Kollektiv umfasst derzeit etwa 1700 gewerbliche Partner und etwa 10.000 Konsumentinnen und Konsumenten. Aus diesen beiden Gruppen speist sich das Kollektiv mit derzeit 238 Diskutierenden. In dieser maximalen Realisation des Stakeholderansatzes verschwimmen die Grenzen des Unternehmens. Es gibt keine unternehmensinternen bzw. externen Stakeholder mehr – alle sitzen im gleichen Boot. Zudem lösen sich die Wissensasymmetrien, die das Innen und Außen klassischer Unternehmen oft charakterisieren, auf und machen einer fast uneingeschränkten Transparenz Platz[1].

## 4 Unternehmensführung

Grundpfeiler des Geschäftsmodells sind

1. das Konsensprinzip,
2. die zentrale Moderation und
3. das Kein-Gewinn-Modul.

Das heißt: Premium Cola ist ein Unternehmen, in dem alle mitentscheiden, bei dem es keine klassischen Hierarchien gibt und das nicht auf Gewinnmaximierung aus ist. Wie sieht das in der Realität aus?

Die Mitglieder des Kollektivs, also alle Stakeholder, organisieren sich über ein Onlineboard, in dem über Unternehmensentscheidungen diskutiert und ein Konsens angestrebt wird. Alle haben die gleiche Stimme, keiner ist wichtiger als der andere. Jeder Beteiligte kann ein Thema einbringen. Die Entscheidung darüber wird so lange diskutiert, bis alle mit der Lösung zufrieden sind. Wie ist das möglich?

Uwe Lübbermann berichtet, dass Entscheidungen anfangs typischerweise länger dauern, als von oben herab getroffene Entscheidungen, da sie in der Gruppe bzw. im Onlineboard diskutiert werden müssen. Dies ist allerdings nur anfangs der Fall. Wenn erst einmal eine Entscheidung getroffen wurde, sind folgende Vereinbarungen schneller erzielt, da man sich bereits auf die Richtung geeinigt hat und diese von allen unterstützt wird.

Welche Regeln gilt es zu berücksichtigen, damit Konsensentscheidungen bei Premium getroffen werden können? Ein Kollektivist hat bei Entscheidungen mehrere Möglichkeiten:

1. voll einverstanden,
2. leichte Bedenken,
3. schwere Bedenken,
4. sich zurückziehen und
5. Veto.

---

[1] Die einzigen Fälle, in denen die Transparenz eingeschränkt ist, sind die, in denen Informationen z. B. zum Schutz von einzelnen Personen oder des Kollektivs als Ganzes zurückgehalten werden.

Nur wenn ein Veto von einer Person zu einem bestimmten Thema verkündet wird, muss so lange weiter diskutiert werden, bis eine konsensfähige Einigung gefunden wird. Wer sich nicht äußert, stimmt dadurch zu. Die Entscheidungen können nur dann in korrekter Weise getroffen werden, wenn alle Informationen und Hintergründe bekannt sind. Damit alle Stakeholder mitentscheiden können, ist das selbstauferlegte Transparenzgebot ein wichtiger Bestandteil des Systems.

## 5   Zentrale Moderation

Kommunikation auf Augenhöhe ist eine Grundfeste des Premium-Cola Kollektivs. Dies bedeutet auch, dass es keine Führung im klassischen Sinn gibt. Uwe Lübbermann, der als Gründer immer noch im Kern des Kollektivs aktiv ist, versteht sich als zentraler Moderator, der die Interessen der verschiedenen Stakeholder, die im Netzwerk miteinander interagieren, in Einklang bringt. Er beschreibt die Arbeit als ein Drittel Organisation (als zentraler Moderator sind viele organisatorische Aufgaben zu erledigen), ein Drittel Moderation (als zentraler Moderator stellt sich Uwe Lübbermann der Aufgabe, die häufig widerstrebenden Interessen der verschiedenen Stakeholder so zu moderieren, dass alle Beteiligten wieder harmonisch zusammen leben) und ein Drittel Verbreitungsarbeit (als zentraler Moderator hält Uwe Lübbermann Vorträge oder Workshops, die u. a. an Universitäten, auf Messen oder bei Firmen gehalten werden).

Eine essenzielle Eigenschaft, die man laut Uwe Lübbermann als zentraler Moderator mitbringen sollte, ist die Fähigkeit zur Kommunikation auf Augenhöhe. Er formuliert dies wie folgt: „Ich glaube daran, dass Menschen grundsätzlich gleichwürdig sein sollten, egal welche Hautfarbe, welches Geschlecht, welche Herkunft usw., egal, ob großer oder kleiner Kunde, intern oder extern, Lieferant oder Mitbewerber: Augenhöhe ist das Stichwort. Das Arbeiten auf Augenhöhe ermöglicht es als zentraler Moderator, verschiedene Perspektiven zu verstehen und somit eine faire Zusammenarbeit zu pflegen. Man muss alle so behandeln, dass sie freiwillig dableiben, denn keiner ist bei uns vertraglich gebunden."

Auch das Verhältnis zwischen zentralem Moderator und Mitarbeitern kann man nicht mit einem klassischen Chef-Angestellten-Verhältnis vergleichen. Das Kollektiv hat eine fluide Netzwerkstruktur, die davon lebt, dass Mitarbeitende nach den gemeinsamen Prinzipien eigenständig handeln. Hierbei arbeiten die Mitarbeiter unabhängig und oft von zu Hause aus, wobei ein fairer Umgang miteinander und Vertrauen in die Beziehung höchste Priorität haben. Alle Mitarbeiter verdienen bei Premium Cola den gleichen Stundenlohn und rechnen ihre Stunden selbstständig ab. Dazu gibt es Zuschläge für Menschen mit Kindern, Menschen mit einer Behinderung oder Menschen, die einen separaten Arbeitsplatz haben (z. B. solche, die von zu Hause aus arbeiten).

# 6 Kein-Gewinn-Modul

Ein grundlegender Unterschied zwischen Premium Cola und klassischen, gewinnorientierten Unternehmen ist, dass bei Premium Cola einem organischen Wachstum sowie einem fairen Umgang aller Beteiligten miteinander höhere Wertigkeiten zugewiesen werden als finanziellen Gewinnen. Genauer gesagt strebt das Kollektiv sogar im Gegensatz dazu danach, überhaupt gar keinen Gewinn zu machen. Aber muss man als Unternehmen denn nicht Gewinne machen? Nein, denn wenn Gewinn gemacht wird, hat man laut dem Konsens des Premium-Cola-Kollektivs den Kunden zu viel weggenommen. Wenn dies eintrifft, werden bei Premium Cola die Preise gesenkt. Das Kein-Gewinn-Modul ist somit stark an das Thema Transparenz gekoppelt. Anteile der Kostenstruktur pro Flasche werden für alle Beteiligten 100 % transparent gemacht. Alles mit dem Ziel: schwarze Null = kein Gewinn.

Zudem sucht man Werbemaßnahmen nach dem Push-Prinzip, für die viele Unternehmen einen großen Etat festlegen, bei Premium Cola vergebens. Einige Getränkehersteller investieren 1 € ihres Produktpreises pro Kasten in Werbung. Aber: Wer braucht Werbung überhaupt oder mag sie? Bei dem Kollektiv gibt es keine Werbung oder freie Werbemittel für Gastronomen. Vorträge über das Kollektiv und seine Arbeitsweise werden nur dann gehalten, wenn dies die Kunden bzw. die Interessenten aktiv fordern (Pull-Prinzip). Die Produktgestaltung ist minimalistisch und es gibt kein Logo. Diese Herangehensweise bricht mit typischer Markenoptik und regt neue Gedankenprozesse an. Die Abb. 1 zeigt die Cola des Premium-Cola-Kollektivs sowie die Kostenstruktur einer Flasche Cola.

# 7 Den Kapitalismus reparieren

Neben den oben genannten Grundpfeilern des Premium-Cola-Geschäftsmodells finden sich einige weitere interessante Geschäftsmodellinnovationen, die Premium Cola einzigartig machen. Ein Beispiel, das zeigt, dass Premium Cola bestehendes Lehrbuchwissen „auf links" dreht, ist der Antimengenrabatt: Großhändler, die die Produkte gebündelt in großen Mengen abholen, fordern üblicherweise einen Mengenrabatt. Warum eigentlich? Denn wenn ein Großhändler einen großen LKW voll belädt, ergeben sich weniger Transportkosten als für einen kleinen Händler, der mehrmals eine Abholung bzw. Auslieferung vornehmen muss. Um das Preissystem möglichst fair zu gestalten und kleine Händler zu fördern, wurde daher ein Antimengenrabatt eingeführt, d. h. kleine Händler (< 4 Paletten) erhalten auf Wunsch einen Preisnachlass.

Ein weiterer wichtiger Unterschied zwischen Premium Cola und klassischen Unternehmen ist, dass es keine Verträge gibt, die die Netzwerkpartner an möglicherweise ungünstige Bedingungen binden. Wenn sich Rahmenbedingungen ändern, sodass eine neue Einigung nötig ist, dann sollte dies jederzeit flexibel auf einer Vertrauensbasis möglich sein und nicht durch rigide Vertragsstrukturen vermieden werden.

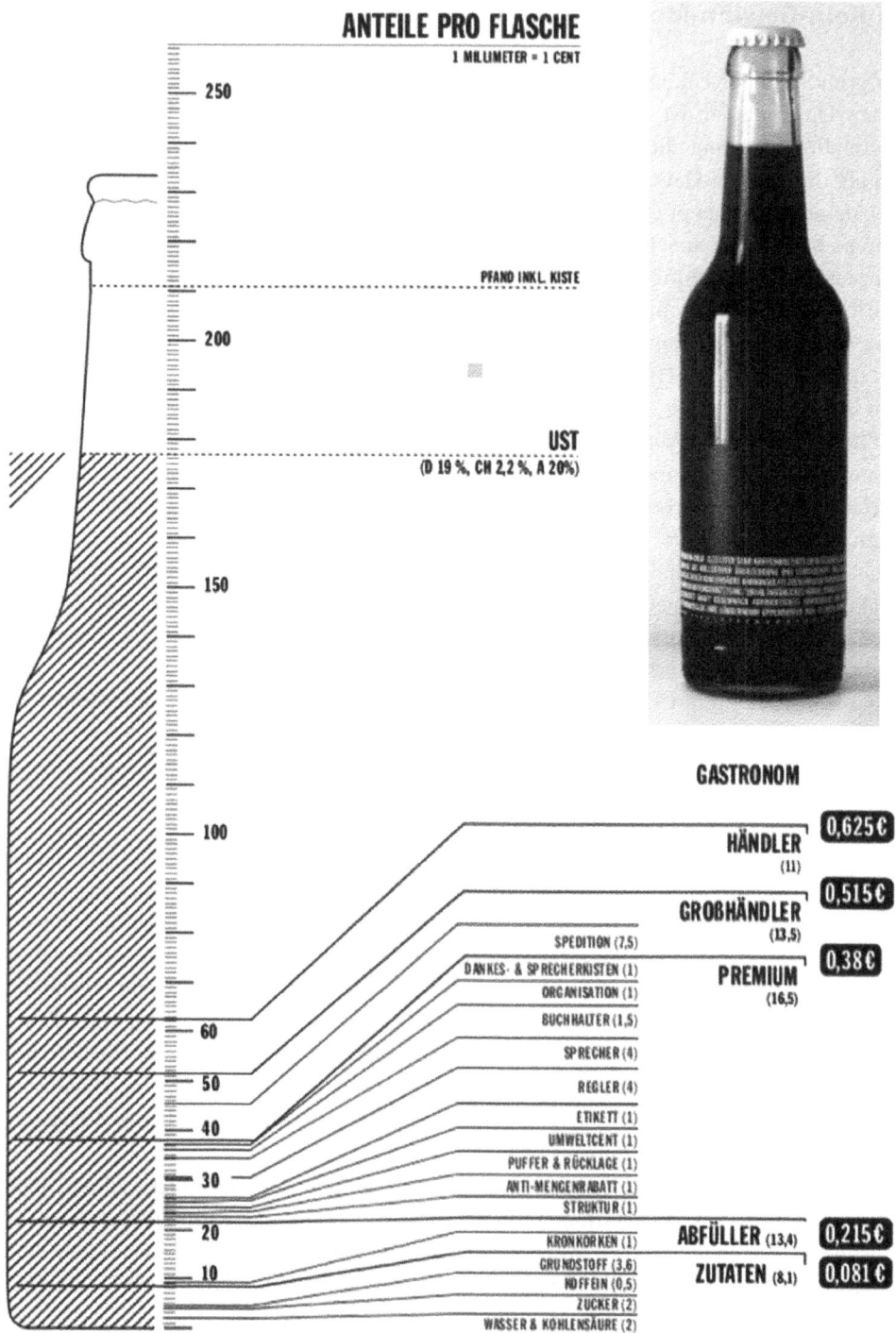

**ANTEILE PRO FLASCHE**
1 MILLIMETER = 1 CENT

250

PFAND INKL. KISTE

200

**UST**
(D 19 %, CH 2,2 %, A 20%)

150

100

**GASTRONOM**

**HÄNDLER**
(11)                                                0,625€

**GROßHÄNDLER**
(13,5)                                              0,515€

SPEDITION (7,5)
DANKES- & SPRECHERKISTEN (1)                        **PREMIUM**          0,38€
ORGANISATION (1)                                    (16,5)
BUCHHALTER (1,5)
60
SPRECHER (4)
50
REGLER (4)
40
ETIKETT (1)
UMWELTCENT (1)
PUFFER & RÜCKLAGE (1)
30
ANTI-MENGENRABATT (1)
STRUKTUR (1)
20
KRONKORKEN (1)                                      **ABFÜLLER** (13,4)  0,215€
GRUNDSTOFF (3,6)
10                                                  **ZUTATEN** (8,1)    0,081€
KOFFEIN (0,5)
ZUCKER (2)
WASSER & KOHLENSÄURE (2)

**Abb. 1**  Die Kostenstruktur pro Flasche Premium Cola

Alle diese Geschäftsmodellinnovationen widersprechen den üblichen Verhaltensweisen klassischer Unternehmen in den Märkten. In vielen Fällen widersprechen sie den wirtschaftswissenschaftlichen Lehrsätzen, die aktuell in den Universitäten gelehrt werden. Und doch kann Premium Cola mit diesem Geschäftsmodell nicht nur überleben, sondern ist äußerst erfolgreich und musste das Wachstum des Unternehmens schon mehrfach bremsen. In vielen Fällen empfiehlt Uwe Lübbermann interessierten Personen sich selbst mit einem ähnlichen Geschäftsmodell selbstständig zu machen, statt Premium Cola zu vertreiben, und hilft bei der Gründung. Die erarbeiteten Wissensinhalte stellt das Kollektiv dabei im Sinn eines Open-Source-Ansatzes allen Interessierten zur Verfügung.

Die Netzwerkpartner, mit denen Premium Cola zusammenarbeitet, fühlen sich durch diese neue Art des Wirtschaftens inspiriert und verändern oft ihre eigene Art zu arbeiten als Folge der Zusammenarbeit. Dies sehen die Kollektivisten um Uwe Lübbermann auch als wichtige Mission und Motivation. Premium Cola verkauft nicht nur Getränke, sondern Premium Cola versteht sich als Feldexperiment zur Entwicklung nachhaltigerer und sozial verantwortlicherer Geschäftsmodelle. Dieses Experiment soll als Diskussionsplattform dienen und durch Dialog und Inspiration zu einer weiterreichenden Veränderung in Märkten (nicht nur im Getränkemarkt) führen.

## 8   Premium Cola und Getränke Mölle

Stefanie Mölle-Schröppel, Geschäftsführerin des Getränkeunternehmens Mölle aus Nördlingen, arbeitet seit Jahren mit Premium Cola zusammen und berichtet begeistert davon, wie die Interaktion mit dem innovativen Kollektiv ihr eigenes Denken und Handeln beeinflusst hat. Besonders die Art des Premium-Cola-Kollektivs, mit Netzwerkpartnern zu kommunizieren, hat sie anfangs überrascht und positiv beeindruckt. Sie berichtet: „Wir hatten vorher noch nie einen Kunden, der alles so bis ins Detail wissen will, der mitreden will und mitentscheiden möchte. Die Zusammenarbeit hat uns als Firma sehr weitergebracht und geöffnet und war insgesamt sehr positiv für unsere Entwicklung bis heute".

Fragt man Stefanie Mölle-Schröppel, wie sich die Interaktion mit Premium Cola von der normalen Kommunikation zwischen Netzwerkpartnern unterscheidet, so erklärt sie: „Es ist alles in allem viel persönlicher und intensiver. Es ist eine andere Art des Netzwerkens, der Kommunikation und auch der gegenseitigen Unterstützung und Stärkung". Sie erzählt, wie Gespräche, die Uwe Lübbermann mit anderen Lohnkunden führt, sowie die Art, wie er Netzwerke aufbaut, ihr und ihrem Team gezeigt haben, wie wichtig Offenheit und Ehrlichkeit für eine vertrauensvolle Zusammenarbeit sind. Diese Art der Kommunikation und Interaktion hat ihr Unternehmen inspiriert, ihre Art zu Wirtschaften bereichert, und ihnen dabei geholfen, gemeinsam mit Premium Cola zu wachsen und zu lernen. Stefanie Mölle-Schröppel sieht dabei eine wichtige Grundlage darin, nicht die Konkurrenz im anderen zu sehen, sondern sich austauschen und zu verzahnen. Ihr Getränkeunternehmen und Premium Cola kooperieren z. B. beim Leergut und helfen sich gegenseitig, da hier enorme Investitionen für kleinere Unternehmen anfallen. Die Netzwerkpartner investieren und nutzen die erstellten Ressourcen und Strukturen dann auch gemeinsam. Vertrauen, Offenheit und eine Kommunikation auf Augenhöhe prägen die Zusammenarbeit der beiden Netzwerkpartner.

Das Feldexperiment Premium Cola beweist: Nachhaltiges und sozial verantwortliches Wirtschaften, Geschäftsbeziehungen, die auf Vertrauen und Kooperation beruhen, und ein Miteinander von Netzwerkpartnern auf Augenhöhe sind möglich. Das Unternehmen Premium Cola produziert nicht nur erfolgreich Getränke, sondern schafft es dabei zugleich, die Interessen der diversen Stakeholder in einem konsensdemokratischen Prozess auf einen Nenner zu bringen. Damit gehen sie mit einem guten Beispiel voran und bewirken durch Dialog und Diskussion eine Veränderung aus dem bestehenden System heraus.

**Prof. Dr. Laura Marie Edinger-Schons** ist Inhaberin des Lehrstuhls für Corporate Social Responsibility (CSR) an der Universität Mannheim. Ihre Forschungsschwerpunkte liegen im Bereich des CSR-Managements und der CSR-Kommunikation. In ihrer Forschung kooperiert sie mit großen Konzernen sowie mit Nichtregierungsorganisationen, kleinen Start-ups und Sozialunternehmen. Der Forschungsansatz, den Laura Marie Schons dabei verfolgt, ist quantitativ-empirisch geprägt. Zusammen mit Partnern aus der Unternehmenspraxis erhebt und analysiert sie umfangreiche Datensätze aus Fragebogenstudien und/oder Feldexperimenten, die Aufschluss zu aktuellen Fragestellungen zum CSR-Management geben. Ihre Forschungsergebnisse wurden in hochrangigen internationalen Fachzeitschriften publiziert, z. B. Journal of Business Ethics, Journal of Marketing, Journal of Consumer Psychology, Journal of the Academy of Marketing Science. Ein Forschungsprojekt in Kooperation mit IKEA Deutschland, das den Kern ihrer Habilitationsarbeit darstellte, wurde mit dem Deutschen Wissenschaftspreis 2016 ausgezeichnet. Ihre Habilitationsschrift „Essays in Corporate Social Responsibility and Marketing" wurde mit dem Wolfgang-Ritter-Preis 2017 und dem Roman Herzog Forschungspreis 2018 ausgezeichnet. Für innovative Lehrformate, in denen Studierende eigene Videodokumentationen drehen oder selbst Sozialunternehmen gründen, erhielt ihr Lehrstuhl den AACSB Innovations that Inspire Award sowie den Lehrpreis der Fachschaft für Betriebswirtschaftslehre der Universität Mannheim 2017.

**Uwe Lübbermann** ist Gründer und zentraler Moderator des konsensdemokratischen Stakeholder Netzwerkes von Premium Cola. Neben seiner Tätigkeit bei Premium Cola hält Uwe regelmäßig Vorträge und Workshops zu dem Thema Konsensdemokratie in Unternehmen an renommierten Universitäten sowie vor Managern in Unternehmen.

# Ausblick

# Corporate Social Innovation: Next Level CSR?

## Erfolgreiche Verbindung von unternehmerischer Innovation und gesellschaftlicher Verantwortung

Hartmut Kopf und Stefan Pastuszka

Der bisherige Fokus von Unternehmen in der Wahrnehmung ihrer gesellschaftlichen Verantwortung durch Corporate Social Responsibility (CSR) verschiebt sich nach unseren Erfahrungen zunehmend auf die Relevanz für das Kerngeschäft und die Strategie des eigenen Unternehmens. CSR ist zwar vielfach ein zentraler Baustein in der Unternehmenspolitik, der das verantwortliche Verhalten der Unternehmung als Ganzes beschreibt – gegenüber Gesellschaft, für Mitarbeiter und Umwelt, für Sozialstandards und Werte, für Engagement in der Community usw. Die Verantwortungsübernahme bleibt jedoch meist noch reaktiv, da es vornehmlich um Risikominimierung geht.

Corporate Social Innovation hingegen greift die wahrgenommene Verantwortung auf und bereichert das Unternehmen um eine aktive Handlungskomponente. Durch die Integration in betriebswirtschaftliche Innovationsprozesse wird die Kernkompetenz der Firma genutzt, um in Kooperation mit wichtigen Interessengruppen Lösungen für wichtige gesellschaftliche Herausforderungen zu finden und dabei gleichzeitig auch unternehmerische Wertschöpfung zu generieren.

H. Kopf
Institut für Soziale Innovationen, Hochschule Bonn-Rhein-Sieg
Sankt Augustin, Deutschland
E-Mail: hartmut.kopf@h-brs.de

S. Pastuszka (✉)
Hainburg, Deutschland
E-Mail: sp@pastuszka.de

# 1   Was sind Soziale Innovationen?

Für die Verbindung von Innovation und gesellschaftlicher Verantwortung hat sich zwar der Begriff Soziale/Social Innovation international eingebürgert, im Kern geht es jedoch eher um gesellschaftliche Innovationen:[1] „Unter diesem Begriff versteht man unternehmerische Innovationen, die mit wichtigen Stakeholdern gemeinsam erschaffen werden, um gesellschaftliche Probleme zu lösen. Explizit eingeschlossen ist dabei die Möglichkeit für das Unternehmen, Geld zu verdienen" (Osburg 2016, S. 137 ff.).

Soziale Innovationen sind demnach neue Produkte, Dienstleistungen oder neue Kombinationen sozialer und unternehmerischer Praktiken mit dem Ziel, neu entstandene oder bisher vernachlässigte gesellschaftliche Bedarfe nachhaltig unternehmerisch zu decken. Soziale Innovationen entstehen v. a. in der partnerschaftlichen Zusammenarbeit verschiedener Interessengruppen zur Lösung gesellschaftlicher Probleme. Soziale Innovationen schaffen somit gesellschaftliche und unternehmerische Werte.

Es gehört zu den wichtigsten Aufgaben eines jeden Unternehmens, Möglichkeiten zu identifizieren, um unternehmerische Werte zu schaffen. Hier setzen auch die klassischen Innovationsprozesse an, mit denen Unternehmen versuchen, dieses Vorhaben zu systematisieren.

Im Zentrum unternehmerischer Entwicklungsaktivitäten stehen bislang jedoch noch eher technologische Neuerungen und Prozessoptimierungen, während gesellschaftliche oder soziale Innovationen erst seit ein paar Jahren ins Blickfeld von Unternehmen rücken: „Unternehmen sind mit globalen Herausforderungen und technologischem Wettbewerb konfrontiert. Sich neu entwickelnde Märkte verlangen nach neuen Lösungen. Hier sind soziale Innovationen ein neuer, erfolgversprechender Weg"[2]. Oder anders formuliert: „Social Innovation may be one of the greatest untapped business opportunities and the way to reconcile responsibility and profits."[3]

Soziale Innovationen als integraler Bestandteil eines erweiterten Innovationsverständnisses werden auch politisch in der aktuellen Hightech-Strategie der Bundesregierung gefordert und gefördert. Denn ein einseitig nur auf Technologie ausgerichtetes Innovationsverständnis begrenzt das Lösungsspektrum. Die Potenziale neuer Technologien lassen sich nur dann entfalten, wenn diese in die gesellschaftlichen Veränderungsprozesse eingebettet sind. Insofern braucht es eine ganzheitliche Perspektive, in der sich technologische und soziale Innovationen wechselseitig verstärken.[4]

---

[1] Was zumindest im angelsächsischen Sprachraum mit „social" immer auch intendiert ist: im Sinn von „societal".

[2] Prof. Dr. Andreas Barner, CEO Boehringer Ingelheim auf dem Forschungsgipfel 2015 in Berlin.

[3] William M. Daley, Head of Corporate Social Responsibility JP Morgan Chase 2011 über das Buch von Jason Saul *Social Innovation, Inc.: 5 strategies for driving business growth through social chance.*

[4] „Die Hightech-Strategie wird jetzt zu einer umfassenden ressortübergreifenden Innovationsstrategie weiterentwickelt. Dazu greifen wir neue Themen auf und führen neue Instrumente der Innovationsförderung ein. Wir setzen auf einen erweiterten Innovationsbegriff, der nicht nur tech-

## 2 Neue Möglichkeiten unternehmerischer Wertschöpfung: Drei Beispiele

Gesellschaftliche Innovationen werden damit sowohl zu einer Chance der Differenzierung von Unternehmen im Wettbewerbsumfeld als auch zum Ursprung neuer Märkte. Diese entstehen daraus, gesellschaftliche Herausforderungen wie Veränderung der Arbeitswelt durch Digitalisierung, Klimawandel, demografischer Wandel, Fachkräftemangel oder Zivilisationskrankheiten anzugehen (Tab. 1).

Im Folgenden werden drei Beispiele in drei unterschiedlichen unternehmerischen Stadien und aus drei verschiedenen Branchen zur Erläuterung herangezogen:

Die britische Lebensmittelkette Tesco unternahm 2004 den Einstieg in den amerikanischen Markt durch „Backdoor Channels", indem sie sog. „food deserts" in amerikanischen Städten mit kleinen Lebensmittelläden bediente. Im Fast Food Land Nummer 1 wurden mit dem sozial innovativen Konzept gesunde Nahrungsmittel zu bezahlbaren Preisen für jedermann erreichbar angeboten („fresh and easy neighborhood markets"). Auf diese Weise sollte die örtliche Konkurrenz am Stadtrand (Walmart) umgangen werden und zusätzlich wurde ein gesellschaftlicher Nutzen über gesunde Ernährung erzielt: „Food deserts" waren und sind ein großes Gesundheitsproblem in den USA. Über 23 Mio. geringverdienende Amerikaner, darunter fast 7 Mio. Kinder, leben in städtischen oder ländlichen Regionen, die mehr als eine Meile vom nächsten Supermarkt entfernt sind – stattdessen in Reichweite unzähliger Junk-Food-Anbieter (Saul 2011, S. 73–75). Tesco musste allerdings 2015 seine Aktivitäten wieder beenden, da zwar die sozial innovative Geschäftsidee als solche gut und richtig war, das Unternehmen jedoch bei der Einschätzung des amerikanischen Markts aus der europäischen Perspektive entscheidende Fehler gemacht hat (Kirka 2013). Dieses Markteintrittsrisiko ist Teil unternehmerischen Handelns und passiert auch umgekehrt US-amerikanischen Unternehmen auf dem europäischen Markt – mit für sich gesehen guten Produkten und auf dem heimischen Markt funktionierenden Geschäftsmodellen.

**Tab. 1** Die zehn größten gesellschaftlichen Herausforderungen. (Kopf et al. 2013)

| Arbeit & Beschäftigung | Umwelt |
| --- | --- |
| Veränderung der Arbeitswelt durch Digitalisierung | Wirtschaftswachstum angesichts endlicher Ressourcen |
| Fachkräftemangel | Zugang zu & schonender Verbrauch von Ressourcen (Energie, Wasser, …) |
| Demografischer Wandel | |
| Schere Arm/Reich | |
| **Bildung** | **Gesundheit & Alter** |
| Bildungsgerechtigkeit | Zivilisationskrankheiten |
| Notwendigkeit lebenslangen Lernens | Sicherung der Gesundheitsversorgung |

nologische, sondern auch soziale Innovationen umfasst und beziehen die Gesellschaft als zentralen Akteur ein. Wir nehmen das Ganze in den Blick und denken zusammen, was zusammengehört. Den Aufwärtstrend bei Investitionen in Forschung und Entwicklung setzen wir fort" (BMBF 2014, S. 4).

Das zweite Beispiel ist nah am Herzen der deutschen Wirtschaft im Autoland Deutschland: Die gegenwärtige Diskussion um die Zukunft der Mobilität zeigt, dass es dabei nicht nur um die Zukunft der Automobilindustrie als Schlüsselbranche geht. Sie zeigt auch die Perspektiven, mit denen bereits existierende gesellschaftliche Innovationen, wie z. B. car2go, dazu beitragen, sich in der Cloud intermodaler Mobilitätsdienstleistungen zu positionieren. Car2go ist flexibles Carsharing ohne feste Mietstationen – im Geschäftsgebiet von weltweit aktuell 28 Metropolen kann das Auto überall und zu jeder Zeit via App angemietet und wieder abgestellt werden (www.car2go.com). Vielleicht löst die digital vermittelte Nutzung zukünftig selbstfahrender Fahrzeuge den Besitz von PKW sogar bald flächendeckend ab. Die Zukunft der deutschen Automobilindustrie hängt also von ihrer Fähigkeit ab, sich in digital gesteuerter, intermodal angelegter und durch soziale Innovation geprägter Weise radikal neu auszurichten. Das erklärt, warum Unternehmen wie Daimler in sozial innovative, gleichwohl das eigene Geschäft potenziell kannibalisierende Modelle wie car2go investieren. Auch und gerade dann, wenn diese Geschäftsmodelle als Start-ups noch etwas weiter von ihrer Profitabilität entfernt sind. Vergleichbares geschieht gegenwärtig unter enormem gesellschaftlichem Druck im bisherigen Dieselbauer-Land durch zwar späte, aber erhebliche Investitionen der deutschen Autobauer in die Entwicklung eigener Flotten mit Elektroantrieb.

Und schließlich das dritte, wirtschaftlich seit vielen Jahrzehnten überaus erfolgreiche Projekt aus der indischen Gesundheitsindustrie: Bereits 1976 eröffnete der indische Augenarzt Dr. Venkataswamy die erste Aravind Augenklinik mit 11 Betten. Seine Idee war es, kostenlose bzw. kostengünstige Operation des Grauen Stars für die Armen der indischen Bevölkerung anzubieten und sie somit vor dem Erblinden zu bewahren. Entscheidend war sein ungewöhnliches Finanzierungsmodell „Einer für Drei": Inder aus der Mittelschicht bezahlen für die Behandlung und finanzieren so die Behandlung zweier Patienten mit, die sich die Operation sonst nicht leisten könnten. Der Preis war so kalkuliert, dass zusätzlich immer auch in die Expansion investiert werden konnte. Zusätzlich beinhaltete die Geschäftsidee von Anfang an ein umfassendes Servicepaket jenseits der Klinik: Untersuchen der Bevölkerung in sog. Eye Camps vor Ort sowie kostenloser Transport zur Klinik und zurück nach Hause. Das unternehmerische Konzept von Aravind setzt ganz auf Effizienz durch Standardisierung: Durch hohe Spezialisierung (ausschließlich Operationen des Grauen Stars) und Arbeitsteilung können möglichst viele Operationen in möglichst kurzer Zeit erfolgreich durchgeführt werden (https://www.aravind.org/default/aboutuscontent/genesis). Im Jahr 1992 kam noch die Produktion eigener künstlicher Linsen im eigenen Labor Aurolab hinzu – zu günstigen Preisen und mit hohen Gewinnmargen. Mittlerweile produziert Aurolab insgesamt fast 10 % des weltweiten Angebots und exportiert in 120 Länder. Mit dem generierten Umsatz wird das Aravind-Eye-Care-System kontinuierlich ausgebaut: mittlerweile existieren sieben Kliniken in Südindien mit einer Gesamtkapazität von mehr als 4000 Betten (http://aurolab.com/aboutus.asp).

## 3   Nachhaltigkeit statt schnellem Geld

Die eben beschriebenen Lösungen für gesellschaftliche Bedarfe überschreiten traditionelle Sektorgrenzen und Marktsegmente; sie verlangen zusätzlich zum unternehmerischen Mut einen systemischen Blick aus der Perspektive der Gesellschaft insgesamt. Und sie brauchen auch unternehmerisch oft einen etwas längeren Atem, schnelles Geld ist damit eher seltener zu verdienen. Im Gegenteil, wie das Beispiel Tesco gezeigt hat, besteht immer auch die Gefahr des finanziellen Scheiterns.

Die Beispiele zeigen zudem, was in vielen gesellschaftlichen Bereichen erforderlich ist: In einer komplexer gewordenen Welt kommt neuen sozialen Praktiken oder Initiativen eine Schlüsselrolle zu, um den gesellschaftlichen Transformationsprozess bewältigen zu können (z. B. Autos nutzen statt besitzen). Nicht umsonst ist soziale Innovation zu einem der meist diskutierten Schlüsselbegriffe der gesellschaftlichen und wirtschaftlichen Entwicklung geworden.

## 4   Gesellschaftliche Innovation durch das Nutzen von Kernkompetenzen etablierter Unternehmen

Neuartige und sektorübergreifende Lösungen und Geschäftsmodelle, die gleichzeitig ökonomischen und gesellschaftlichen Mehrwert (Impact) generieren, bezeichnen wir als Corporate Social (Impact) Innovation, kurz $CSI^2$.

Im Unterschied zu den aktuell vielfach beschriebenen Social Start-ups oder Social Entrepreneuren geht es uns mit dem $CSI^2$-Modell darum, dass etablierte, ganz normale Unternehmen ihre vorhandenen Kernkompetenzen einsetzen, um aktiv einen gesellschaftlichen Mehrwert zu generieren (Abb. 1).

$CSI^2$ ist kein altruistisches Konzept, sondern es gilt den gesellschaftlichen Mehrwert mit einem profitablen Geschäftsmodell zu verknüpfen. Zusätzlich schafft $CSI^2$ weiteren Nutzen für das Unternehmen, der über monetäre Aspekte hinausgeht, z. B. eine positiv aufgeladene Marke, eine verbesserte Innovationskultur sowie höhere Attraktivität für bestehende und zukünftige Mitarbeiter.

Unternehmen sollten dazu allerdings keine Aktivitäten aufnehmen, die völlig außerhalb ihres Kompetenzprofils liegen. Das bedeutet, sorgfältig nach möglichen Lösungen zu suchen, die zum Unternehmen passen und bei denen das Unternehmen einen echten Mehrwert generieren kann, ohne sich völlig neu erfinden zu müssen.

Unsere Erfahrungen im Einsatz des noch jungen unternehmerischen Ansatzes $CSI^2$ zeigen, dass noch nicht jedes Unternehmen geeignete Voraussetzungen bietet, sich des Themas auf erfolgversprechende Art und Weise anzunehmen. Beispielsweise fehlt in Unternehmen, die sich akut in einer Krisensituation befinden (z. B. Restrukturierung, operative Herausforderungen usw.), häufig die erforderliche Offenheit für die Thematik und der Fokus liegt nachvollziehbarerweise woanders.

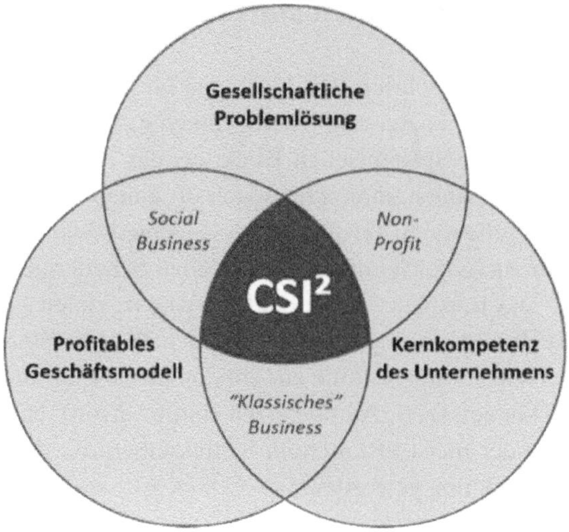

**Abb. 1** Corporate Social Impact Innovation bedeutet die Nutzung der Kernkompetenzen des Unternehmens zur Lösung gesellschaftlicher Herausforderung im Rahmen eines profitablen Geschäftsmodells

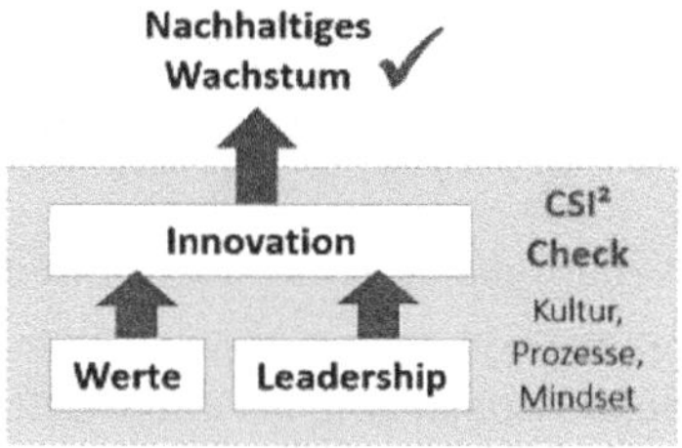

**Abb. 2** Der CSI²-Check deckt drei Felder ab, die ausschlaggebend für die Sicherung nachhaltigen Wachstums sind

Unsere angewandte Forschung an der Hochschule und in der gemeinsamen Beratungspraxis zeigen zudem, dass eine gewisse günstige Disposition in den drei Themenfeldern Innovation, Werte und Leadership für einen erfolgreichen Ansatz erforderlich ist (Abb. 2).

## 5 Bereitschaft für Corporate Social Impact Innovation messen: Der CSI²-Check

Um zu überprüfen, ob diese positive Disposition bei Unternehmen gegeben ist, haben wir 2015 in Abstimmung zwischen Hochschule und Beratung (Kairos Partners) einen CSI²-Check entwickelt. Dieser bewertet anhand von zehn Erfolgsfaktoren, inwieweit eine Organisation schon bereit für Geschäftsmodelle mit gesellschaftlichem Nutzen ist. Die Erfolgsfaktoren sind in Tab. 2 aufgeführt und werden im Check anhand von 37 Indikatoren bestimmt. Die Indikatoren werden entweder im persönlichen Interview im Rahmen einer aktivierenden Befragung quantifiziert oder mithilfe eines Online-Fragebogens über die Antworten auf 96 individuelle Fragen ermittelt (Abb. 3).

Da manche kulturelle Faktoren stark vom individuellen Führungsstil von Vorgesetzten abhängen und die Beantwortungen durch das persönliche Erleben des Befragten geprägt

**Tab. 2** Die zehn Erfolgsfaktoren für CSI[2]

| Agile Innovationskultur | Das Unternehmen verfügt über eine agile Innovationskultur, d.h. eine schnelle, lebhafte, flexible und offene Vorgehens- und Denkweise. |
|---|---|
| Nutzerorientierung | Das Unternehmen denkt mehr vom Nutzer her als vom Produkt bzw. der Technologie. |
| Offenheit für radikal Neues | Das Unternehmen ist offen für Geschäftsmodelle, Entwicklungen usw., die über den bekannten Horizont des Kerngeschäfts hinausgehen und ist bereit, diese anzugehen. |
| Geschützte Räume für Innovation (Freiräume) | Das Unternehmen bietet geschützte Räume für Neues, z.B. in Form unabhängiger organisatorischer Aufstellung (Projekthäuser, Spin-off, Think Tank etc.) u. Freiräume für Mitarbeiter. |
| Überzeugung vom 3P-Modell (Dreiklang) | Die Unternehmensführung ist von der Richtigkeit des 3P-Modells nachhaltiger Geschäfts-tätigkeit überzeugt und handelt entsprechend (Value[3] for Business, People and Planet). |
| Aktive gesellschaftliche Problemlösung (Gesellschaft) | Das Unternehmen (bzw. die Unternehmensführung) möchte aktiv dazu beitragen, gesellschaftliche Probleme zu lösen. |
| Social Innovation Champion | Eine oder mehrere Personen im Unternehmen treiben das Thema Social Innovation. |
| Wertschätzung der Mitarbeiter | Das Unternehmen zeigt überdurchschnittliche Wertschätzung für seine Mitarbeiter und die Mitarbeiter untereinander gehen wertschätzend miteinander um. |
| Fehlerkultur | Fehler und Scheitern werden als Lerngelegenheit begriffen und sind keine Stolpersteine für die Karriere. Scheitern heute ist Erfolg in der Zukunft. |
| Vertrauensvolle Zusammen-arbeit mit Partnern (Vertrauen) | Das Unternehmen arbeitet vertrauensvoll mit seinen Partnern zusammen, d.h. es findet ein offener Austausch auf Augenhöhe über definierte fachliche Themen statt, von dem alle Parteien gleichermaßen profitieren (Shared Value). |

**Abb. 3** Struktur des CSI[2]-Checks

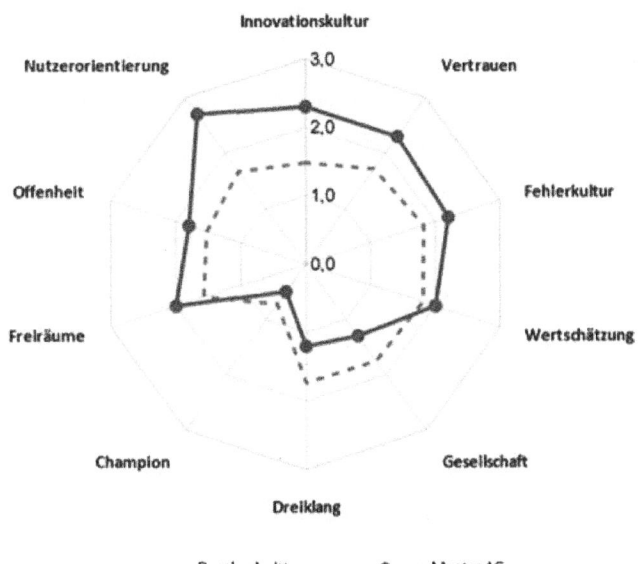

sind, ist es wichtig, unterschiedliche Teile der Organisation zu untersuchen (Funktionen, Hierarchieebenen). Die Online-Variante des Checks bietet sich dafür an, da auf effiziente Weise ein aussagekräftiges Bild über die gesamte Organisation hinweg generiert wird und bestimmte Bias-Quellen (z. B. Managementsicht, Abteilungsspezifika) korrigiert werden. Da der direkte Zusammenhang mit den Erfolgsfaktoren und Indikatoren in den 96 Fragen

**Abb. 4** Die zehn Erfolgsfaktoren für den Fall eines
Beispielunternehmens (blau)
und als Durchschnitt aller befragten Unternehmen

des Online-Fragebogens nicht mehr ersichtlich ist, erlaubt dieser es, die 37 Indikatoren
möglichst objektiv und vergleichbar zu messen, wobei auch spezifische Beispiele und
Kommentare erfragt werden.

Es hat sich in unserer Praxis als zielführend erwiesen, den Check zunächst in Form von
etwa drei bis fünf persönlichen Interviews durchzuführen und ihn bei Bedarf als Online-
Version auf eine größere Anzahl von Mitarbeitern ausdehnen, um das gewonnene Bild
zu überprüfen und gegebenenfalls Diskrepanzen zu identifizieren (Managementsicht vs.
Organisationssicht).

Die konsolidierten Ergebnisse auf der Ebene der zehn Erfolgsfaktoren zeichnen ein
High-Level-Bild der Situation im Unternehmen(s. Beispiel in Abb. 4). Die Skala gibt eine
Tendenz bezüglich der Ausprägung der Erfolgsfaktoren an (0 ungünstig, 3 hervorragend),
die jedoch nicht als absolut zu betrachten ist. Zur Identifikation von Handlungsfeldern ist
daher der Vergleich mit anderen Unternehmen erkenntnisleitend.

Auffällig sind in der Darstellung die geringen Werte beim Parameter „Social Innovation Champion" – dies ist der Tatsache geschuldet, dass die wenigsten Unternehmen
bereits über einen im Unternehmen für Social Innovation explizit Verantwortlichen verfügen. Allerdings sind die Werte dann nicht automatisch gleich Null, da auch vorhandene,
vorbereitende Strukturen in die Wertung mit einbezogen werden.

## 6   Unsere Beobachtungen bei der Durchführung des CSI²-Checks

Die Erfolgsfaktoren stehen durch komplexe Wechselwirkungen miteinander in Beziehung,
dennoch lassen sich bereits auf der High-Level-Ebene erste Erkenntnisse ableiten.

Häufig gehen eher durchschnittliche Ausprägungen im Sektor Innovation mit eben-
solchen Ausprägungen bei Vertrauen und Wertschätzung einher, was insbesondere bei
klassischen Industrieunternehmen zu beobachten ist. Gute Ergebnisse bei Vertrauen und
Wertschätzung hingegen sind noch keine Garanten für hohe Innovationsfähigkeit. So zeigt
sich beispielsweise, dass Unternehmen mit ausgezeichneten Ausprägungen in den Bereichen Werte und Leadership in Sachen Innovation durchaus noch vor Herausforderungen

stehen. Insbesondere scheint der Aspekt „Offenheit für Neues" außerhalb des Organisationsfokus ein limitierender Faktor auf der Kultur- und Prozessebene zu sein, was auch signifikante Schritte in Richtung CSI$^2$ erschwert. Selbst Unternehmen und Organisationen mit gesellschaftlich relevanten Aktivitäten als Kerngeschäft haben aufgrund solcher Hemmnisse Schwierigkeiten, sich weiterzuentwickeln.

Weisen Unternehmen hohe Ausprägungen in den Bereichen Werte und Innovation auf, ist es eine Frage des Mindset und des gesellschaftlichen Handlungswillens, ob soziale Innovationen erfolgreich auf den Weg gebracht werden können. Beide Faktoren machen einen signifikanten Anteil im Sektor Leadership aus.

Unsere Untersuchungen zeigen allerdings auch, dass es Unternehmen gibt, die überdurchschnittliche Ausprägungen in allen drei Kategorien Innovation, Werte und Leadership erzielten und somit prädestiniert sind, das Thema Innovation mit gesellschaftlichem Mehrwert unmittelbar und produktiv anzugehen.

# 7  Das Ziel: Ansatzpunkte für CSI$^2$-Geschäftsmodelle identifizieren

Anhand der High-Level-Darstellung lassen sich für ein Unternehmen mögliche Handlungsfelder oder Themenschwerpunkte für eine tiefergehende Analyse grob identifizieren. Für eine detaillierte Auswertung und konkrete, belastbare Vorschläge ist die Analyse der individuellen Beantwortungen der 37 Indikatoren über eine Gesamtheit von mehreren Teilnehmern erforderlich. Dabei zeigen sich vielfach Möglichkeiten, wie das Feld für CSI$^2$ durch gezielte Maßnahmen vorbereitet werden kann. In anderen Fällen, wenn die Voraussetzungen bereits gut oder sehr gut sind, können Schritte initiiert werden, um konkrete Ansatzpunkte für CSI$^2$-Geschäftsmodelle zu identifizieren und voranzutreiben. Auch wenn das Ergebnis des Checks nicht die unmittelbare Einführung von CSI$^2$-Geschäftsmodellen nahelegt, liefert er dennoch wertvolle Hinweise im Hinblick auf die zukünftige Entwicklung der Leistungsfähigkeit des Unternehmens.

Inwieweit Unternehmen schon bereit und in in der Lage sind, neue profitable Geschäftsmodelle mit gesellschaftlichem Mehrwert zu entwickeln, zeigt die Checkliste in Tab. 3.

**Tab. 3** Woran Unternehmen erkennen, dass CSI$^2$ für sie interessant sein könnte

- ☐ Die Geschäftsleitung hat Interesse daran, an der Lösung gesellschaftlicher Herausforderungen mitzuwirken
- ☐ Nachhaltiges Wirtschaften genießt in Ihrem Unternehmen einen hohen Stellenwert
- ☐ Sie suchen nach neuen Treibern für nachhaltiges Wachstum
- ☐ Ihr Unternehmen ist offen für Neues und verlässt auch manchmal die ausgetretenen Pfade
- ☐ Sie haben bereits CSR-Aktivitäten, aber Sie möchten diese auf die nächste Ebene bringen
- ☐ Sie suchen nach Wegen, die Zukunftsfähigkeit Ihres Unternehmens zu sichern

## Literatur

BMBF (2014) Die neue Hightech-Strategie – Innovationen für Deutschland (https://www.bmbf.de/
    pub_hts/HTS_Broschure_Web.pdf)
Kirka D (2013) Tesco will pull out of U.S., sell Fresh & Easy. USA Today. https://eu.usatoday.com/
    story/money/business/2013/04/17/tesco-exits-usa/2090801/. Zugegriffen: 9. Okt. 2018
Kopf H et al (2013) Deutschland 2030: Herausforderungen als Chancen für Soziale In-
    novationen. EBS Universität für Wirtschaft und Recht. https://www.h-brs.de/de/isi/bmbf-
    forschungsprojekt-soziale-innovationen-deutschland. Zugegriffen: 9. Okt. 2018
Osburg T (2016) Corporate Social Innovation und Unternehmensstrategie. In: Wunder T (Hrsg)
    CSR und Strategisches Management: Wie man mit Nachhaltigkeit langfristig im Wettbewerb
    gewinnt. Gabler, Berlin
Saul J (2011) Social Innovation, Inc.: 5 strategies for driving business growth through social change.
    Jossey-Bass, San Francisco

**Prof. Dr. Hartmut Kopf** verbindet unternehmerische Non-Profit-Expertise mit sozialer Innovation. Nach seinem Studium der Theologie und Betriebswirtschaft hatte er ab 1993 verschiedene
Managementpositionen in der Diakonie inne. Ab 2006 arbeitete er bei World Vision, dem weltweit
größten privaten Kinderhilfswerk (50.000 Mitarbeiter in 100 Ländern), zunächst als Bereichsleiter
Kommunikation, ab 2009 als Gründer und Leiter des World Vision Institute for Research and Innovation. Dort war er verantwortlich für Strategieentwicklung und Innovationsmanagement. Von 2010
bis 2016 war er an der Gründung und Leitung des Center for Social Innovation an der EBS Business
School beteiligt. Im Jahr 2014 wurde Hartmut Kopfzum Honorarprofessor am Institut für Soziale
Innovationen der Hochschule Bonn-Rhein-Sieg ernannt.

**Dr. Stefan Pastuszka** war in unterschiedlichen Funktionen für den Telekommunikationsnetzaus-
rüster Alcatel-Lucent und den Technologiekonzern Heraeus aktiv, u. a. als Director Market Positio-
ning und als Head of Corporate Development. Als Experte für Strategieentwicklung und Innovation
unterstützt er Unternehmen dabei, sich optimal im Markt zu positionieren und die richtigen Schritte
für eine erfolgreiche Zukunft zu entwickeln. Um ihnen neue Wege für nachhaltiges Wachstum zu
erschließen, bildet das Thema Corporate Social Impact Innovation einen besonderen Schwerpunkt
seiner Arbeit.

# Zukunft von Corporate Social Responsibility und Social Entrepreneurship – Das Momentum nutzen

Kai Praum

▶ Der soziale Sektor ist transparenter und wirkungsorientierter geworden. Die Corporate-Social-Responsibility-Königsklasse hebt dieses Potenzial heute schon mithilfe langfristiger Partnerschaften. Durch sinkende Transaktionskosten werden in der Zukunft Kooperationen für immer mehr Unternehmen und Social Entrepreneurs attraktiver.

In Deutschland ist in den vergangenen Jahren ein Wandel im sozialen Sektor zu beobachten. Andreas Rickert, Vorstandsvorsitzender von Phineo, spricht gar von einem Paradigmenwechsel. Gemeint ist damit eine Entwicklung hin zu einer wirkungsorientierten Perspektive bei der Lösung gesellschaftlicher Herausforderungen. Eine Entwicklung, an der auch Phineo beteiligt war. Die Hauptgesellschafter des unabhängigen und gemeinnützigen Analyse- und Beratungshauses sind die Bertelsmann Stiftung und die Deutsche Börse. Dass sich bei Phineo Wirtschaft und Zivilgesellschaft zusammentun, kommt nicht von ungefähr. Rickert bezeichnet sich selbst als Wanderer zwischen den Welten, der nach seiner akademischen Laufbahn sowohl in der Unternehmensberatung als auch in Stiftungen tätig war. Aus seiner letzten zivilgesellschaftlichen Station bei der Bertelsmann Stiftung heraus initiierte er die Gründung von Phineo. Die Kernkompetenz der gemeinnützigen Aktiengesellschaft ist die Analyse des Wirkungspotenzials von gesellschaftlichem Engagement. „Wir stellen die Frage, ob eine Maßnahme nicht nur gut gemeint, sondern gut gemacht ist", sagt Rickert. Bei einem positiven Analyseergebnis erhalten die Organisationen das Wirkt-Siegel. Dieses Siegel soll für mehr Klarheit im sozialen Sektor sorgen – sowohl für Geldgeber als auch für gemeinnützige Organisationen selbst. Damit zahlt das Siegel zugleich auf Phineos weitere Ziele ein, die Strukturen des Sektors transparenter zu machen und eine Marktintelligenz aufzubauen. So sollen Synergien hergestellt und

K. Praum (✉)
FRANKFURT BUSINESS MEDIA - Der F.A.Z.-Fachverlag
Frankfurt, Deutschland
E-Mail: kai.praum@frankfurt-bm.com

Marktwissen unter den mehr als 600.000 gemeinnützigen Organisationen in Deutschland geteilt werden, um in diesem heterogenen Angebot die Dysfunktionalität und Ineffizienz zu minimieren.

## 1 Unternehmerisches Denken

Ein weiterer Anker in der Welt zwischen Wirtschaft und sozialem Sektor sind Social Entrepreneure, die es gewohnt sind, sozial und unternehmerisch gleichermaßen zu denken. „Der Wirkungsgedanke selbst kommt nicht genuin aus der Wirtschaft, sondern aus der intrinsisch motivierten Zivilgesellschaft, die bestrebt ist, Lösungen für gesellschaftliche Herausforderungen zu finden", erklärt Rickert. Die wirtschaftliche Denkweise, die Sozialunternehmen schon mitbringen, haben Akteure wie Phineo oder die Social-Entrepreneurship-Plattform Ashoka und deren Tochtergesellschaft Finanzierungsagentur für Social Entrepreneurship (FASE) in den vergangenen Jahren versucht, im gesamten sozialen Sektor zu bestärken. Ihr Anliegen ist es, mit Managementtools, die wirkungsorientiert eingesetzt werden, die Effizienz und Effektivität von sozialen Lösungen zu steigern. Die anfänglichen Bedenken hinsichtlich einer Ökonomisierung der Zivilgesellschaft nimmt Rickert ernst, weist jedoch darauf hin, dass sein Beratungshaus kein Vertreter der reinen Kennzahlenlehre und Marktlogik ist: „Wir bedienen uns am Managementbaukasten und adaptieren in den jeweiligen Einzelfällen mit Fingerspitzengefühl die passenden Maßnahmen für die Organisationen". Mittlerweile scheint die Wirkungsperspektive im Sektor angekommen zu sein. Jüngstes Beispiel ist die Skala-Initiative von Susanne Klatten. Die Unternehmerin hat Phineo 2016 beauftragt, ein wirkungsorientiertes und effizientes Förderinstrument aufzulegen. Die Initiative möchte bis zum Jahr 2020 etwa 100 gemeinnützige Organisationen fördern. Das Fördervolumen beträgt 100 Mio. €. Die Ausschreibung hat 2017 begonnen. „Wir erleben aktuell ein enormes Momentum im sozialen Sektor", bekräftigt Rickert.

## 2 Praktische Unterstützung

Treiber dieser Entwicklung können auch klassische Unternehmen sein, die Kooperationen mit gemeinnützigen Organisationen und Sozialunternehmen eingehen. Das Einfallstor ist dabei meist die Corporate-Social-Responsibility(CSR)-Abteilung. Wenn Unternehmen mit Sozialunternehmen zusammenarbeiten, ist es von Anfang an wichtig, dass das Ziel der Kooperation als gemeinsame Ausgangsbasis definiert ist. Dabei ist Ehrlichkeit auf beiden Seiten von großer Bedeutung. „Beide Partner können Partikularinteressen haben, sie sollten sie aber offen benennen, damit man zwischen dem Social Case und dem Business Case die richtige Balance findet", sagt Rickert. Denn wird das Unternehmen auf der einen Seite nur als Geldgeber betrachtet und der Akteur aus dem sozialen Sektor auf der anderen Seite als unprofessioneller Idealist abgestempelt, stehen sich beide Partner letztlich selbst im

Weg. Um das zu verhindern, hilft die Wirkungsperspektive als gemeinsame Sprachbasis, um Missverständnisse frühzeitig aus dem Weg zu räumen.

In der Praxis bleibt jedoch nicht immer viel Zeit, um die Kooperationen von langer Hand zu planen. Bei der deutschen Vertriebsgesellschaft des schwedischen Möbelhaus IKEA häuften sich 2016 durch die wachsenden Flüchtlingszahlen hierzulande die Anfragen von Kommunen, sozialen Initiativen und Behörden nach materieller Unterstützung durch diverse Einrichtungsgegenstände. „In dieser Situation haben wir uns entschieden, ganz unbürokratisch einen Hilfsfonds von 1,5 Millionen Euro zur Verfügung zu stellen", sagt Ulf Wenzig, der das Nachhaltigkeitsmanagement seit 2011 für IKEA Deutschland leitet. Verbunden war dieses Engagement mit einer Bedingung: IKEA-Mitarbeiter mussten an den geförderten Maßnahmen beteiligen sein. Über das gesamte Jahr verteilt wirkten IKEA und 2000 seiner Mitarbeiter in Deutschland so an über 500 Projekten mit, die nach eigener Schätzung 15.000–16.000 Flüchtlinge erreichten. Außerdem wurde im vergangenen Jahr ein konkretes Hilfsprojekt mit der Nichtregierungsorganisation Save-the-Children in Berlin durchgeführt. Die Partnerschaft mit dem internationalen Kinderhilfswerk und IKEA besteht seit Jahren, da die Kinderhilfe einer der globalen Schwerpunkte im sozialen Engagement der Möbelkette ist. Dafür sind das Flüchtlingshilfs- sowie das Kinderhilfswerk der Vereinten Nationen (UNCHR und UNICEF) und eben Save-the-Children in den Krisengebieten vor Ort die Ansprechpartner. Im vergangen Jahr wurde die Hilfe dann in Deutschland benötigt. „Die Organisation kam auf uns zu, da die Situation für die Kinder in der Flüchtlingsunterkunft in Tempelhof immer dramatischer wurde", sagt Ulf Wenzig. Auch hier unterstützte das Möbelhaus mit Funding, Sachspenden und der Expertise der eigenen Mitarbeiter. Sie gestalteten kindgerechte Lebensräume für die z. T. traumatisierten jungen Flüchtlinge. Eine kommunikative Begleitung dieser Hilfsaktion gab es bewusst nicht. „Unser Antrieb als wertebasiertes Unternehmen war es, zu helfen und nicht eine Werbekampagne zu machen", sagt Wenzig.

Dieses Engagement will IKEA in Deutschland nun verstetigen und strategisch ausrichten. Für die Zukunft sieht der Wenzig dabei Potenzial in langfristigen Kooperationen zwischen CSR und Social Enterprises als Transmissionsriemen in Bereichen, die nicht im klassischen Kerngeschäft der Möbelkette sind. „Sozialunternehmer sind gut vernetzt und effektiv in der Lösung von gesellschaftlichen Herausforderungen. Wenn man selbst versucht alle Probleme zu lösen, stellt man schnell fest, dass es nicht nur ein monetärer, sondern auch ein personell hoher Aufwand ist", sagt Wenzig und sieht Sozialunternehmen daher für klassische Unternehmen als potenzielle Dienstleister. International hat der Konzern seine Ländereinheiten beauftragt, verstärkt Kooperationen mit Sozialunternehmen einzugehen. In der Produktionsentwicklung in Südostasien gibt es schon einige erfolgreiche Beispiele. „Wir unterstützen dort Sozialunternehmen – z. B. Hersteller, die nur Frauen beschäftigen, die sonst am Arbeitsmarkt weniger Chancen haben – und bringen deren Produkte als Kleinserien in den deutschen Markt", sagt Wenzig. Für Deutschland sieht er den Bereich Integration von Flüchtlingen als den richtigen Hebel, um die Zusammenarbeit zwischen IKEA und Sozialunternehmen zu verstärken. Bei der Arbeitsintegration kann das Unternehmen bereits erste Erfolge aufweisen. IKEA bietet Langzeitpraktika für

Flüchtlinge an und hat mittlerweile die ersten darunter in feste Arbeitsverträge überführt. Für die Zukunft macht sich Wenzig und sein Team auf die Suche nach Ansprechpartnern und Initiativen, die den Zugang und die Expertisen haben, um Flüchtlinge effektiv in den Arbeitsmarkt und die Gesellschaft zu integrieren: „Es gibt bereits viele gute Lösungen. Es ist daher nicht unser Ziel, alles selbst zu machen".

## 3 Unterschiedliche Partnerschaftsformen

Wenn auch IKEA bewusst auf eine kommunikativer Begleitung seiner Hilfsaktion verzichtet hat, steht in anderen Fällen die Positionierung des Unternehmens durchaus im Vordergrund einer Kooperationen mit sozialen Projekten oder Social Entrepreneuren, wie Phineo-Vorstand Rickert erklärt: „Diese Angebote sind häufig punktuell, mit niedrigschwelligem Einstieg und wenig strategisch ausgerichtet. Nichtsdestotrotz ist diese Unterstützung für den sozialen Sektor wichtig". Eine weitere Form der Zusammenarbeit wird gern über die Personalabteilungen gesteuert und bindet viele Mitarbeiter der Unternehmen aus den verschiedensten Bereichen ein. Hierbei spielt sowohl das Employer Branding als auch die Mitarbeiterentwicklung und -motivation eine Rolle. Bei einigen Pionieren ist sich die CSR-Abteilung der Unterstützung des Vorstands und der Business-Development-Einheit sicher. Durch langfristige Kooperationen mit Sozialunternehmen versuchen diese Unternehmen, ihre Corporate-Citizenship-Aktivitäten hin zu einem strategischen und integrierten CSR-Engagement auszubauen. Rickert spricht dabei von der „CSR-Königsklasse". Um in dieser Königsklasse zu spielen, brauche es laut dem Phineo-Vorstand das Engagement auf allen Ebenen bis an die Spitze des Unternehmens, aber zusätzlich den Willen, die Partnerschaften zu managen. Auf diesem Weg können über die Partnerschaften Innovationen ins klassische Unternehmen hineingetragen werden.

Bei der Deutschen Bank lief der Einstieg über kompetenzbasierte Projekte, bei denen die Mitarbeiter der Bank Sozialunternehmen ehrenamtlich mit ihren Fachkenntnissen aus der Finanz- und Geschäftswelt zur Seite standen. Eines der Projekte ist dabei der bundesweite Wettbewerb startsocial, der ehrenamtliches soziales Engagement fördert. Seit 2011 unterstützt die Deutsche Bank den Wettbewerb als Sponsor und die Mitarbeiter sind als Juroren und Coaches involviert. Die vielversprechenden und intensiven ersten Kontakte mit Sozialunternehmen waren für Alexander Gallas, Leiter Gesellschaftliches Engagement der Bank in Deutschland, der Auslöser, dieses Engagement stärker zu institutionalisieren und strategischer auszurichten. Seit 2014 kooperiert die Deutsche Bank daher auch mit der gemeinnützigen GmbH Social Impact, deren Labs soziale Start-ups in ihrer frühen Phase als Inkubatoren bei ihren Unternehmenslösungen für gesellschaftliche Herausforderungen unterstützen. Auch hier bringen sich die Mitarbeiter aus allen Unternehmensbereichen zunächst innerhalb des Ready-for-Finance-Programms als Mentoren ein. Die Mitarbeiter helfen den Unternehmern dabei, das Geschäftsmodell zu finanzieren oder zu skalieren. Außerdem unterstützen sie bei der Kommunikations- oder Öffentlichkeitsarbeit, indem sie Kollegen aus den jeweiligen Fachabteilungen hinzuziehen. „Durch diesen sehr engen und intensiven Austausch haben wir sehr gute Einblicke in die Welt der Sozialunternehmer erhalten. Dadurch werden uns gesellschaftliche Probleme sehr unmittelbar und aus erster Hand vermittelt", sagt Gallas. Da soziale Gründer gesellschaftliche Herausforderungen früh adressieren und an Lösungen arbeiten, sind sie soziale Seismographen und tragen so dazu bei, das gesellschaftliche Engagement der Bank weiter zu entwickeln. Auf diesem Weg sind schon Partnerschaften zwischen Sozialunternehmen und der Deutschen Bank entstanden, die für beide Seiten fruchtbar sind.

Im Jahr 2016 fasste die Deutsche Bank ihre Aktivität in diesem Sektor in dem Förderprogramm Made for Good zusammen. Made for Good unterstützt Sozialunternehmer, die den gesellschaftlichen Wandel vorantreiben. Dabei werden sie von Bankmitarbeitern beraten, bekommen Zugang zu Netzwerken und zu Finanzierungshilfen.

## 4 Zunehmend geschäftsrelevant

Seit 2014 arbeitet das Team „Gesellschaftliches Engagement" mit den Geschäftseinheiten der Deutschen Bank eng zusammen, die Start-ups betreuen. Denn die Hilfe, die jungen Sozialunternehmen angeboten wird, sind für andere aufstrebende Start-ups wie Fintechs ebenfalls relevant: der Wissensaustausch und der Zugang zu Netzwerken. Zudem überschneiden sich die Förderprogramme zunehmend häufig. „Dieser zusätzliche Impuls führte dazu, dass wir seit 2015 ganz bewusst gesellschaftliches Engagement und Kerngeschäft in einem Kooperationsansatz vorantreiben, zum Wohle der Gründer – ob nun non-for-profit oder for-profit." Mit diesem neuen Ansatz gewinnen laut Gallas alle: die Gesellschaft, die Gründerszene und auch die Deutsche Bank.

Außerdem ist der Deutschen Bank auch der Zugang zu Kapital für die Jungunternehmer wichtig. Mit der Crowdfunding-Plattform Social Impact Finance bieten die Social Impact und die Deutsche Bank Stiftung Sozialunternehmen eine Plattform nur für ihre Projekte und sie schulen die jungen Unternehmer auch bei Crowdfunding-Kampagnen. Darüber hinaus unterstützen die Projektpartner Deutsche Bank, SAP und Social Impact mit ihrem Wirkungsfonds soziale Start-ups, die sich zum Ziel gesetzt haben, die gesellschaftliche und wirtschaftliche Teilhabe von geflüchteten Menschen in Deutschland zu verbessern. Neben Qualifizierungsleistungen erhielten im ersten Programmjahr zwölf Sozialunternehmen insgesamt 200.000 €, um ihre Geschäftsmodelle weiterzuentwickeln. Es ist der erste Fonds in Deutschland, der Social Start-ups nicht rückzahlbare Zuschüsse gewährt.

## 5 Neue Finanzierungswege

Das ist ein Finanzierungsvolumen, das für Markus Freiburg bereits interessant ist. Freiburg versucht als Geschäftsführer bei FASE für Sozialunternehmen eine Finanzierungslücke zu schließen. Der ehemalige Unternehmensberater hat 2013 begonnen, die Ashoka-

Tochter mit aufzubauen. FASE ist darin bestrebt, Wachstumskapital für Sozialunternehmer einzuwerben. Dabei geht es um Summen zwischen 100.000 und 500.000 €. Das sind Summen, die für philanthropische Spender zu groß, für Investoren mit Renditefokus allerdings wiederum zu gering und dadurch riskant sind. „Die Sozialunternehmen sitzen so häufig zwischen den Stühlen", sagt Markus Freiburg. Genau diesen Zwischenraum versucht FASE zu füllen. Das Sozialunternehmertum und dessen Wachstum stehen bei den Investments im Vordergrund. „Wir bauen Brücken und sind eine Art soziale M&A-Boutique", sagt Freiburg. FASE spricht wirkungsorientierte Investoren an und begleitet Sozialunternehmen und Investoren bis zur Transaktion. Bis 2016 konnten so bereits 20 Sozialunternehmen mit einem Kapital von insgesamt 10 Mio. € zusammengebracht werden.

Kooperationen mit klassische Unternehmen sind daher eine wichtige Finanzierungsmöglichkeit für Sozialunternehmen. In der Vergangenheit drehte es sich dabei eher um kleinere Spenden oder erste Projekte, mittlerweile immer mehr mit größeren integrierbaren, strategischen Investitionen und starker Beteiligung von CSR-Abteilungen bei sog. Corporate Social Ventures. „Dabei ist die Nähe zum Kerngeschäft des Unternehmens und möglichen Zukunftsmärkten ein wichtiges Entscheidungskriterium", erklärt Freiburg und nennt internationale Beispiele wie Nestlé, Danone oder Coca Cola als Pioniere. In Kontinentaleuropa geht diese Entwicklung noch etwas zurückhaltender vonstatten. Zu nennen sind hier erste Initiativen von Boehringer Ingelheim oder der Tengelmann Social Ventures. Entscheidend für das Gelingen der Kooperationen ist für den FASE-Geschäftsführer der Grad der Involvierung: „Hier zeigt sich: je größer die Volumina, desto strategischer die Kooperation." Für klassische Unternehmen stellt es allerdings aktuell noch eine Herausforderung dar, finanzierungsreife Sozialunternehmen zu finden, denn die Anzahl der relevanten Social Enterprises ist noch überschaubar. „Wir sprechen von einem kleinen, aber schnell wachsenden Markt", zeigt sich Freiburg zuversichtlich.

## 6    Potenzial auf vielen Ebenen

Alexander Gallas von der Deutschen Bank ist sich aber sicher, dass Großunternehmen und Sozialunternehmen künftig intensiver zusammenarbeiten. Großunternehmen und Start-ups können sehr viel voneinander lernen. Einerseits die agile Welt der Start-ups, die mit unkonventionellem Arbeiten und Denken Raum für Innovationen ermöglichen und Konzernmitarbeiter inspirieren, diese Methoden auch in ihrem eigenen Unternehmen einzusetzen. Andererseits die Gründer, die Einblicke in die Strukturen und Abläufe eines Großunternehmens bekommen und mit diesen Erkenntnissen besser mit den Konzernen zusammenarbeiten können. „Wir als Bank und unsere Mitarbeiter lernen so innovative Methoden wie Design Thinking direkt in der Praxis kennen. Durch diesen Austausch kann die Innovationskraft innerhalb des Unternehmens und auch der Unternehmergeist einzelner Mitarbeiter angekurbelt werden", sagt Gallas. Die Lerneffekte der Beteiligten sind dabei ebenso beruflich wie persönlich. Die Projekte mit den Start-ups motivieren die

Beteiligten und diese Motivation kann auf und in das eigene Unternehmen abstrahlen und so auch die Mitarbeiter stärker an das eigene Unternehmen binden.

Phineo-Vorstand Rickert sieht für die Kooperation von CSR und Social Entrepreneuren Potenzial auf mehreren Ebenen. Der Trend zu mehr Partnerschaften wird in seinen Augen weiter voranschreiten und geht einher mit stetig wachsendem Wissen und Transparenz im Markt. „Dadurch sinken die Transaktionskosten, was die Partnerschaften für immer mehr Akteure attraktiv macht", erklärt Rickert. Zentral bleibt dabei das Management, die Steuerung und die Wirkung der Engagements. Hierbei stellt sich nicht wie noch vor sechs Jahren die Frage, ob einzelne Lösungen wirken, sondern wie. Diese Entwicklung dient als Vehikel für hybride Finanzierunginstrumente mit wirkungsorientierten Investmentstrategien (Impact Investing), die am Kapitalmarkt immer mehr Gehör finden. „Impact Investing deckt bereits heute einen Teil des Finanzierungsbedarfs von Social Business. Diese Entwicklung nimmt zunehmend Fahrt auf", sagt Finanzierungsexperte Freiburg.

**Kai Praum** ist seit 2016 verantwortlicher Redakteur von *Verantwortung – Das Magazin für Nachhaltigkeits- und CSR-Manager*, das vom Fachverlag der F.A.Z. – FRANKFURT BUSINESS MEDIA – herausgegeben wird. Der Diplom-Soziologe ist im F.A.Z.-Fachverlag der Experte für alle Entwicklungen rund um die Welt des Corporate-Social-Responsibility- und Nachhaltigkeitsmanagements und hat das Fachmagazin *Verantwortung* sowie die begleitenden Fachveranstaltungen von 2014 an mit konzipiert und aufgebaut. Von 2013 bis 2015 war er zudem redaktionell verantwortlich für das Jahrbuch *Corporate Responsibility*, das der Verlag in Kooperation mit der AmCham Germany herausgegeben hat. Als Projektmanager hatte er zuvor an der Unternehmensinitiative Verantwortung Zukunft mitgewirkt.

The manufacturer's authorised representative in the EU is Springer
Nature Customer Service Centre GmbH, Europaplatz 3, 69115 Heidelberg,
Germany. If you have any concerns regarding our products, please
contact ProductSafety@springernature.com

Printed and bound by CPI Group (UK) Ltd, Croydon, CR0 4YY
23/04/2026
02095648-0009